元華文創
頂尖文庫 EA007

華嚴經

的空間美學

以〈入法界品〉為主

陳琪瑛 著

仁波切 序

頂禮上師！

　　本師釋迦牟尼佛大願的光芒，遍灑於南瞻部洲，如此慈悲、智慧、溫暖的懷抱中，享受法喜的眾生可說為三世有幸之子，不要說研讀佛法、修行成就等語，一窺此大乘經典、聽聞名號都難。

　　陳琪瑛居士多年深入經藏，為研習《華嚴經》的博士，對佛法學習的精神及敬愛，實難得可貴；對《入法界品》各參空間及美感的詮釋詳細又明瞭，許多地方值得讚歎。

　　《華嚴經》是大乘佛教的寶藏，從依止善知識到菩薩道的次第、最後成佛果位等明晰圓滿，明說大乘菩薩的見、修、行、果，暗示密乘的生起及圓滿二次第的基道果，入世度化眾生和出世寂靜涅槃所攝萬法皆涵蓋在此經內。

傳入西藏

　　《華嚴經》於第八世紀傳入西藏，在藏王色納勒勁雲彙整大藏經《鄧噶目錄》中記載，計一百二十七卷。西元九世紀初，藏王赤熱巴堅整理的《旁塘目錄》中記載一百十五卷，其中〈離世間品〉單獨計出為二千七百組偈，合為九卷，如此共一百二十四卷。《布敦目錄》中記載為一百三十卷，另餘三十組偈。查巴與德格大藏經計為一百十六卷。

　　這些卷數的差異是依每卷長短而分，一般偈頌四句為一組偈，如為散文三十二字為一組，三百組偈為一卷；另有四百或四百五十為一卷的算法。常見一些文獻有大、小卷的說法，近代學者東噶大師等則認為有大、中、小卷

之分。

　　藏譯《華嚴經》為譯師耶希帝在印度學者齋納目渣及蘇瑞渣菩提兩位座下譯出，大譯師毗盧遮納核校，流傳至今，此經佔了西藏大藏經內「經部」的主要篇幅，有說為佛三轉法輪，或二轉法輪般若乘的經典，德格大藏經等列入在三轉法輪。

　　《華嚴經・入法界品》善財童子參訪各類型的善知識，不侷限在佛教的出家或在家人，而是廣泛地參訪各類型善知識，或一般以為的惡知識。一般以為的惡知識，如如印、藏知名的大師帝洛巴大師、那洛巴大師和密勒日巴大師等印度八十四位成就者，示現種種相、演譯種種學習歷程供為參考。如帝洛巴大師多年苦修不得果後，定中得本尊告知須往尋有緣上師，於一示現為妓女相善知識的座下，十二年服侍，後來證得果位。又如五明通達的比丘那洛巴大師，隨學示現乞丐相的帝洛巴大師，十二年具信的隨學而證悟。密勒日巴大師於示現居士相的上師馬爾洛巴座下飽經考驗折磨，最後閉關苦修而證悟等。

　　善財童子參訪的精神一直在佛教界中流傳，在印度蓮花生大士親近八位大成就者等無數的上師，帕單巴桑吉大師親近以二十四位空行母為主等八十多位上師，阿底峽尊者親近三十四位聖者為主的一百五十位上師，西藏毗盧遮那譯師親近二十五位班禪等近五十位上師，瓊布南究上師依止以三位空行母為主的印、藏、鄔金等地的一百五十多位上師。

　　漢、藏、印各大乘行者們都是跟隨善財童子的腳步，依止善士，深入經藏、觀修佛法、證悟空性。如此很多過去的顯密大德非常注重《華嚴經》。

　　在密乘續部的修持也不離《華嚴經》的精神，如密乘生起次第內從皈依、發心、迎請、安住、頂禮、讚頌、供養、祈請等，就如善財童子每每參訪善知識請法的方式。生起次第內觀壇城時，由觀外層淨土，漸次往內層無量宮，直至供養天女、眷屬與主尊，與《華嚴經》內「普莊嚴園」和「日光園」的園林、陂池、莊嚴幢宮殿、蓮華獅子座、萬行具備等相同。

　　另，在多位善知識座下所悟的禪定，與密乘圓滿次第金剛喻定、楞嚴定

及無相定於圓融和漸融的方式入於離戲定和空性定也是相同。因此過去大德所說顯密圓融的理趣，經部的教理和密部的修持都由此經內文可知。現在可見的各種壇城、佛塔、法器、衣裝、儀式等各種善行，依持《華嚴經》能圓融。

　　現今末法爭鬥時期，國家、族群、宗教、佛教各門派出現種種相互排斥、批評之舉，自讚毀他的言語文字如寒地冬雪般片片飄灑，於此階段若能研讀、瞭解《華嚴經》的精神，一切狹隘的觀念自然瓦解，社會復現慈悲、清淨、智慧的光輝，漸次入於不可思議的法界，清淨法身速能現。

虛名為　噶陀仁珍千寶六世的轉世
實為　漂泊娑婆世界之浪子

書於　噶陀仁珍千寶佛學會
閉關中心—妙乘法苑
普巴佛曆二八八六年
西元二〇〇六年

羅　序

　　光復以來，臺灣地區中國文學學門的學位論文，從無到有，從萌芽到茁壯，歷經了一甲子，這株大樹已是枝繁葉茂，開花結果，已經可以庇蔭絡繹不絕的過客，供其休憩流連。

　　整體看來，臺灣在人文這個領域的學位論文是呈現後出轉精的趨勢，無論是數量還是品質，六十年來都在不斷的拓展和提昇。早期的論文，由於受到時代環境的種種限制，多半做些整理考證的工作，這對基本功夫的培養是有益的，但眼界略嫌不夠開闊。後來有人引進西方當時流行的一些理論，但在初期，部分接受者也許理解的不夠周全、徹底，只是隨意掇拾，以致扞格不勝，消化不良。到了近年，既能確實掌握原典，又能適切運用新理論的論文較以往有大幅度的成長，而琪瑛君這篇「《華嚴經·入法界品》空間美感的當代詮釋」就是一篇很有代表性的好文章。

　　《華嚴經》是一篇文學性極強的佛典，而〈入法界品〉則為全經重心所在。古德認為〈入法界品〉之前幾品，可譬喻為百川，此品則猶如大海，其間的源流與體用是相同的，可以融歸於一真法界中，是華嚴教海的最高臻極處。然而，古來學者在〈入法界品〉的研究，多著重在考據、著書、義解方面，在美學上則只有近年問世的寥寥數篇而已。琪瑛君就在前賢研究成果的基礎上，拈出此品中的「空間美感」，作周全而深入的探討。她認為《華嚴經·入法界品》的空間型態和美學意趣，最終是落在宗教主體的實踐活動上，而非純粹法理上的談論。因此，她在建構《華嚴經》的空間美學時，是以人在世存有所希求的神聖化為導向，從空間的聖化到主體心靈的聖化，乃至神聖空間的追尋，都是以「善財童子五十三參」揭示的美趣和宗趣微核心文本而

展開的。其研究的現實目的，是要重拾工業化、都市化後喪失的「神聖空間」。

　　這篇大作的主旨在於彰顯《華嚴經》的空間美感，而此論文本身的結構也飽含著空間美感。讀者可以在明白流麗的文字的引導下，進入這篇論著的美感空間，進而去領會〈入法界品〉的美感空間。這是一篇學術性與可讀性兼備的上乘博士論文。

羅宗濤

丙戌立秋日　於木柵指南山麓

莊 序

　　佛學內涵至廣大而精微，經典文字則深奧古雅，言約義遠，復歷時久，故須經歷代大德高僧智解身行，示現十方，令此源頭活水，不壅不滯，方得沾溉萬代，此佛法所以隨緣起教，綿綿不絕故也，亦琪瑛此書之所由作也。

　　華嚴法界即佛法界，唯佛與佛方能證、方能知，故《華嚴經》所論，既為一價值意義之法界，亦屬一踐行而致之生命境界。唯此境界，恆殊九界，眾生之所難知、難至者也。法界固聖證所成，可由心同理會而垂久遠；大教非孤圓可立，必示蹊徑以導方來。此善財遍參之示義。五十三參者，遍一切處也，一切處者，聖證之所歷也，生命之可能也，猶儒者六十四卦之時義也。時代遠隔，奧義久沉，意義必由當代心靈詮釋方顯。琪瑛即基於此義，以此為切入點，掘發聖境之空間美感。

　　故此書寫除立基於理會華嚴義海之外，更融入歷代高僧之註疏慧解，旁參東西方哲學、宗教學、美學、心理學、社會學、地理學、人類學、藝術審美等相關學術領域，作為參照、論述之資藉，鎔古今中外於一爐，非有積累之功，解悟之慧，精進不已之精神，不克為之。論文甫成，無怪乎於論文口試之際，主考學者羅宗濤教授即推為其所見近二十餘年來佛學學術論文之尤為卓出者，洵非虛譽。

　　琪瑛自大學以來，除參加佛學社團外，並撰寫相關論文，相繼得到慧炬、慈濟及華嚴蓮社等單位之獎助及出版，此一努力歷經碩士、博士階段而從未間斷，並曾獲行政院陸委會「赴大陸地區研究」獎學金，作移地研究，成果豐碩。今撰成此書，其來有自。

　　琪瑛學佛已久，信佛至篤，於生命歷程中自有參驗體證，待人淳摯，處

事剛毅，隨緣無求。

　　今論文即將付梓，索言於余，余忝為指導教授，樂觀其學有進，其志有成，爰綴數語以為前言云。

莊耀郎

於九十五年夏

自序：空中彩畫

　　佛教博大精深的思想體系，不僅含攝許多外教的學說，並將它們都點化為佛說，這種令人驚訝的寬容，正顯示了佛教的廣大圓融。換句話說，佛教虛心地把一切善的學說吸收進來，在豐饒的教義上，讓我們更能瞭解人生種種的複雜智慧。佛教正是因為具有廣大圓融的寬容性及對人生哲學虛心受容的態度，所以才能出現像《華嚴經》這樣廣大無礙的經典。

　　本書依循《華嚴經》廣大圓融的精神，運用東、西方的思想，掘發《華嚴經》意蘊深厚的豐富內涵，並以美學視角切入《華嚴經・入法界品》的空間型態，探討「善財童子五十三參」的空間特色。內容簡述如下：

　　第一章總說有關《華嚴經》的相關基本資料及本書的研究方法。

　　第二章從歷史溯源的方式，略述佛教思想中空間型態的發展及其美學意義，並由評比諸說之中，突顯《華嚴經》空間美學的特色。

　　第三章解析華嚴空間美感的形式原理，參酌古典華嚴哲學範疇的「十玄門」，蛻化出新的華嚴美學律則。因是由華嚴思想抽繹出來的空間美感的形上原理，因而具有華嚴空間美學的普遍性，可資作為《華嚴經》空間美感的理論基礎。

　　第四章和第五章分別是從〈入法界品〉的能「入」的條件和所入的「法界」來談。所謂「入法界」就是入華嚴法界，也就是入毗盧遮那佛的境界，毗盧遮那佛是遍一切處，所以入法界也就是入廣大無邊、無有差別的境界。主體悟入的廣大無礙境界，不是幾何學意義上抽象的三維空間，而是涉及主體性的存在空間。所以，本書以空間現象學的研究方法來研究五十三參的空間。

　　存在空間具體體現為場所，每處場所都具有各自的場所精神，場所之美是第五章的討論核心，此章以經典為依據，參酌古典注疏以及東西方的思想，開發各參豐富的場所精神。善財童子參訪儀式的動態性空間，則形成特殊的美學意象──游，空間的時間化體驗是第四章的切入點。

　　第六章總結《華嚴經》的空間美學觀。暢談佛境界的《華嚴經》，展現出超越有礙世間的事事無礙之境，是無執存有論的空間美學觀。

　　本書原為我的博士論文《《華嚴經・入法界品》空間美感的當代詮釋》，民國九十六年因申請法鼓山獎學金，承蒙審查教授之肯定而付梓出版。該書目前已經絕版，現在改由元華文創以全新面貌再次出版，內容略做修正，書名則改為《《華嚴經》的空間美學》。

　　本書的完成，感謝我最敬愛的父母，若沒有雙親悉心的照顧，我也無法無後顧之憂地完成此書；同樣研究華嚴的夫婿治華，更是我心靈和修行道上的最佳伴侶；並感謝一路相伴我成長的師長和所有朋友。

　　《華嚴經》形容十地菩薩的境界：「如空中彩畫，如空中風相。」有人會去追尋風的形相嗎？是流線型？還是狂亂不拘一格？沒有人能知道答案，因為，風不曾住著於任何空間之中！又或者在虛空中作畫，縱使再繽紛燦爛、再璀璨動人，也是如夢幻般的呈現，因為，彩畫不會住著於虛空之中！

　　這本書，也是空中的一抹彩畫！謝謝一切因緣！

陳琪瑛

西元二〇一七年十一月十一日於汐止華嚴書齋

目 次

第一章　緒論

一、研究動機與目的

　　自十七世紀的科學革命以後，科學的發達使近代人對物質世界的掌握，遠遠超越了地球的範圍，然而物質文化卻也因此逐漸取代了精神文化。在科學主義的掛帥下，對於「空間」往往是從純物質的觀點思考，只承認有形的物質世界裡的真實，精神性的空間幾乎都被剔除，「空間」是一喪失神聖性，成為純粹物理主義的實在。因此，現代人雖然擁有高科技的工具器物，卻失落了對生命的存在性省思，人的存在主體性被客體化操作，導致生活世界意義、價值的失落隱沒，流蕩成短促無根的光影。

　　科學思想的基本特徵是對對象作抽象的量化描述，從而走向一套數據化、邏輯的知識體系。然而「空間」不僅僅是作為客觀的形式，或數學的概念，而且是具有主體意向的中心，是存在的向度，每個個體的存在是空間性的，生活的價值包括了空間的存在感。[1]而西方現象學的方法即是把對象從數學描述中解救出來，放到存在空間中，在這階段中，所有科學化、物化都潛退了，剩下的是對象的本質特性，物與物、物與人的存在價值不再隱蔽，而能在存在空間中具現。

---

[1] Norberg-Schulz,*Existence,Space and Architecture*,London and New York 1971,where the concept'existential space'is used.轉引自 Christian Norberg-Schulz，施植明譯，《場所精神——邁向建築現象學》頁 10，臺北：尚林出版社，1986。

　　潘朝陽先生以現象學的觀點詮釋佛經的神聖空間,他認為,宗教必投射出他的神聖空間性,在地表上的結構如寺院、教堂、聖城等等,構成了宗教空間的神聖聚焦和範圍,他稱之為「大地具現型」;在經典文本內的結構,則稱之為「經典訴說型」。而永恆無限的聖潔場域能讓有限性的人們獲得安居,而這安宅往往發之於「經典」且返回於「經典」,實多在各大宗教的經典文本訴說中求得。他並認為,存在空間的聖潔性在工業化的都市中,其精純度被打折扣而且不斷地雜駁衰敗,宗教活動不見得擁有必然的堅實性,人在存有的逼臨情境中,常會捨棄具體有限的存在物的擔保,反身從「經典訴說型」的詮釋追尋進路中找尋其「安宅」。所以,宗教在存有智慧上的最核心意義,不在大地具體化的宗教性存在物,而是在於為人類揭示了超越性的「終極關懷」。[2]

　　本書以「經典訴說型」的宗教進路,詮釋《華嚴經》的神聖空間,並由佛教塑像、繪畫等「大地具現型」的空間藝術,重拾工業化都市化後所喪失的神聖空間。《華嚴經》是佛經中巨大、富貴的雄篇,描寫毘盧性海影現如汪洋大海般浩瀚的佛境界,以其境界之開闊廣大、念劫圓融等的超越三度空間的高度思維方式,使其在空間境相上具有豐富而多樣的美感展現。而《華嚴經・入法界品》中的「善財童子五十三參」參訪了各種不同的場所空間,每一位善知識的世界就是一處神聖空間的定格,每一參以種種宗教性存在物共同營造出的具體空間情境,就像是「大地具現」的神聖空間。善財童子透過每一處空間的神聖存在性而入佛境界,使存在性豁顯而能體驗神聖存在性,證入生命究極圓滿之境。而佛教藝術以具體的空間形象,在大地上展現宗教性的神聖空間。

　　存在空間是主體參與互動的空間形態,生命主體在存在空間是決定性的關鍵中心,而善財童子參訪的善知識具有各自不同的人生境界和生命風采,不同的生命情態其存在空間也相應地呈現出多姿多采的空間境相。方東美先

---

[2] 潘朝陽著,2001,《出離與歸返:淨土空間論》自序,臺北:國立臺灣師範大學地理學系。

生即盛讚〈入法界品〉是世界上最好的哲學概論，五十三善知識具有各自的學問、智慧和生命境界，擁有多元而高度的生命智慧和人生境界[3]，這些善知識在情境互融的存在空間中，運用表徵法義的存在物建構神聖性的存在空間，使進入其場所的參訪主體在空間互入中潔淨而昇華其生命境界。

綜上所述，《華嚴經‧入法界品》以其將智悟境界具體化為空間境界而又具有豐富的美趣，是具有研究其空間美學的價值。

《華嚴經》在空間形態上極富神妙變化性，經中表現種種空有互攝、互融的空間變化，乃至事事無礙、互入互攝的不可思議之境，是在佛教真空妙有的法理基礎上展現無礙空間美感的極致表現。空有的無礙法理是大乘佛教思想的共法，而華嚴這種高度自由、開放、無礙的空間特質，乃基於主體性的心性存有論，主體心靈具有絕對自由的創造力量可以構畫芥子納須彌、滴水具百川味，所謂「心如工畫師，能畫諸世間」[4]；而華嚴「唯心迴轉」[5]的思維，使神聖性的存在空間不是遙不可及的他方佛國淨土，而是心淨則國土淨，完全取決於眾生本具的佛心、佛性，是眾生在主體實踐中的心靈聚焦，是以自身為神聖潔淨的空間中心，而這是《華嚴經》「入」法界的空間型態的終極歸結。

《華嚴經‧入法界品》的空間型態和美學意趣，最終是落在宗教主體的實踐活動上，而不流於純粹法理上的空談戲論，因而本文嘗試建立《華嚴經》的空間美學，是以人在世存有所希求的神聖化為導向，從空間的聖化到主體

---

[3] 方東美認為，四十華嚴是世界上最好的哲學概論，它不是玄想的哲學，而是實證體驗的哲學，但又不像現在講實證主義、實用主義那樣，把人的心靈汩沒在下層世界，不能向上超昇、超脫、解放，而是根據個人的天分、才情、因緣而加以指點、提升。所以讀《華嚴經》如果不讀最後一章〈入法界品〉，宗教的祕密就會被誤會為死神的祕密。（《華嚴宗哲學》上冊，頁130、頁293-295，臺北：黎明出版。）

[4] 大正十，頁102上。

[5] 若善若惡，隨心所轉，故云唯心迴轉。心外無別境，故言唯心，若順轉即名涅槃，故經云心造諸如來。若逆轉即是生死，故云三界虛妄唯一心作，生死涅槃皆不出心。（《華嚴一乘十玄門》，大正四五，頁518中）

心靈的聖化，乃至神聖空間的追尋，都是以「善財童子五十三參」提揭的美趣和宗趣為核心文本而展開。

二、研究範圍與方法

(一) 範圍的確立

本文是以《華嚴經‧入法界品》的空間型態，作一美學性的研究。在文本方面，鎖定在《華嚴經》的最後一品──〈入法界品〉，雖然只以一品為研究對象，但這一品是《華嚴經》的扼要，並且具有豐富的空間場景，故為本文研究範圍的主要對象，其次再以它品相關涉的經文作一補充證明。

「空間」是本文的切入視角，故先對「空間」一詞作一釐清。一般所謂的「空間」是指上下四方，乃至於無限，而其中能包含物體。按字源來看，中文的「空」依《說文解字》：「空，竅也。」「間」作「閒」字：「閒，隙也，從門月。」閒是會意字，表示門有縫而月光可入，所以中文的空間原指空隙。西方的空間 space，字源本意是「延展或擴大」，「空間」即指具有「延展和擴大」的性質，並且可以容納其他事物。西方對空間的認識隨著時代的推移而逐步深化，並發展成對空間的獨立考察，涵蓋了哲學、數學、物理學、心理學、神學、地理學、建築學，甚至是人類學式進入田野調查的風土誌，都可以被視為廣義的空間學領域。以上的個別領域對「空間」皆已具有深入的探討，何況複合思考的向度則更有助於完整「空間」意涵的研究。以下從中、西方及佛教對「空間」的意涵作一說明：

1. 儒道思想的空間觀

中國古人認為的空間是指天覆地載一切萬有的場所，而儒、道兩家在中國傳統思想中一直位居主導的地位，對中國文化的影響源遠流長。本文即以儒、道兩家的空間觀說明中國的空間觀：

（1）儒家的空間觀

《易經》的八卦，象徵自然界的天地山澤雷風水火之形，〈說卦〉更以震、兌、離、坎，代表東、西、南、北四個方位，而以乾、坤、巽、艮，代表西北、西南、東南、東北。八卦代表的八個方位看似平面，然而上下自在其中，一個立體而完整的空間圖象於是形成。[6]

位置原是屬於空間的概念，《易》對「位」相當的重視，《易傳》認為六爻結構中每一爻的位次都具有重要的意義，位置不同，吉凶、禍福亦隨之而改變。在空間問題上，儒家所關切的不是外在、客觀的虛空，而是人在整個天地之中和人間世的位置，也就是生命的定位問題。人要如何與天地合德鼎足為三？如何找到適合自己的位置而讓生命得到安頓？這是中國哲人思索的課題。

張載：「為天地立心，為生民立命，為往聖繼絕學，為萬世開太平。」[7]陸象山：「宇宙即吾心，吾心即宇宙。」「宇宙內事，乃己份內事；己份內事，乃宇宙內事。」[8]宋代大儒以倫理哲學的意境開展出的空間觀，認為人在天地間的立命方式就是與天地合德。而儒家宇宙觀中所強調的天人合德、道德流行、致中和、育萬物、致廣大、盡精微等等，都與佛教的佛性遍滿、華嚴的廣大和諧相應和，也影響到後來佛性思想乃至華嚴學在中國的盛行。其中李通玄的《新華嚴經論》又應用《易經》的思想來解釋《華嚴經》，引起學者的注意，並促使此《論》推廣、流行。[9]

---

[6] 陳江風：「八卦圖為我們提供了華夏民族空間意識的模型。」其「空間意識」意指對空間方位的知覺。（陳江風，1988，《天文與人文》頁79，：國際文化出版。）

[7] 明·黃宗羲等編，1990，《宋元學案·卷十八·橫渠學案·論語說》（上），頁375，北京：中國書店。

[8] 明·黃宗羲等編，1990，《宋元學案·卷五十八·象山學案》（下），頁114，北京：中國書店。

[9] 關於李通玄應用《易經》的思想來解釋《華嚴經》，如：婆須蜜多女位居北方，李通玄《論》言：「北為坎位，是北方主黑也。」（參見本文第四章第三節第四部份「自宅」中論「婆須蜜多女」之處。）其他有關李通玄以《易》解《華嚴經》，玄論部分可參考王仲堯，2003，〈華嚴宗與易學：李通玄的《新華嚴經論》〉，《中國佛教與周易》頁243-頁280，臺北：大展出版。

（2）道家的空間觀

道家將上下四方稱為「六合」，對於六合之外的事，道家認為聖人存而不論；對於六合之內的事，聖人則論而不議。[10]總體來說，道家的空間觀具有綿邈玄虛的特質。《老子》第五章：「天地之間，其猶橐籥乎？虛而不屈，動而愈出。」十一章：「埏埴以為器，當其無，有器之用。」其中用虛靈、空無來描摹空間，以見其妙用無窮的性質。老子所認識的不是物理空間，而是物體之外、無有形跡的空虛心境。《莊子·人間世》有「唯道集虛」，「虛室生白，吉祥止止。」是由具體的空間轉入心靈的虛靜。道家在空間上對「虛無」的妙悟，對中國的藝術精神有極深遠的影響，山水畫中的留白、書法的「計白當黑」，建築和舞臺中的空白，……皆和道家的空間意識有密切的關係。[11]

道家所描繪的無限時空遠景，總是令人心馳神往，《莊子·逍遙遊》描繪大鵬鳥鼓動如垂天之雲的雙翅飛上九萬里的高空，對於空間的廣袤浩瀚有著生動的構畫，但是有限的時空終究是有範圍的，莊子所要追求的則是以大鵬鳥作為譬喻的絕對自由的逍遙境界，「上與造物者遊，而下與外生死無終始者為友。」（《莊子·天下》）

道家的空間觀具有有無相生的靈動性，和玄妙超俗的高遠境界，尤其是莊子更具備濃厚的藝術精神[12]，因此道家的空間觀和藝術創作的空間美感實是脈絡相連。而佛教的空有思想也因為道家的有無觀念而能與中國文化接軌，此外，道家在有無方面所開展出來的空間美學，也是本書藉資建構《華嚴經·入法界品》空間美感的參考對象。

2. 西方思想的空間觀

「空間」在哲學上含有兩層意義：「外在空間」（Locus externus）與「內

---

[10] 《莊子·齊物論》：「六合之外，聖人存而不論；六合之內，聖人論而不議。」

[11] 蔣勳，1990，〈中國藝術中的時間與空間〉，《美的沉思》，頁96-頁114，臺北：雄獅。

[12] 可參見徐復觀，《中國藝術精神》（1988，臺北：學生）第二章〈中國藝術精神主體之呈現——莊子的再發現〉，亟言莊子對中國藝術精神的影響。

在空間」（Locus internus），二者不單是意義不同，哲學上的價值也不同[13]。外在空間簡稱為「位置」（Locus），位置通常表示物體所佔的地方，所以也稱為「地方」。這種空間的特性是一物不能同時居於兩地，一地內也不能同時有兩物，因為物體的體積具有排擠性。空間的另一層意義為內在空間，簡稱為「空間」（Spatium），也就是一般所討論的空間本身，可分為三類：

（1）偏於客觀性的空間觀

古希臘哲學家德謨克利特（Democritus）最早提出有獨立意義的空間概念——虛空，認為虛空是實有者，而且永久不滅。這種空間觀被後人稱為「實體論」的空間觀，為伊壁鳩魯、盧克萊修所繼承，並成為近代機械唯物主義空間觀的先驅。牛頓在此基礎建立了經典力學的龐大體系，提出「絕對空間」的概念，認為絕對空間是不依賴任何物質系統而獨立存在的實體，是物質的「容器」和表演物理事件的「舞台」。哲學家洛克則認為，空間有多種意義：若從兩物體間的長度說，空間便是「距離」；若從長、寬、深三者的距離說，空間便是「容量」；一物和周圍物體間的距離關係便是「內在空間」。總之，空間是一種體積，具有長、寬、高的三面界限，並具有容納性，是在物體以外一實有的存在。

牛頓的絕對空間不是尋常的實體，而是「神」的特性。十八世界法國哲學家克拉爾克（Samuel Clarke）將之系統化說明，他主張空間是空而無限，是神無限大的無限特性，宇宙萬物都含在神的無限之中，萬有所佔的空間是無限空間的部份。

（2）偏於主觀性的空間觀

萊布尼茲從唯心主義的觀點提出「因子論」，認為物體都由因子（Monad）而成，因子無形象，不佔空間，物體也就不佔空間，便無空間可言。康德主

---

[13] 關於「空間」的觀點，整理自羅光，1981，《士林哲學——理論篇》頁 277-頁 291，臺北：學生。馮契主編，1992，《哲學大辭典》頁 422-頁 423，上海辭書出版社。李震，1990，《哲學的宇宙觀》頁 123-頁 180，臺北：學生。李亦園總審，1988，《觀念史大辭典·自然歷史卷》頁 310-頁 331，臺北：幼獅。

張空間不是外面的宇宙，不屬於「存在之物」，而是我們感知「存在之物」對我們作用時的主觀形式，這種主觀形式既不依賴外物，也不依賴具體經驗，而是人天生的一種傾向，把一切感覺都安置在一空間內，是人的理智，人的認識模式，所以空間是人心靈的主觀構造。[14]康德影響力很廣，也影響到科學界。之後，這類學者所提，都不外認為空間是主觀的理想或假設。

（3）關係論的空間觀

亞里斯多德反對德謨克利特的虛空說，認為空間是關係而不是實體，空間是物體之間的關係，只有充滿物體的「充實的空間」能夠有變化，虛空只會把運動取消。這種空間觀被後人稱為「關係論」的空間觀，他們認為沒有在物體之外獨存的「絕對的空間」，因為有物體的存在，物有體積，所以有空間。此說為多瑪斯和士林哲學所繼承。

西方對「空間」的研究，最為突出的特色之一，即是主觀與客觀徹底分家的二元論[15]，這種二元分立的思想遍及西方各個文化層面。直到當代現象學提出主客合一的觀點，造成許多領域的衝擊，其中建築學家諾伯舒茲深受海德格思想的影響，而提出五種空間：第一類物理世界的「認知空間」和第二類單純邏輯的「抽象空間」是物理、數學、或抽象的空間概念，等同於西方傳統偏於客觀性的空間觀；第三至第五類的空間[16]，則是結合人文與環境的空間觀：

第三類、具體活動的「實有空間」：實有空間整合了人與自然的環境，獸類天生就能感知這類空間，人類學習他所需的取向以便活動，這是從物體及其位置作具體的取向，並非從空間關係的直接經驗抽象而來，在這具體生存

---

[14] 康德在《純粹理性批判》談到：「空間與時間……它們只屬於直覺之形式，也就是說，只屬於我們心靈之主觀構造，離乎此心靈之主觀構造，它們不能被歸給任何東西。」康德認為空間不是任何具體的「物」，是屬於先驗的直覺形式，即所謂「純粹直觀」或「先天直觀形式」。（康德著，牟宗三譯，1983，《純粹理性批判》頁124-頁129，臺北：學生書局。）

[15] Margaret Wertheim 著，薛麗譯，1999，《空間地圖》頁13，臺北：商務。

[16] Christian Norberg-Schulz 著，王淳隆譯，1977，《實存・空間・建築》頁9-頁14，：台隆書店。

需要中，人們辨明方向適應環境的波動。

第四類、瞬間取向的「知覺空間」：這是具有一個隨時可感知人為的中心，因此具備了隨人移動而變得最佳方向系統；它有範圍且沒有意識，它是有限的、自我界定的，並且可感覺的。然而任何知覺都需要參考更穩定的圖示並產生意義，存在空間就是具有穩定圖示的空間。

第五類、形成人類環境穩定意象的「存在空間」：存在空間有別於第一、二類數學幾何空間的冷硬抽象性格，不是外在觀察者所見證或幾何學者所陳述的「對象間的關係網絡」，而是以我當成空間性的中心的存在空間，我在內部生活，我沈浸其中，不止在其間感受、活動，並且思考、進而創造一個世界的意象。[17]這樣形成的系統可稱為表現空間、或說藝術空間。

「存在空間」有別於西方傳統的空間觀，它不是一個中立的客觀空間，也不是心靈的主觀構造，而是不斷伴隨著知覺活動的主客合一的空間，存在空間含攝了時間因素，是存在者與對象在時空連續體中結合的空間觀。

3. 佛教思想的空間觀

佛經常以十方世界、無量世界、虛空無盡、世界無盡等這類廣大的意象來形容空間的無限。這是屬於空間狀態的描述，在佛教思想中對於空間本身的看法，可分三種：[18]

（1）實有的空間觀

部派佛教中的說一切有部認為，空間有二種意義：

1)孔穴：依色法而存在的空隙，這與中國「空間」的字源意義相類。

2)虛空：虛空能容納萬物，是實有的、常在的、遍滿的。這與西方偏於客觀的空間觀相類。

---

[17] Merleau-ponty,M.(1964).*The primacy of perception*, Evanston,3.:Northwestern University Press.p178。轉引自伯拉瑟（S.C.Bourassa）等著，黃士哲編譯，1993，《景觀·美學·設計》頁 172，臺北：美鐘出版社。

[18] 此三說的進一步解說可參見本文第二章。

同樣是部派佛教中的經部譬喻師則否認虛空是實有，而認為虛空是由否定色法而顯示出來的。這種觀點近於大乘空宗。

（2）幻有的空間觀

大乘空宗認為「空間」是緣起性空的因緣法之一，作為萬法之一的「空間」或「虛空」，是眼所見、身所觸，依緣而起的幻相，是緣起的和合，關係的存在，其性是無障礙的。這種主張不但是大乘空宗的看法，也是其他大乘佛教派系所共同認可的基礎性觀點。

《中論》：「因色故有無色處，無色處名虛空相。」[19]空間或是藉由物體色相而顯示出來，或因物體色相毀壞歸無而現出空相，或因物與物之間而出現空間距離，或因運動而感到無礙的空間，這都說明空間是不能離開萬有而單獨存在的，有相的色法與無相的空間是緣起相依的幻在，是沒有實在自體的，都是空無自性。以空間與萬有的互為依緣的關係而談空間，這與西方關係論的空間觀有著類似的一面。

佛教的空間觀也包含了時間因素，佛教認為，存在的每一物體，若從它的連續性上看，有時間流的顯現；從它的拓展性上看，有空間性的顯現。每一事物不能單看時間面或空間面，這樣必會漏失事物存在的完整性，時間、空間、物體三者，在認識的概念上是互為包含的。[20]這與諾伯舒茲的「存在空間」相似，而「存在空間」的觀點在人文主義地理學的發展下，有更為豐富而細緻的思想學說。不過，西方的思想都未論及性空，就佛教而言，終究是有執的存有論空間觀。

（3）心識之有的空間觀

大乘佛教的唯心、唯識系統認為，空間及其中的萬有是眾生心識幻化變現出來的，如《楞嚴經》：「色身外至山河虛空大地，咸是妙明真心中物。」[21]

---

[19] 《中論・觀六種品》，大正三十，頁7中。

[20] 演培，1995，《佛教的緣起觀》頁282-頁283，臺北：天華。

[21] 《大佛頂如來密因修證了義諸菩薩萬行首楞嚴經》卷二，大正十九，頁111上。

這種說法似與西方主觀的空間觀相同，其實不然，康德：空間是主觀心靈的構造，這是從認識論上立說，他們認為人只能以感官知覺去認識世界，至於世界的物自身是如何，無法知曉。而佛教的唯心、唯識系統則提出世界的構成根源是眾生的心識，眾生的心識具有變現、容納、含藏的作用，眾生的空間世界乃至眾生界中一切形形色色的物體，都是眾生自己心識所變現出來的，染污的心識變現的是有情眾生的染著法界；染污的心識若翻轉為清淨的心智，則能顯現出事事無礙的空間，心的境界不同，顯現出來的空間也有所差別。眾生依固定模式不斷染著而形成空間世界，是有執存有論的空間；若是泯除了固定模式，以無執的真心變現一切，則是真空出妙有，變化無窮。有情世界在內心無執的狀況下，當下即可從「有執存有論的空間」躍升為「無執存有論的空間」[22]。

4. 小結

　　以上略述中西方與佛教的空間觀，而本書採取其中的某些觀點作為論述《華嚴經》的空間觀的基礎義涵：

　　1. 一般所指涉的「空間」，是由方位、範圍而形成上下四方等有限的空間，擴大開來則為無限的空間，而空間之中的物與物間互相排拒，必須存在距離。大乘佛教認為，這類因執著而形構出有限、有障礙的空間範圍，是有執存有論的空間。

　　2. 若以無執的真心幻化的一切空間境相，是真空出妙有，變化無窮，圓融無礙，此「空間」可以有範圍，也可以沒有範圍，任運自在，範圍的界說只是方便法，是無執存有論的空間。

　　3. 「空間」因主體的意向性而展現出多樣貌的存在空間，也稱「場所」，場所因存在主體而賦予精神，成為具有場所精神的空間。

---

[22] 牟宗三先生首先提出「無執的存有論」與「執的存有論」的說法，他認為，本體界的存有論亦曰「無執的存有論」，現象界的存有論亦曰「執的存有論」。（牟宗三，1976，《現象與物自身》，頁30，臺北：學生書局。）

此外，空間的無障礙性在佛經中也常用來譬喻無著無累、解脫自在的空性。如《雜阿含經》：

> 猶如空舍宅，牟尼心虛寂。……云何無所求，空寂在於此，獨一處
> 空閑，而得心所樂。[23]

早期修行人常在空屋、空舍等靜處修行，而場所空間的空蕩無所阻礙的特性，與修行人追求無取無著、離諸欲的解脫禪慧空寂之境，有著相似的特質，因而佛經即以虛寂的空間比喻無著自在的「空性」。《華嚴經》則以「虛空」譬喻佛的身、口、意三業周遍：

> 爾時世尊處于此座，於一切法成最正覺，智入三世悉皆平等，其身
> 充滿一切世間，其音普順十方國土。譬如虛空，具含眾像，於諸境
> 界，無所分別。又如虛空，普遍一切，於諸國土，平等隨入。[24]

佛的智慧廣大，平等隨入。佛的法身廣現一切色，無有分別。佛的音聲普入法界，隨類得解。佛果境界如「虛空」般周遍、廣大、清淨、平等、無分別。澄觀以為，沒有比「虛空」來譬喻佛果境界更為恰當的辭彙，其他的譬喻都有住著性，只有虛空能顯其無住而廣大的特性。[25]以具體的空間虛實，譬喻佛境界的真空妙有之理，這種相互譬說、互為觸發的互喻方式，也是本書的切入視角。

---

[23] 《雜阿含經》，大正二，頁285中。

[24] 《華嚴經·世主妙嚴品》，大正十，頁1下。

[25] 澄觀甚至以為，其他的譬喻皆為謗佛：「然佛三業，非喻能喻，唯虛空、真如，略可顯示。更以餘喻，便為謗佛。」（澄觀，《大方廣佛華嚴經疏》，大正三五，頁532中）

(二) 研究方法與進路

　　在研究方法上，本書採用了「歷史溯源法」、「文獻閱讀法」、「空間現象學研究法」、「美學詮釋法」四種。其中「美學詮釋法」為交織全書的核心方法。

　　「歷史溯源法」是掌握佛教思想史中，有關空間型態的來龍去脈；並在相互對比之下，展現《華嚴經》空間美學的特色。

　　「文獻閱讀法」是以經典和論疏為文獻內容的依據而進行細讀，以「文本─論疏」二重奏的方式，提揭經中所蘊含的豐富信息。所謂「經富論貧」，「經」是活句，具有開放性、能動性、秘密隱顯，可以活潑多元的展開閱讀；「論」的意義固定，不過提供了閱讀經典的方位和軸線。這是基礎的、詩意的、多重意義開發的閱讀方式。

　　「空間現象學研究法」是基於現象學對建築學和地理學的啟發而發展出對空間的新的研究方式，是以空間的存在性體驗，掘發「善財童子五十三參」中的場所精神和參訪儀式的空間之美。

　　「美學詮釋法」是以美學的進路解讀「善財童子五十三參」，這涉及美學[26]的詮釋；並運用美學的分類系統，創造地詮釋「善財童子五十三參」的空間美學。在此是運用傅偉勳所提出的「創造的詮釋學」（creative hermeneutics）的結構。傅先生的詮釋方法可歸納為三層次[27]：

　　一、原思想家實際上說了什麼？原思想家想要表達什麼？

　　二、原思想家所說可能蘊涵些什麼？基於種種詮釋理路，詮釋學者應為

---

[26] 美學（aesthetics）此字本身的語言學基礎：此字在十九世紀僅出現於英文中，最先借自於德文，以拉丁文形式呈現（aesthetica），用以涵蓋「美」（beauty）的研究，被當作是透過感官所理解到之現象的完整性。相對的，aesthetics 的希臘文字字根則保持一種較寬廣的概念，並不是用以表示「美」本身，而是指感官知覺的條件。美學的內涵是有機的、生動的、直觀的把握，用現象學的術語而言即是「本質的直觀」。（伯拉瑟（S.C.Bourassa）、伯林特（A.Berleant）等著，黃士哲編譯，1993，《景觀‧美學‧設計》頁68-頁69，臺北：美鐘出版社。）

[27] 傅偉勳，1980，《從創造的詮釋學到大乘佛學》頁9-頁46，臺北：東大。

原思想家說出什麼？

　　三、為解決原思想家尚未完成的課題，詮釋學者現在應為原思想家說出什麼？

　　依此，本書以《華嚴經·入法界品》及古德論疏的文義為基礎，作為詮釋的客觀文本依據；進而從其多重意蘊的理路中，建立美學詮釋的允當性。

　　有鑑於當代文化生活的需求，故以「善財童子五十三參」的空間型態嘗試建構《華嚴經》的空間美學。以下略述本書各章的進路方式：

1‧第二章，佛教思想中空間型態的發展及其美學意義

　　《華嚴經》對於空間的見解是直指佛境界，也可說是佛教思想中登峰造極之說。而佛教對於空間的理解，自有一套辯證發展的理論，所以，要開出《華嚴經》在空間藝術上的美學意義，須對佛教諸說的空間觀作一說明。本章除開闡佛教諸說在空間觀念上各自的美學意義外，並由評比諸說之中突顯《華嚴經》空間美學的特色。

2‧第三章，〈入法界品〉空間美感的形式原理

　　本章是解析華嚴空間美感的「形式原理」，將參酌古典華嚴哲學範疇的「十玄門」[28]及其他華嚴哲學思想，由此蛻化出華嚴思想在空間美學上的律則，如：小中現大、主伴襯托、一體呈現的美學觀、……等等。因是由華嚴思想抽繹而出的空間美感的形上原理，因而具有華嚴空間美學的普遍性，資可作為《華嚴經》所展現的空間美感的理論基礎。

3‧第四章，〈入法界品〉參訪儀式的空間之美

4‧第五章，〈入法界品〉的五十三處場所精神

　　繼第三章理論性地建構華嚴空間美學之後，第四、五章將以空間現象學的研究方法，具體而微地掘發五十三參的空間內涵。第四章是從〈入法界品〉

---

[28] 十玄門又稱「十玄緣起」，華嚴宗所立。通此義可入華嚴大經之玄海，故曰玄門。又此十門互為緣而起他，故曰緣起。智儼大師，承杜順之意，創說於十玄章，賢首於五教章中卷數演之，但次第不同。然賢首更於《探玄記》一說十玄，稍異於此，清涼全依之。（法藏，《華嚴經探玄記》，大正三五，頁 123 上-下）詳見本文第三章第二、三節。

的「入」來談，也就是能入的條件；第五章則是從〈入法界品〉的「法界」來談，也就是所入的法界。所謂「入法界」也就是入華嚴法界，也就是入佛境界，是入毘盧遮那佛的境界，毘盧遮那佛是遍一切處，所以入法界也就是入廣大無邊、無有差別的境界。主體悟入的廣大無礙境界，不是幾何學意義上抽象的三維空間，而是涉及主體性的存在空間。存在空間具體體現為場所，每處場所都具有各自的場所精神，各參的場所精神是第五章的討論核心，並以文獻多重奏的方式，開發各參更豐富的場所精神；善財童子參訪儀式的動態性空間，則形成特殊的美學意象——游，空間的時間化體驗是第四章的切入點。

　　本書是以「善財童子五十三參」為軸心而展開，因而是以《華嚴經》的〈入法界品〉為文本。雖僅以《華嚴經》中的一品為研究範圍，但由此開出的形式美學（詳見第三章）不是僅止於〈入法界品〉，而是遍攝於整部《華嚴經》。又如第五章就五十三善知識所在之處所而提揭的場所美學，整部《華嚴經》所呈現的場所空間也具有共通的象徵性。唯有第四章儀式美學，是就善財童子五十三參的參訪儀式而開出有別於整部《華嚴經》的特殊美學觀。

三、《華嚴經・入法界品》的版本與相關資料

　　《華嚴經》全名是《大方廣佛華嚴經》，「大方廣」[29]為所證之法，「佛」為能證之人，「華嚴」二字是比喻佛，因位之萬行如華，以此華莊嚴果地，故曰「華嚴」。又佛果地之萬德如華，以此華莊嚴法身，故曰「華嚴」。[30]總之《華嚴經》就是一部呈顯入佛果地有如雜華嚴飾的大方廣境界。

　　《華嚴經》並不是佛陀時代流通的經典，以下就經典的成立、傳譯、版

---

[29] 大者至大，方者方正，廣者廣大。其中「方廣」是十二分教之一，大乘經的通名，大乘於方廣部中為最上，故云「大方廣」。

[30] 澄觀，《大華嚴經略策》大正三六，頁 701 下。

本，以及古今中外的研究概況略作探討：

(一)《華嚴經》的成立

　　《華嚴經・世主妙嚴品》記載了佛陀「始成正覺」，並嚴淨一切世界皆成佛剎[31]，全經之中佛陀罕有親自說法，而是由普賢、文殊等大菩薩來顯示佛陀因行果德，但未確切指出本經的說時。因而《華嚴經》的說時有諸多說法：

　　1. 最初二七日：菩提流支認為，佛成道初七日說華嚴前五會，成道後二七日說六、七、八會。不過經典顯示，佛陀成道的初七日在菩提樹下結跏趺坐，並未說法，「為顯己法樂是故不說」[32]，因此華嚴說時，菩提流支認為的前五會是初七日說，有待商榷。

　　2. 三七日並通後：天台認為《華嚴經》是佛陀最初的法輪，早於鹿野苑講四諦十二因緣度五比丘的初轉法輪，「始成正覺，為諸菩薩純說大乘，如日初出前照高山。此明釋迦最初頓說也。」[33]此說確立《華嚴經》為佛陀成道最根本的教典，是一切法的根本、根源。天台宗又將世尊一生的教法劃分為五期，其中第一時為「華嚴時」，認為世尊在最初三七日間說華嚴前七會，第八會為後時說（即六十華嚴的〈入法界品〉），並區分此為「別五時」的觀點；若就「通五時」的觀點而言，世尊所有五時之說法，皆含有華嚴說法在內。[34]

　　3. 第二七日：依華嚴系〈十地品〉的別行經記載，佛在第二七日說此經，

---

[31] 大正十，頁 1 中。

[32] 法藏，《華嚴經探玄記》，大正三五頁 127 中。此外，如《普曜經》：「成正覺諸天皆來嗟歎佛己，如來正坐一心觀樹，目未曾瞬，禪悅為食，解慧為漿，永安無橫。宿夜七日，觀道場樹以報其恩。」（大正三，頁 524 下）

[33] 智者大師，《妙法蓮華經玄義》：「我始坐道場，觀樹亦經行，於三七日中思惟如此事，我所得智慧，微妙最第一。」「乳為眾味之初，譬頓在眾教之首，故以華嚴為乳耳。」（大正三三，頁 807 上-下）

[34] 智旭言：「明通五時者，……則華嚴通後際也。只今《華嚴・入法界品》，亦斷不在三七日中。……別五時者。……〈入法界品〉斷不說在阿含前矣，人胡略不思察，妄謂華嚴局在三七日內耶。」（智旭，《教觀綱宗》，大正四六，頁 937 中-下）

尸羅達摩譯的《佛說十地經》：「成道未久，第二七日。」[35]《華嚴經》乃佛成道第二七日所演的內證境界，是華嚴祖師智儼、法藏等的看法。而天台依「別五時」的觀點認為華嚴的〈入法界品〉為後時所說，法藏則駁斥：「何得於一部經前已說，……後方更續，豈令佛無陀羅尼力，不能一念說一切法。……是知此經定是第二七日所說。」[36]

澄觀融合前人對《華嚴經》的不同說時並圓解他們的說法而提出三說[37]：

一、不壞前後相說：佛成道的初七日說前五會，因為「信解行願最在初故」，所以佛跏趺不起。第二七日說十地等，第六會十地「證位居其次深」，所以佛起坐說法。第九會（即八十華嚴的〈入法界品〉）在後時說，因為「法界極證最在於後故，亦顯二乘絕見聞故，雖異處別時亦不相離。」華嚴說時之所以分別前後相，澄觀認為是為了「寄穢土以顯淨故」。

二、順論（《十地經論》）釋：華嚴九會皆在二七日說。

三、實圓融釋：九會皆在佛初成道的一念之中。一音頓演七處九會無盡之文，海印定中一時印現，以應機出世，機感即應。

總之，認為《華嚴經》的說時是在佛始成正覺的菩提樹下，這是以初時和勝處表徵《華嚴經》的崇高和圓頓；如果以華嚴自身的教理所顯示，此經是無時無刻不在恆演法界真理，是盡過去際、盡未來際，如來恆演此經無有間歇，即所謂無說而恆演，以無說法之說法來體現佛成道的內證境界。華嚴祖師依此而提出所謂的「恆本」華嚴，恆本華嚴就是於一切毛端處念念都在說法，是恆常不斷，無法結集的，而恆本思想正是華嚴經典思想的特色之一[38]。

---

[35] 大正十，頁 535 上。

[36] 法藏，《華嚴經探玄記》，大正三五，頁 127 下。

[37] 三種說法及引文皆出自澄觀，《大方廣佛華嚴經疏》，大正三五，頁 529 下。

[38] 法藏《探玄記》中提出六本華嚴，除了一般傳說的上本、中本、下本華嚴外，另有恆本、大本、略本。略本華嚴即六十華嚴；大本華嚴則是以須彌山聚筆、四大海水墨，書一品經文也不可窮盡，是諸大菩薩陀羅尼力之所受持；而恆本華嚴是「一切法界虛空界等世界，悉以一毛周遍度量。一一毛端處，於念念中不可說微塵等身，盡未來際劫常轉法輪，……無有休息。此非可結集，不可限其品頌多少，亦非下位所能受持。」（《華嚴經探玄記》，大正三五，頁 122 中。）

從宗教立場說《華嚴經》的出現，充滿著傳奇的色彩。相傳《華嚴經》有上本、中本、下本三種版本，因《華嚴經》為佛的根本法輪，以其陳義過高，故於佛滅後，由文殊、阿難主持結集，將經分為上、中、下三本，藏之龍宮。[39]龍樹經大龍菩薩引入龍宮，見上、中本頌數、品數浩大，非凡力所能受持，因而只取下本華嚴，流傳於世。[40]從宗教的傳說看《華嚴經》的出現，充滿了神秘性，並以浩瀚的數量，增添此經的崇高性和雄大感。

若以考據的角度來看，六十《華嚴》全部譯出之前，龍樹時代或更早，已有部份單品別譯的流布，如〈十地品〉、〈入法界品〉，名為《十地經》、《不可思議解脫經》（或簡稱《不思議經》）。目前只有〈十地品〉和〈入法界品〉，尚有完整的梵語原典傳持，這二部單品別譯本在經典敘述的形式上已經具有完整的序分、正宗分、流通分[41]的形態，與獨立經典並無兩樣，這似乎暗示著它們在早期就是獨立存在的經典。因此有學者認為，《華嚴經》當初並不是完整的一部經典，而是基於特定的構想，將已存在的幾部具有共通性格的大乘小部諸品加以選擇，再加上一些新的品節，有系統地排比、編纂、整理而成的一部經典。[42]此即古人所謂的「隨類收經」[43]。不過，大部華嚴的梵文本

---

[39] 釋融熙，〈龍宮華嚴之謎〉收錄於張曼濤主編，1979，《現代佛教學術叢刊》第 100 冊《佛教文史雜考》頁 149-頁 154，臺北：大乘出版社。

[40] 相傳龍樹在龍宮見《華嚴經》有上本、中本、下本三種版本：上本有十三千大千世界微塵數偈，四天下微塵數品；中本有四十九萬八千八百偈，一千二百品；下本有十萬偈，四十八品。上、中本頌數、品數浩大，非凡力所能受持，故隱而不傳；龍樹只取其下本，傳之於印度。（法藏，《華嚴經探玄記》，大正三五，頁 122 中。）

[41] 凡釋經論，以分序正流通之三分為法：一序分，最初敘其經發起理由因緣即緣起之部分也。二正宗分，次正應其緣起而說法門之部分也。三流通分，終說以所說之法門付囑弟子或國王等使流通於遐代之部分也。是為秦道安所創始，以作萬世之洪範者也。

[42] 木村清孝著，李惠英譯，《中國華嚴思想史》頁 1-頁 14。龜川教信著，釋印海譯，《華嚴學》頁 34-頁 36，美國：法印寺。

[43] 大部《華嚴經》不是一次集出的，有些部類早已存在流行，在闡明佛菩薩行果的大方針下，將相關的內容編集起來，古人稱為「隨類收經」。（印順，1994，《初期大乘佛教之起源與開展》頁 1011，臺北：正聞。）

也曾經存在過，華嚴二祖智儼證實《大慈恩寺華嚴梵本》的存在[44]，三祖法藏比對了梵文本而將六十《華嚴》不足之處補足，可知本有大部華嚴梵本並非虛言。只是就算具有《華嚴經》的梵文本，也無法證明《華嚴經》不是結集而成的。

　　關於《華嚴經》成立的地點，印順法師認為大本華嚴編集地大約在句迦（chakuka），即新疆 kaqhalik，時代約為西元三世紀，〈入法界品〉的集成應在西元二世紀前後。[45] 有學者將善財參訪的路線對照印度地形，說五十三參發生的地點在印度[46]，而〈入法界品〉的梵本 Gandavyūha 也舉了許多與南印度有關的地名，如：「卡令伽森林」（Kalinga-vana）和「拖薩拉市」（Tosala），南方的「名為海堤的錫蘭之道」等等，並屢次提到海，說明〈入法界品〉似以南印度為背景而成立的。[47] 印順就龍樹入龍宮得華嚴等大經的傳說，論述所謂的「龍宮」應為南印度的烏荼國[48]，並認為此國是〈入法界品〉中的「福城」所在地，福城東邊的「莊嚴幢娑羅林」中的大塔廟，則被認為是烏荼國西南境大山中的補澀祇釐僧伽藍的大塔。[49]

　　雖然有部份地區吻合南印度的地理特色，但也出現若干錯誤。就善財參

---

[44] 智儼，《孔目章》，大正四五，頁 588 上-頁 589 中。

[45] 學者因龍樹《大智度論》已引用〈入法界品〉的內容，故而推斷〈入法界品〉約為西元一五〇至二〇〇年間所集成。（印順，《初期大乘佛教之起源與開展》頁 1020，臺北：正聞。高峰了州著，釋慧嶽譯，1979，《華嚴思想史》頁 8，臺北：中華佛教文獻編撰社。）

[46] 李志夫，1994.07，〈玄奘大師在印度境內遊學與善財童子參學：有關地理、路線、及其意義之探討〉頁 165，《中華佛學學報》第七期。

[47] 木村清孝著，李惠英譯，1996，《中國華嚴思想史》頁 15，臺北：東大。

[48] 據《法苑珠林》：「烏荼國，東境臨海有發行城，多有商侶停於海濱。次南大海中有僧伽羅國，謂執師子是也，相去約指二萬餘里，每夜南望見彼國中佛牙塔上寶珠光明，騰焰暉赫現於天際。又西南行具經諸國，並有異跡，可五千里至憍薩羅國。即南印度之正境也。」（大正五三，頁 505 上）烏荼國不同於烏荼國，烏荼國是靠近南印度的臨海國家，烏荼國則是東印度的國家，許多學者將二者混一。

[49] 印順，《佛教史地考》頁 211，臺北：正聞出版社。八十與四十兩種譯本說善財童子「經人間至福城」；六十卷本則沒有「經人間」之說。

學路線而言，有些在北方的地點，經中卻一再說是「南行」；甚至到了印度極南、濱海之處，仍言南行。若是南印度人所編，應不會出現此一錯誤。此外，華嚴系統的譯者多為月支國人，華嚴梵本也是由于闐取得。而〈入法界品〉中善知眾藝童子所唱的「四十二字門」，有些音韻並不是印度固有的字音，而是起源於于闐。[50]《華嚴經》的成立與流通與于闐有密切的關係[51]。因此，一般學界推測〈入法界品〉的編纂者大致是西北印度人士，為了創作上的自由，故將經中場所設定在南印度。

　　《華嚴經》無論是否為佛陀所說，或是為後人所結集，乃至被稱為是神話或偽經，都無法抹滅其自身所具備的存在價值和精神，也因為此經本身有其本具的偉大價值，因而才為後代所推崇、傳誦、註疏，和立論。

(二) 《華嚴經・入法界品》的傳譯

　　《華嚴經》是華嚴宗的根本經典，《華嚴經》是略稱，全名為《大方廣佛華嚴經》，大正藏收錄有三個譯本，都以《大方廣佛華嚴經》為名，為區別三種譯本，通常在經名前冠以卷數而稱為：六十華嚴、八十華嚴、四十華嚴。

　　1. 三譯本中，最早譯出的是六十華嚴，也稱「晉本華嚴」。梵本原藏於遮拘槃國（今新疆莎車東南之古國），由東晉沙門支法嶺求取，義熙十四年（西元四一八年）天竺僧佛馱跋陀羅（譯名覺賢）於揚州道場寺主譯，[52]元熙二年（西元四二〇年）譯畢，但此非完整的版本，至唐永隆元年，日照（梵名音譯地婆訶羅）補足〈入法界品〉中不足的部份，方得完整。[53]全部三十四

---

[50] 川田熊太郎等著，李世傑譯，1989，《華嚴思想》頁99-頁102，臺北：法爾。

[51] 此外，唐譯八十華嚴的實叉難陀也是于闐人。

[52] 《宋高僧傳》：「沙門支法領，於于闐得華嚴前分三萬六千偈，未有宣譯。至義熙　十四年，吳郡內史孟顗右衛軍裙叔度即請賢為譯匠，乃手執梵文，共沙門法業、慧嚴等百有餘人，於道場譯出，詮定文旨，會通華戎，妙得經意。」（大正五十，頁335下）

[53] 華嚴三祖法藏認為六十《華嚴》其中文有不連貫之處，時有中印度三藏法師日照來中國弘法，攜梵本華嚴，校勘後發現善財童子五十三參文中有脫漏，這兩段經文在唐永隆元年（西元680年）太原寺進行補譯。現經由二祖智儼的華嚴注釋書《搜玄記》中無這兩段闕漏的經文，以及他將〈入

品六十卷，第三十四品是〈入法界品〉，全經分為七處、八會，古德並攝為四分、五周[54]。由於晉代文風極盛，參與譯經者皆是一時僧中俊彥，所以六十華嚴文字相當典雅；惜因較為簡略，文義不完全，故而流通不廣。

2. 三譯本中，最流行的是八十華嚴，也稱作「唐本華嚴」。唐武則天在位期間，以六十《華嚴》處會不周，據聞于闐（今新疆和闐）有完整的梵本，乃遣使者求之。證聖元年（西元六九五年）下詔，由于闐僧實叉難陀主譯，參與譯經者較晉代更為盛大，如：法藏、義淨、菩提流支等人均參與這次譯場，[55]譯成之後並由大文豪王維潤色。此經於聖曆二年（西元六九九年）譯出，共三十九品八十卷，第三十九品是〈入法界品〉，全經分為七處、九會，沿襲六十《華嚴》攝為四分、五周。八十華嚴是三本中最完整的版本，不過在翻譯上，其文字風格仍保留梵文的味道，不似六十華嚴的流暢通達[56]。

3. 唐德宗貞元十一年（西元七九五年），南天竺烏荼國[57]遣使進奉烏荼王親筆書寫的四十華嚴梵本。翌年六月，德宗詔令北印度罽賓國僧般若三藏在長安崇福寺主譯，參與譯經者尚有澄觀、弘道、鑒虛等人，貞元十四年（西元七九八年）譯成，共四十卷。此經雖題為《大方廣佛華嚴經》，內題《入不

法界品〉的善知識人數定為四十五人可知，最初的六十《華嚴》確實並未完全譯出，為《出三藏集記・新集經論錄》所載的「五十卷」（大正五五，頁 11 下）。（法藏，《華嚴經探玄記》卷十八，大正三五，頁 524 上。）

[54] 法藏將七處八會的六十《華嚴經》以四分五周因果總攝全經。四分簡單來說即是信、解、行、證。五周因果為：所信因果周、差別因果周、平等因果周、成行因果周、證入因果周。（法藏，《華嚴經探玄記》，大正三五，頁 120 中、頁 125 上-中。）

[55] 《宋高僧傳》：「天后明揚佛日，崇重大乘，以華嚴舊經處會未備，遠聞于闐有斯 梵本，發使求訪，并請譯人，叉（實叉難陀）與經夾同臻帝闕。以證聖元年乙未，於東都大內大遍空寺翻譯，天后親臨法座煥發序文，自運仙毫，首題品名。南印度沙門菩提流志、沙門義淨，同宣梵本，後付沙門復禮、法藏等，於佛授記寺譯成八十卷，聖曆二年功畢。」（大正五十，頁 718 下）

[56] 方東美認為，從純文學的觀點閱讀八十華嚴，會覺得不頂順。（方東美，1986，《華嚴宗哲學》上冊，頁 11，臺北：黎明。）

[57] 烏荼國是東印度的古國名，據《大唐西域記》卷十所載，其國篤信佛法，皆習大乘教法。東南境臨海濱，有折利呾羅城，為入海商人、遠方旅客往來要道。其城間峻，多諸奇寶。（《貞元新定釋教目錄》，大正五五，頁 894 中）

思議解脫境界普賢行願品》，但第一卷至第三十九卷其實是晉、唐兩譯本的〈入法界品〉的異譯；而第四十卷，未見於晉、唐兩譯本，一般稱為〈普賢行願品〉，有單獨印行本，是《華嚴經》作為流通分的那一卷。[58]四十華嚴譯出時間較六十和八十華嚴遲些，文字大為增廣，更多了些內容。[59]三種華嚴譯本中，唯四十華嚴至今仍有梵文本，尼泊爾保有這部份的梵本。十九世紀英國的劍橋大學還有四十卷華嚴的梵文本，印度西部 Miterra 也發現梵文殘本，日本鈴木大拙和應晃淺根據劍橋和 Miterra 的梵文殘本，考訂、補充了四十華嚴梵本，使僅剩的四十華嚴梵本，更為完整。[60]

〈入法界品〉作為華嚴系經典中較早譯出而有單行本流通者，現存有[61]：

1. 《佛說羅摩伽經》共三卷，西秦·聖堅譯。此經最初的部份是唐譯本的〈入法界品〉的序起部份。內容大致與〈入法界品〉相似，唯參訪十二位善知識，參訪的善知識與唐譯本從無上勝長者到普救眾生妙德夜神部份相合，是〈入法界品〉部份的古譯。

2. 《大方廣佛華嚴經續入法界品》僅一卷，唐·日照譯。晉譯的六十卷本是有脫落的，日照三藏有這部份的梵文，所以奉敕譯出，補足了晉譯的缺失。補譯的內容有兩段：一、自四十參摩耶夫人後，至彌勒菩薩前，中間天主光等十位善知識。二、彌勒菩薩後，至三千大千世界微塵數善知識前，中間文殊菩薩伸展右手，過一百一十由旬，摩善財童子頂。補譯的第一段現在編入晉譯本第五十七卷，第二段編入晉譯本第六十卷。現存日照所譯的《大方廣佛華嚴經續入法界品》僅是前一段。

3. 四十華嚴。

---

[58] 一玄，〈讀華嚴經記〉收錄於張曼濤編，《現代佛教學術叢刊》四十四，頁 118。

[59] 依印順導師的歸納，增加的內容如：八識說、病理與生理學、理想的國王生活、最後身菩薩能自利利他的三種因果、女人多過患頌、十法能證無垢智光明解脫、十地十身、圓滿頭陀功德、文殊為善財說法，及〈普賢行願品〉。（印順，1994，《初期大乘佛教之起源與開展》頁 1006，臺北：正聞。）

[60] 方東美，1986，《華嚴宗哲學》上冊，頁 11，臺北：黎明。

[61] 印順，1994，《初期大乘佛教之起源與開展》頁 999-頁 1006 。

　　不同的譯本可以看出不同時代的文學發展特質。就全譯本而言，《六十華嚴》文字典雅，但較簡略；《八十華嚴》譯出較為周全，註疏豐富完備，學術價值也高。《四十華嚴》主要為〈入法界品〉的增廣，內容更為繁複，但註疏較少。所以，本書在原典的徵引上是以《八十華嚴》為主，再參酌《六十華嚴》及《四十華嚴》。

(三) 古今學者對《華嚴經・入法界品》的研究概況

　　關於〈入法界品〉的研究，歷來多附屬在整部《華嚴經》之中。現存注釋《華嚴經》較重要的註疏有六：

　　1. 華嚴宗二祖智儼的《大方廣佛華嚴經搜玄分齊通智方軌》（簡稱《華嚴經搜玄記》），華嚴宗的根基由是深固。

　　2. 三祖法藏的《華嚴經探玄記》，補充發揮《搜玄記》。

　　智儼的《搜玄記》和法藏的《探玄記》是註解《六十華嚴》。

　　3. 四祖澄觀有兩部：《大方廣佛華嚴經》的《疏》和《鈔》，集前人之大成。[62]

　　4. 李通玄也有兩部：《新華嚴經論》和《略釋新華嚴經修行次第決疑論》。

　　澄觀和李通玄這四部論疏是註解《八十華嚴》。澄觀的《疏》、《鈔》和李通玄的《新華嚴經論》為後代研讀華嚴者最喜讀的三部論疏，古人有云：「清涼國師（即澄觀）有《疏》、《鈔》，棗柏長者（指李通玄）有《論》，世所盛行。……禪者喜讀《論》而不知《疏》、《鈔》之廣大精微，講者喜讀《疏》、《鈔》而不知《論》之直捷痛快。」[63]

---

[62] 杜順→智儼→法藏（賢首）→澄觀（清涼）→宗密，從杜順到宗密這五祖，成為華嚴宗立教開宗的祖承。加上馬鳴造《大乘起信論》，宣揚唯心緣起說；龍樹造《大不思議論》以釋《華嚴經》，成為以法系為主的七祖說。七祖說是宋朝淨源法師奉敕而選定的。此外，加上華嚴的兩大菩薩：普賢、文殊，以及造《十地論》的世親，則成十祖說，為日本華嚴宗古德所奉之說。若就華嚴教史而言，應以歷史上的人物列為祖承較實際，故應以五祖說為基本，再加上印度龍樹、世親為教系淵源之一。（李世傑，1990，《華嚴宗哲學要義》頁5，臺北：佛教出版社）

[63] 〔清〕釋道霈，《華嚴經疏論纂要》序頁1，臺北：佛陀教育基金會印行。

　　方東美先生認為,從杜順以來華嚴宗祖師所作的論述,都是屬於後設文字,是說明《華嚴經》經中宗教教義上的宗教主題,他的重心不是宗教經驗,而是根據哲學智慧來思考宗教經驗裡所表現出來的圓融無礙的意境,這是哲學的本體論。反而是本為老莊信徒的李通玄,當他的興趣從道家思想轉向華嚴思想而論著的大書,卻是實質的宗教研究。[64]

　　現代人對於《華嚴經》的研究,主要是從義理思想或史料考證為入路,為數甚豐[65],其中專門或單章論及〈入法界品〉者,如:楊政河《華嚴哲學研究》第二章第五節「依人證入成德分──證入因果周」、高峰了州《般若と念佛》中「入法界品の百三昧」、鈴木大拙《華嚴の研究》第三篇「菩薩の住處」、板本幸男〈華嚴經とその實踐〉第八「佛妃と宿世」和第九「佛母と宿世」、……。現代人是從自己專精的領域研析華嚴學,更加豐富了華嚴思想。

　　在佛教藝術和美學的研究中,以禪宗美學的研究成果最為豐碩,從單篇論文到專書著作都卓然有成。此外,《法華經》、《維摩詰經》或探討西方淨土的相關文學或藝術方面的研究,也較華嚴豐厚許多,研究華嚴文藝美學等領域者,則相當稀少,如:陳琪瑛《華嚴經美學之研究》、溫美惠《華嚴經・入法界品之文學特質研究》,是國內目前以文藝美學為主題而切入《華嚴經》所撰寫的碩士論文。至於,與華嚴相關的宗教藝術作品,資料頗為零碎,並無全面性的整理與架構。所以,本人在有關華嚴藝術的資料蒐集與整理上頗費工夫;但因圖片涉及版權問題,故而本書並未收錄有關探討華嚴藝術的章節,詳可參見本人之博士論文。

　　總之,古今學者在〈入法界品〉的註疏、義解、考據上都成果斐然,但在美學、藝術上則少有發揮,本書在這方面運用古今研究的成果作進一步的發揮。

---

[64] 方東美,《華嚴宗哲學》上冊,頁 27、頁 306、頁 353,臺北:黎明。

[65] 從哲學層面探析華嚴思想者,如:方東美的《華嚴宗哲學》、張曼濤主編的《華嚴思想論集》……。以史料考證為切入點的,多半是引用日本的資料,日人在文獻學的基礎上並兼具思想的探討者,如:木村清孝的《中國華嚴思想史》、龜川教信的《華嚴學》……。

四、〈入法界品〉的旨義與結構

〈入法界品〉的內容豐富、結構完整，具備獨立經典的特色，在整部《華嚴經》中則被列於最後一品。以下先就品名略釋其義，次述此品的組織和大意，並藉由這兩方面說明此品在《華嚴經》中的重要性。

(一)〈入法界品〉釋義

〈入法界品〉的題名有：

1)梵文題名 Gaṇḍa-vyūha 其義為「連鎖而成之、有機的、有效的配合」，是指善財童子五十三參的次第形式。

2)《不可思議解脫經》，龍樹在《大智度論》稱之，意指此經不同於一般聲聞乘。[66]

3)〈入法界品〉，晉譯、唐譯《華嚴經》均以此為品名，此是由證分上說。

4)〈入不思議解脫境界普賢行願品〉，是四十《華嚴經》的題名，這是強調普賢的廣大行願，以及華嚴境界的不可思議。

此品雖有四種題名，但一般習以晉譯和唐譯《華嚴經》的「入法界品」稱之。

「入法界」有「能入」、「所入」的分別，「入」指能入，「法界」為所入。能入包含五重：身、智、俱、泯、圓。善財童子證入法界是「身」證，鑒無邊之理事是「智」證，同普賢而普遍一切法界是「俱」證，身智相即而兩亡是俱「泯」，一異存亡無礙自在是「圓」融也。[67]

---

[66] 龍樹：「佛為諸大菩薩說《不可思議解脫經》，舍利弗、目連在佛左右而不得聞，以不種是聞大乘行法因緣故。譬如坐禪人入一切處定中，能使一切皆水、皆火，而餘人不見，如《不可思議解脫經》中廣說。」（大正二五，頁 308 中）

[67] 法藏舉《初發心功德品》云：「甚深真法性，妙智隨順入，無邊佛土中，一念悉周遍。」前二句智入法界，後二句身入法界。由身智無礙故，智入理身遍一切佛土。（大正三五，頁 441 中）

　　至於善財童子所入的「法界」，是修行所證的境界，也是毘盧遮那佛的依、正二報。「法界」是華嚴教義上相當重要的觀念，華嚴祖師以「因果緣起理實法界」[68]為《華嚴經》的宗趣，或簡稱為「法界緣起」，甚至舉「法界」一詞總攝因果、緣起、理實等諸義，故也有將華嚴宗稱為「法界宗」，或以「法界緣起」代表華嚴教義。初祖杜順撰有《修大方廣佛華嚴法界觀門》（簡稱《法界觀門》），意指透過真空觀、理事無礙觀、周遍含容觀等三觀，以助行者起法界觀，契入華嚴法界。二祖智儼則有染、淨法界緣起說[69]。三祖法藏將法界分為：有為法界[70]、無為法界[71]、亦有為亦無為法界[72]、非有為非無為法界[73]、無障礙法界[74]等五門。四祖澄觀有「四法界」[75]之說及「一真法界」的提出。

---

[68] 法藏《華嚴經探玄記》：「以因果緣起、理實法界以為其宗，即大方廣為理實法界，佛華嚴為因果緣起。因果緣起必無自性，無自性故即理實法界；法界理實必無定性，無定性故即成因果緣起。是故此二無二，唯一無礙自在法門，故以為宗。」（大正三五，頁120上）

[69] 智儼，《大方廣佛華嚴經搜玄分齊通智方軌》：「依大經（指《華嚴經》）本，法界緣起乃有眾多。今以要門略攝為二：一約凡夫染法以辨緣起；二約菩提淨分以明緣起。」（大正三五，頁62下）智儼將一切緣起統攝為「法界緣起」，故言「法界緣起乃有眾多」，略開染法緣起、淨法緣起。

[70] 有為法界，有二門：一、本識能持諸法種子名為法界，此約因義。二、三世諸法差別邊際名為法界。（大正三五，頁440中）

[71] 無為法界，有二門：一、性淨門，謂在凡位性恒淨故，真空一味無差別故。二離垢門，謂由對治方顯淨故，隨行淺深分十種故。（大正三五，頁440下）

[72] 亦有為亦無為者，有二門：一、隨相門，謂受想行蘊及五種色并八無為，此十六法唯意識所知，十八界中名為法界。二、無礙門，謂一心法界，具含二門：一、心真如門。二、心生滅門。雖此二門，皆各總攝一切諸法，然其二位恒不相雜，其猶攝水之波非靜，攝波之水非動。（大正三五，頁440下）

[73] 非有為非無為者，亦二門：一形奪門，謂緣無不理之緣故非有為，理無不緣之理故非無為，法體平等形奪雙泯。二無寄門，謂此法界離相離性，故非此二。由離相故非有為，離性故非無為。又由是真諦故非有為，由非安立諦故非無為。又非二名言所能至故，是故俱非。（大正三五，頁440下）

[74] 無障礙法界者，亦二門：一、普攝門，謂於上四門，隨一即攝餘一切故，是故善財或睹山海，或見堂宇，皆名入法界。二、圓融門，謂以理融事故，全事無分齊，謂微塵非小，能容十剎，剎海非大，潛入一塵也；以事融理故，全理非分，謂一多無礙。……〈舍那品〉云：「於此蓮花藏

五祖宗密對法界的分法，大致沿用澄觀的說法。諸如此類，顯示「法界」在
《華嚴經》、華嚴宗皆具有重要性的地位。

　　華嚴五祖對法界的論說，主要是從法界的類別來看。就「法界」二字註
疏者，自法藏提出後，後人多依之：

　　　「入」是能入，謂悟解證得故也。「法界」是所入。
　　　「法」有三義：一是持自性義，二是軌則義，三對意義。「界」亦有
　　　三義：一是因義，依生聖道故。……二是性義，謂是諸法所依性
　　　故。……三是分齊義，謂諸緣起相不雜故。[76]

　　法藏在詮解「法界」一詞時，分開「法」和「界」而各立三義，究極言
之，「法」本身就具備「界」的涵意，「界」本身亦具有「法」的涵意[77]，「法
界」合而論之，可依因、性、分齊等義來論述：1)法因，是聖道、聖法賴以
產生的根由，指佛理、真如、真心、一心。2)法性，是宇宙萬法賴以存在的
真實體性，即事物的本性。3)法相，宇宙萬物的差別相、界限，即具體事物。
[78]

　　這三種法界義，其中第二種以法性論述法界，似與般若經類的用法相同，
法界與法性、真如、實際、一相、無相，均指一切法的總相、實相。而《華
嚴經》的法界也確有般若性空的觀念，如〈入法界品〉：「摧一切障，入無礙

世界海之內，一一微塵中見一切法界。」（大正三五，頁 441 上）此明一即非一也，是故善財或
暫時執手，遂經多劫；入入樓觀，普見三千，皆此類也。所入法界的五門，以總別圓融六相准之。

[75] 詳見第三章第二節總論。

[76] 法藏，《華嚴經探玄記》，大正三五，頁 440 中。

[77] 就因義而言，依此出生聖道，故可軌則。就分齊義而言，指諸法緣起之相，彼此不雜，此即對意
義，對意義指意識所緣對象，包括五蘊、十二入、十八界等諸法。性義可以與自性義配對。所以
「法」三義與「界」三義具有互通的義含。（參考陳英善，1996，《華嚴無盡法界緣起論》頁 423，
臺北：華嚴蓮社。）

[78] 方立天，1991，《法藏》頁 77-頁 81，臺北：東大。

法，住於法界平等之地，觀察普賢解脫境界。」[79]但在說明上強調相對於個別之整體的、全體的性質或意味，法界的全體、總相，和部份、別相是具有綜合統一的性質。經中常見「一即一切，一切即一」、「一多相容」、「諸法互攝」即在描述一切現象的本質，以諸現象的相互關係來說明「緣起」、「性空」的意義。

法界雖可作為「總相」，以整體、普遍的概念來理解，但也可從不同之角度來分別抉擇整體中的差別，〈入法界品〉：「了知法界種種差別」[80]，一般認為華嚴思想是講究法界緣起的超越、全體的哲學思想，不過種種差別界的分別認知也是《華嚴經》所重視的觀念。因為一切存在的差別現象，都因佛的證悟而具有正面的價值。華嚴教義在於闡說法界的圓融無礙，因而一切存在的差別現象在互為緣起之下不相雜亂，形成重重無盡的法界。華嚴的世界觀在描述諸佛菩薩之化身變化及說法對象、內容時，往往是遍佈無盡之世界，如〈入法界品〉：「修菩薩行，入諸三昧，以三昧力，普見諸佛，普見諸剎，普知諸劫，深入法界，觀察眾生，入法界海，知諸眾生，死此生彼。」[81]

法界內涵固然有多義性，然可歸結為一真法界。一真法界就是諸佛和眾生本源的清淨心，是成佛的因，也稱一心法界，如〈十地品〉：「三界所有，唯是一心。」[82]一心即是法界，一心之外別無法界，法界之外別無一心。

總之，華嚴的「法界」除了相應於般若經的「法性」等空義，並從積極的立場肯定緣起法則中成立一切法，說明此一大法界的整體及其中種種差別界的性質、關係，並歸攝為一真法界。法界之全體（總相）與部份（別相）乃一體之不同角度的說明，華嚴的法界觀不僅是總相的呈現，也是分別的活動，因具有此雙重而統一的性格，故能成為修學上的方法，即「法界觀」，透過對一切現象或存在的宏觀或微觀而掌握一切法的本質。法界觀不只是觀

---

[79] 大正十，頁 439 下。

[80] 大正十，頁 338 下。

[81] 大正十，頁 375 上。

[82] 大正十，頁 194 上。

念，也是實踐活動。般若空尚非圓教究極圓滿的觀法，圓教的「法界觀」涵義大於空觀，不僅通達空性，也能展現一切法的相互關係和證悟者的理境，一切法的存在均可在此理境中獲得最適當、圓滿的地位，此種法界觀不只是「自性空」，而是經過綜合的過程而成立。在華嚴宗看來，性空只是描述一切存在的現象而已，未能完全說明一切存在的價值面，一切存在並非只是一種存在的現象而已，而是具有各自圓滿的價值，此是華嚴法界觀法的特色。[83]

《華嚴經》所詮即是「法界」，〈入法界品〉是託善財童子能入的智行，諦證所入的理境；能入與所入不相乖戾，便形成圓融無礙的法界。華嚴提倡隨順法界、身入法界，以此為覺悟成佛的途徑，並把悟入法界作為眾生修行的最後歸宿，此即〈入法界品〉所示。

(二)《入法界品》的結構

《華嚴經》數品中，最重要的部份是〈十地品〉與〈入法界品〉。而〈入法界品〉在八十華嚴和六十華嚴中都佔了全經的四分之一以上[84]，四十華嚴除最後一卷，餘皆為〈入法界品〉的別譯，由此份量，可見其重要性。

從科判來看，〈入法界品〉是《華嚴經》信、解、行、證中的證分，從凡夫位開始進修而成就如來無上菩堤道上的真實示範，是捨去言論，依法奉行，直接掃蕩心意識的滯頓行跡，回復本來具有的神妙智用，以行動證得一切修行法門的經文，是《華嚴經》的縮影。有學者認為，〈入法界品〉之前的數品可譬喻為百川，此品猶如大海，其間的源流與體用是相同的，可以融歸於一真法界中，是華嚴教海的最高臻極處。[85]

---

[83] 鄧克銘，1997，《華嚴思想之心與法界》頁 35-頁 63，臺北：文津。

[84] 八十華嚴中〈入法界品〉共二十一卷，前面的三十八品合佔五十九卷經文。六十華嚴中〈入法界品〉共十七卷，前面三十三品合佔四十三卷。

[85] 楊政河，1987，《華嚴哲學研究》頁 156，臺北：慧炬。

〈入法界品〉的組織結構如下[86]：

〈入法界品〉┬本會（頓入法界分）………如來會
　　　　　　└末會（漸入法界分）………菩薩會 ┬ 攝比丘會
　　　　　　　　　　　　　　　　　　　　　　 ├ 攝龍王會
　　　　　　　　　　　　　　　　　　　　　　 └ 攝善財會

　　〈入法界品〉分為本會與末會：本會是總說如來果德，菩薩以心念請問如來果海中事，但「果海絕言」[87]，果海中事是言語道斷、心行處滅，為免眾生落於言詮，所以如來入三昧定境，直顯佛境，並放光攝受，光中具見所問之事，令會中菩薩一時頓證。所以如來會中的諸大菩薩，皆頓入法界。

　　末會是以善財童子五十三參為主軸所展開的忘修絕證的實際示範，屬於漸入法界，分別說出諸菩薩修因的過程。也就是說，本會是明果法界，末會是明因法界。[88]末會又可分三：1)攝比丘會，舍利佛率六千比丘見文殊一段，是三乘入一乘的迴小向大。2)攝龍王會，文殊至福城宣說「普照法界修多羅」，時無量諸大龍王併其眷屬欣求佛道，各得成就之事。此會是通收各類權教入圓融無盡法門。3)攝善財會，為〈入法界品〉的主軸，文殊指示善財南詢，又分五相[89]：

攝善財會┬寄位修行相┬ 信位........文殊菩薩
　　　　│　　　　　├ 十住位......十人
　　　　│　　　　　├ 十行位......十人
　　　　│　　　　　├ 十向位......十人
　　　　│　　　　　└ 十地位......十人
　　　　├ 會緣入實相..............十一人

---

[86] 〈入法界品〉的組織結構圖是依法藏，《華嚴經探玄記》（大正三五，頁 441 下、頁 450 下、頁 451 上-頁 451 中）所製。

[87] 澄觀，《大方廣佛華嚴經疏》，大正三五，頁 910 中。

[88] 法藏，《華嚴經探玄記》，大正三五，頁 441 下。

[89] 末會及下表依澄觀，《大方廣佛華嚴經疏》，大正三五，頁 918 中-頁 919 上。

```
├ 攝德成因相...............彌勒菩薩
├ 智照無二相...............再見文殊菩薩
└ 顯因廣大相...............普賢菩薩
```

1. 寄位修行相，是寄於行位的差別，以顯示教門的淺深。共寄四十一人，文殊一人寄於十信，以信不成位，未入佛境界，故不辨十人；初住始證圓融無礙之境，所以住、行、向、地等位各寄十位善知識。[90]

2. 會緣入實相，舉十一人，融會住、行、向、地等位的差別因緣，共契一真法界。最初會的摩耶夫人證得幻智法門為總，其餘九會為別，最後一會證得幻住法門，始終相會而以如幻之緣含賅於中間，是總別圓融。所會之緣有十，表示無盡的緣，意指無盡的緣皆是成就摩耶夫人的實際功德。也就是說，唯有等覺位才能入於重玄門，普入實相。[91]

3. 攝德成因相，是攝收眾德因行，以彰顯諸種勝行，所以攝法無遺，並為證入之因。這是從差別行到達無差別智，超越等覺，定堪作佛。慈氏彌勒在此代表攝德成因相，以補處位極才能彰顯。[92]

4. 智照無二相，以文殊為代表，彰顯行圓究竟，朗悟在懷，此一圓智更無前後、明昧等之不同，般若照極，返照唯是初心，所以，成就佛果位時就如同初發心，信智無別，本始無二。[93]

5. 顯因廣大相，前之甚深般若照理無二，是成佛的廣大之因，隨一一因皆稱法性，故能稱周法界而無不包含。[94]此以廣大行願的普賢菩薩為代表。善財最後一會參見菩賢身，又自見其身入普賢一一毛孔中，此時的善財頓圓曠劫之果，其行滿願海，無量無邊，等量具足如同普賢行願海，使一一行門、一一願門都能證入法界，臻於華嚴的一真法界，如此便能於自性中證得佛的

---

[90] 法藏，《華嚴經探玄記》，大正三五，頁 451 下。

[91] 楊政河，1987，《華嚴哲學研究》頁 224，臺北：慧炬。

[92] 法藏，《華嚴經探玄記》，大正三五，頁 451 下。

[93] 澄觀，《大方廣佛華嚴經疏》，大正三五頁 960 上。

[94] 澄觀，《大方廣佛華嚴經疏》，大正三五頁 960 下。

威神力、大慈悲力、淨神通力、善知識力，得究竟三世平等清淨法力，彰顯華嚴宗教的極致。[95]

〈入法界品〉無論本會或末會，皆彰顯證入法界，本會頓證；末會善財雖也一生成佛，但卻是按部就班地參一友，入一位，漸證法界。不過就華嚴圓融的立場而言，一位即是一切位，一切位也即是一位，所以究極來說，善財在初發心時已成正覺，頓入華嚴無礙圓融的法界。而五十三位善知識也只是「諸賢寄位」，「令凡夫信入」[96]之故。

(三)「五十三」參的數目異說

善財參訪的善知識，晉本、唐本、四十卷本，人數與次第都是一致的。四十卷本明說有「五十五聖善知識」，一般流通為五十三參，何故如此？

首先提出善財童子是五十三參的為華嚴三祖法藏，他於《華嚴經探玄記》言：

> 以舊無補闕文故，但辨四十四、五耳。……若約能所，通辨有五十五會，謂善財有五十三，比丘及龍各有一故。[97]

在法藏之前的古德，如二祖智儼認為，善財參訪的善知識是四十四、五人，因為當時所見的版本並無婆珊婆演底主夜神以下的十人，法藏依梵本補足闕漏部份，並認為〈入法界品〉的末會共有五十五會，不過比丘會及龍王會與善財參訪無關，所以若就善財的參訪行而言，刪去比丘及龍王會二會為五十三會。若就經文本身而言，刪除比丘會及龍王會，善財參訪的善知識共有五十五位，法藏為何說是五十三？

---

[95] 方東美，1986，《華嚴宗哲學》下冊，頁 91、頁 92，臺北：黎明出版。

[96] 釋夢參，1999，《華嚴經疏論導讀》頁 81、頁 82，臺北：方廣文化。

[97] 大正三五，頁 450 中

　　法藏的觀點是以「會」來計算，他認為，文殊指導善財向南參訪善知識，這是第一會，之後參訪德雲比丘至大光王女共四十二會。遍友童子未說法，不成會；德生童子、有德童女一起說法，合為一會；所以從善知眾藝童子以下至最後參至普賢為十會。如此，共為五十三會。

　　四祖澄觀大致是沿襲法藏的說法，但是對於遍友童子的部份，澄觀以為他具有承先指後的作用，故而也能稱會，所以應為五十四參。[98]目前日本多位學者採用此一說法，不過略去第二次會見文殊，共為五十三參。

法藏五十三參	澄觀五十四參	日本五十三參	流通本五十三參
1.文殊	1.文殊	1.文殊	×文殊
2.德雲比丘	2.德雲比丘	2.德雲比丘	1.德雲比丘
：	：	：	：
×遍友童子	44.遍友童子	44.遍友童子	43.遍友童子
44.善知眾藝童子	45.善知眾藝童子	45.善知眾藝童子	44.善知眾藝童子
：	：	：	：
52.文殊	53.文殊	×文殊	52.文殊
53.普賢	54.普賢	53.普賢	53.普賢

　　法藏、澄觀和日本的「五十三參」算法，都不是中國一般流通的說法，一般流通的「五十三參」，可能是受宋代惟白禪師的「五十四」幅《圖讚》的影響。惟白的《圖讚》是從德雲比丘開始起算，一開始文殊指點善財向南參訪的部份不算。此外，遍友童子雖不說法，但可說是行不言之教，算作一會。而最後一讚是惟白禪師自己的體悟，所以，就善財參訪的部份而言，是五十三圖讚。若以法義而言，善財初見文殊而起信，並不成位，初住後始入佛境界，所以，以德雲比丘起算的五十三會，具有入華嚴法界之意。而這五十三參的算法，正是目前一般流通的說法，也是本文採用的說法。

---

[98] 澄觀，《華嚴經疏鈔》，大正三五，頁 451 上。

華嚴宗祖師們的觀點，若無閱覽大藏經是無以得知，但是圖讚在宋代以後廣為流傳，不少文人雅士並為《圖讚》題跋作序，文人社群間的流行，或許就是目前「五十三參」定案的歷史源頭！

總之，善財童子五十三參是以「會」為計算單位，所以也可說是五十三會，參訪人數為五十四人。

無論五十三參是哪幾位善知識，但總為文殊和普賢二大菩薩統收，是華嚴教界共通的看法。五十三會總分為二，初會文殊至後會文殊[99]是文殊位，屬般若門；普賢一位屬法界門。非般若無以入法界，所以善財首見於文殊；非入法界無以顯般若，是故善財終見於普賢。二人寄二位，以明入法界。文殊是顯法界甚深義，普賢則現法界廣大義，二門相影具德。[100]所以在華嚴法門中，文殊與普賢二大士具有崇高的重要地位。

在思想史上，〈入法界品〉也具有總結文殊和普賢兩大類經典的特色。初期大乘經典中，重智的文殊法門是多數經典所稱頌的，普賢菩薩則不大熟悉；至祕密大乘佛教時代，重行願的普賢法門的經典才流行起來。〈入法界品〉呈現由般若思想過渡到普賢思想的痕跡，善財一開始為文殊所啟蒙，終極是證入普賢境界，藉善財作過渡人物，由代表般若思想的文殊，逐漸轉變為代表華嚴思想的普賢行願。此外，三種華嚴譯本中，最後出的四十華嚴具有六十和八十華嚴所沒有的〈普賢行願品〉，據考證，佛陀跋陀羅譯出的《文殊師利發願經》是其古本，本是《文殊師利發願經》，後來被改稱為〈普賢行願品〉，這暗示了「文殊法門」向「普賢法門」的時代推移，而〈入法界品〉將二大士巧妙的安排於一經之中，是具有承接二類經典的特色。[101]

---

[99] 初會文殊至後會文殊之間有德雲比丘等餘善知識，何故總收為文殊位？澄觀疏云：「皆是文殊攝化德故，悉從文殊智慧大海所出世故，皆由文殊師利之所攝受，是故有形文殊作開覺之初緣，無相文殊妙德結終之妙趣。」（大正三五，頁 451 上。）

[100] 大正三五，頁 451 上。

[101] 印順，1994，《初期大乘佛教之起源與開展》頁 1132-頁 1149，臺北：正聞。魏道儒，1998，《中國華嚴宗通史》頁 25-頁 45，江蘇：古籍出版社。

第二章　佛教思想中空間型態的發展及其美學意義

　　佛教對於空間的理解，無論在思想史或判教上，皆有其辯證發展的理論。而《華嚴經》的空間觀是直指佛境界，也是佛教思想中登峰造極之說，因此，要開出《華嚴經》在空間上的美學意義，宜對佛教思想中的空間觀作一前置的理解，本章是以佛教義理的主要內涵分立各節[1]：第一節「無我寂滅的空間型態及其美學意義」是指原始佛教階段和佛滅後佛教分裂成部派的一、二百餘年的階段；第二節「性空唯名的空間型態及其美學意義」是中觀大乘階段；第三節「虛妄唯識的空間型態及其美學意義」指瑜伽大乘階段；第四節「真常唯心的空間型態及其美學意義」則是如來藏真心系統階段[2]。本章除開闡佛教諸說在空間觀念上各自的美學意義外，並通過對諸說的評比，突顯《華嚴經》空間美學的特色，以作為後續各章的理論基礎。

---

[1] 以華嚴五教判來分立本章各節，將更符合華嚴的系統，只是：1)從名稱上來說，小、始、終、頓、圓五教的名稱不能直截豁顯佛教不同的思想型態。2)從內容上來說，五教是從教學上來分類，除了小乘教、始教、終教在空間型態上有明顯的劃分，至於終教、頓教、圓教都是以真心為根源而開展出空間萬象，在空間型態和美學意義上來說三者是相近的，其間的微妙差別只在於漸、頓、圓，所以本文是以思想的基本型態作為區分。

[2] 「性空唯名」、「虛妄唯識」、「真常唯心」這大乘三系的標目，引自印順《印度佛教思想史》中對大乘佛教的分判，以其是以義理內涵提綱挈領地劃分佛教思想，故為本文所用。

一、無我寂滅的空間型態及其美學意義

無我寂滅的空間型態可分別從原始佛教和部派佛教來談：

(一) 原始佛教

從佛陀創教起至佛滅百年左右，在佛學上是原始佛教時期。此一時期的佛教，主要的關心是人如何拔苦的實踐問題；對於形上問題則為佛所不答[3]，「空間」問題也就沒有直接處理。在此擬從原始佛教的基本理論，引繹出他們的空間觀及其美學意義。

原始佛教最重要的教義是「諸行無常、諸法無我、涅槃寂靜」[4]，諸行無常、諸法無我是世間的真諦（即俗諦），涅槃寂靜是出世間的真諦，而俗諦之中又以無我為要，印順法師即認為，三法印是綜貫相通的，能統一三者的是諸法無我印。[5]因此，本節拈出「無我寂滅」四字，以「無我」表示世間的真諦，「涅槃」表示出世間的真諦，作為詮解原始佛教空間觀的核心觀念。至於無常、苦、無我的教說，茲可藉一段經文加以說明：

> 爾時世尊告諸比丘。色無常，無常即苦，苦即非我。非我者，亦非我所。如是觀，名真實觀。
>
> 如是，受想行識亦無常。無常即苦，苦即非我。非我者，亦非我所。

---

[3] 佛陀對於形上問題多是不予處理，重視實踐而不作無謂的空談，如〈箭喻經〉（《中阿含經》卷十六第 221）所示，外道問佛十四不可記事的問題中，包括世有常無常、有底無底等的空間問題，佛皆默然不答，只以箭喻說明解脫的逼切性，一切皆指向實踐的目標。

[4] 「諸行無常、諸法無我、涅槃寂靜」亦即「三法印」。也有在諸行無常下加「諸受皆苦」，這則成了四法印。

[5] 印順，1989，《佛法概論》（妙雲集中編之一）頁 158，臺北：正聞。

　　如是觀，名真實觀。[6]

　　世尊告訴比丘們，「色、受、想、行、識」五蘊都不是常住不變，是無常。所謂「五蘊」在原始經典被稱為「一切」（sabbam）[7]，也就是說，一切都是無常，無常就是苦。無常是苦，以經驗就可以得知這個道理，人從青春健康必走向老、病、死，這就是無常的殘酷事實；但是纏繞著人實存的無常之苦的基源問題，是因為人的我執，「我執不僅對無常的現實而執著於常住的執，更是對無常本身的執。無常之所以是苦，就是因為無常為我所執。」[8]無常只是世間的客觀事實，如果主體不執取客體為常住、為我所主宰，則並無所謂的苦可言；但一旦為主體所執，則產生難以消解之苦。因此世尊除了說「無常即苦」，進而言明「苦即非我」。而真正解決苦的迫切的方法就是觀無我，徹底無我則能證得寂滅的涅槃之樂。因此，若統合無常、苦、無我的教說為一，就是無我。

　　涅槃是音譯，梵語為 nirvāṇa，意譯作滅、寂滅、滅度，原意指火的熄滅或風的吹散。原始佛教認為，涅槃是滅卻煩惱的狀態，《雜阿含經》卷十八：「貪欲永盡，瞋恚永盡，愚癡永盡，一切煩惱永盡，是名涅槃。」[9]相對於煩惱繫縛的人世間，這標示出原始佛教的理想世界。

　　原始佛教將世間看作是苦的逼迫，而涅槃境界是熄滅苦惱的解脫之境，世間和涅槃境界成了絕然分立的兩種空間：1)「無常－苦－非我」的空間觀，致使原始佛教對世間只想超離而無美感可言，方東美先生即言：「小乘佛學一看到世間是生滅無常，……感到失望、消極、悲觀、痛苦，只好對世界加以詛咒……，這個世界是不會美滿的。」[10]娑婆世界無美感可言，娑婆世界中

---

[6] 《雜阿含經》卷一，大正二，頁 2 上。

[7] 武邑尚邦等著、余萬居譯，1989，《無我的研究》頁 40，臺北：法爾出版。

[8] 武邑尚邦等著、余萬居譯，1989，《無我的研究》頁 43，臺北：法爾出版。。

[9] 《雜阿含經》卷十八，大正二，頁 126 中。

[10] 方東美，1986，《華嚴宗哲學》（上）頁 37，臺北：黎明。

的空間形象諸美則是妨礙解脫之道的滯礙物。但是美學是肯定世間的一切價值，而原始佛教一生嚮往的是出離世間，於是世間一切價值只有否定、剝落、消解，於此，世間的空間美感是無法成立的。2)寂滅涅槃之境雖然是原始佛教認為的真實理想的空間，但是涅槃之境是離四句、絕百非、不可言傳之境，或是流於滅絕一切[11]，而美學是以理論經營各種問題，涅槃之境既是不可藉語言文字詮說，又是滅絕一切的境界，如何討論其空間美感？

原始佛教的空間觀雖然無法成立美學，然而他們在追求超昇的修煉過程中所綻放的人格光輝，則能成就人物品評上的藝術境界和美學原理，這是在力求脫苦所表現的力度和意志之美，此一美感的成立必須有涅槃的映照方得成立，是修煉歷程的美。褚柏思先生以美學欣賞的角度品鑑原始佛教的聖者，認為他們：「多數是內向型的、嚴肅的、冷峻的、孤獨的、寂寥的、沉默的。」[12]佛教在空間藝術上也常以原始佛教中千姿百態的阿羅漢造型為塑像的題材，雖然他們各有其材質情性和生命的精采，但縱觀而論，由於對輪迴苦的世間無所染著，因而總體風格是質樸的，展現的風姿神采偏向於心清淨的出家人風範。

總之，原始佛教表明了事物的無常、時空的非真實相，並以實踐性為主的導向，成為佛教各期空間觀的前提。

(二) 部派佛教

佛滅後一百多年間，佛教分裂成作為正統派的上座部，以及非正統派的大眾部。此後一百至二百餘年間，從上座和大眾這二個根本部中，又分裂出

---

[11] 天台認為小乘是藏教，涅槃之境是灰身滅智。如智旭言：「小乘第四阿羅漢果，此含三義：一殺賊、二應供、三無生。斷三界見思俱盡，子縛已斷果縛尚存，名有餘涅槃；若灰身泯智，名無餘涅槃。」（《教觀綱宗》卷一，大正四六，頁 939 上）

[12] 褚柏思，1981，《禪宗學與禪學》頁 197、頁 198，臺北：新文豐出版社。

十八部或二十部[13]。部派佛教是對原始佛教經典中所載的各個教說，以學術性研究的方式加以說明解釋、組織整理，這種方式稱為阿毗達磨研究法，後世逐漸發展，由於對教理的解釋不同，遂導致部派分裂而以各自獨立的立場組織解釋教理並製作論書。其中，屬於傳統上座部系統的說一切有部，對原始佛教存而不論的形上問題，首先展開思辯和分析式的研究。

　　關於空間，《俱舍論》提出「六大」[14]中的「空大」是萬物存在所需要的空間。說一切有部則將空間分為「有為虛空」與「虛空無為」二種：

　　1. 有為虛空又稱為「空界」，或「空界色」，並分「內虛空界」與「外虛空界」。內虛空界指有情身上的孔穴，如：眼、耳、鼻、口、咽喉等的竅隙；外虛空界是無情物上的孔穴，如：門、窗、牆洞等的竅隙。[15]空界的空，只有相似的無礙性，屬色法之一，從現象上看是有相當的變化，因它與色法有著依存的關係，色法動了，空界也就隨著變化，有生滅變異。

　　2. 有部另立「虛空無為」來指稱能容受萬物的大虛空，虛空無為與空界有很大的差異，虛空無為以無障礙為體性，是三無為法之一，不過仍應與真如、實相、涅槃之無為法揀別開來。所謂「無為」是離因緣造作，不為生住異滅更動的實在法，不同於會壞滅的有為虛空。它能容受萬物，一切法的存

---

[13] 分裂情況據南傳佛教與北傳佛教記載有異。據南傳佛教《島史》（巴 Dipavamsa）及《大史》（巴 Mahavamsa）記載：

　　(1)大眾部又分：雞胤部(3)、一說部(4)、制多山部(5)、多聞部(6)、說假部(7) 、出世部(8)。

　　(2)上座部又分：犢子部(9)，又分：法上部(11)、賢冑部(12)、密林山部(13)、正量部(14)。

　　　　　　　　化地部(10)，又分：說一切有部(15)，又分：飲光部(17)、經部(18)。 法藏部(16)。

　　據北傳佛教《異部宗輪論》記載：

　　(1)大眾部又分：一說部(3)、出世部(4)、雞胤部(5)、多聞部(6)、說假部(7)、制多山部(8)、西山住部(9)、北山住部(10)。

　　(2)上座部又分：說一切有部(11)，又分：犢子部(12)，又分：法上部(13)、賢冑部(14)、正量部(15)。

　　　　　　　　密林山部(16)、化地部(17)、法藏部(18)、飲光部(19)、經量部(20)。

　　　　　　　　雪山部(即本上座部)

[14] 原始佛教（包括部派佛教）認為，六大是構成有情或無情世界的基本要素，包括：地大、水大、 火大、風大、空大、識大，以其體性廣大，周遍於一切處，故稱為大。

[15] 《俱舍論》卷一：「諸有門窗及口鼻等內外竅穴，名為空界。」（大正二九，頁 6 下）

在不障礙它，它也不障礙一切法；而且不論事物存不存在的地方，它總是普遍一切，彌滿十方，不障礙一切法而遍滿一切處。有部認為，虛空無為是實有的、常在的、遍滿的。[16]

有部主張「三世實有，法體恆存」，所以雖然認為「色於中行」[17]的虛空是以無礙為性，但說它「有實體相」，因為他們認為，如果分析虛空素質，則會有不可再分的「極微」原質存在，因此是實有自體。不過經部譬喻師則認為虛空是無實自體，《順正理論》卷三：「彼上坐及餘一切譬喻部師咸作是說：虛空界者（指空界色）不離虛空（指虛空無為），然其虛空體非實有，故虛空界體亦非實有。此有虛言而無實義。」[18]經部說的虛空是由否定色法而顯示，所謂虛空無為的「無為」是否定性的，又「虛空界者不離虛空，然其虛空體非實有，故虛空界體亦非實。」[19]經部認為空界色也不是實有，無論空界色或虛空無為都只「有虛言而無實義」，也就是只有言說上的意義。這已走上空宗的破的方式。[20]

部派佛教由於部派眾多，每一部派的勢力和影響有限，且在歷史延續中逐步發展為大乘佛教或空、或有的一派，因此，部派時期的佛學思想不如看作是原始佛教向大乘佛教轉軌的時期，自身仍較缺少美學的獨立品格。不過，大眾部將佛陀描繪為神通廣大，具有「三十二相」、「八十種好」的典型，則為後世佛教造像奠定了美學規則。

---

[16] 演培，1995，《佛教的緣起觀》頁 279，臺北：天華。

[17] 《俱舍論》卷一，大正二九，頁 1 下。

[18] 《順正理論》卷三，大正二九，頁 347 中。

[19] 《俱舍論疏》卷一，大正四一，頁 494 上。

[20] 有關部派思想，參考吳傑超，《佛家之時空理論之研究 》（香港大學新亞研究所哲學組，碩士論文，1978.08），頁 98~109。及釋演培，《佛教的緣起觀》，諦觀全集雜說一（臺北：天華，1995.8）。及釋聖嚴，〈時空與生命的超越〉，《禪與悟──法鼓全集》（四）頁 216（臺北：東初，1993.11）。

二、性空唯名的空間型態及其美學意義

順著部派佛教的發展,大乘空宗對空間問題有其一貫的處理方法。印順導師認為大乘空宗的核心思想可藉「性空唯名」這四字表述。大乘空宗以龍樹《中論》最重要,其書有段著名的偈頌:

眾因緣生法,我說即是無,亦為是假名,亦是中道義。未曾有一法,不從因緣生,是故一切法,無不是空者。[21]

龍樹是從緣起說性空,他認為,世出世間的一切都是因緣所生,因緣生的萬法隨因緣的聚散而成毀,沒有真實不變的本質(「無自性」),因而是「無」,是「空」。此「空」是無所不空,不只生、滅等「有為」法要空(「八不」),「無為」[22]的涅槃也是空。不但一切是空,能否定的「空」也是空,在第一義諦下連「空」也不可說,如《大智度論》:「畢竟空但為破著心故說,非是實空」;「畢竟空亦空」[23]。只有不斷的否定,才可達到中道。

空,看似否定一切,其實是成立一切,因為緣起與空性不是對立而是相成,如《中論》:「以有空義故,一切法得成,若無空義者,無智亦無得。」[24]萬法之所以「無自性」,是因為緣起故,有自性就不是緣起法,因此性空正是成立一切法的關鍵。中觀否定的是諸法的「自性」,但並不否定萬法的功能、

---

[21] 《中論》卷四,〈觀四諦品〉第24,大正三十,頁33中。

[22] 「有為」是指從因緣而有,有生滅變異的無常諸行;有為是對無為說。但「無為」不是與有為對立的什麼法,不是凡夫所能理解。如來假名說的無為,意指有為的本性空寂,即無所取,無所住、無所得的離戲論相。(參考印順,1984,《般若經講記》頁145,臺北:正聞。)

[23] 《大智度論》卷六三,大正二五,頁508下、頁290上。

[24] 《中論》卷四,〈觀四諦品〉第24,大正三十,頁33上。

作用，所以，萬法於真諦上雖是一切皆空，然於俗諦上則有「假名」（梵語是 prajñapti，或譯「施設」、「假施設」）方便施設。依此觀點，印順導師即以「性空唯名」言大乘空宗，是頗為恰當的說法。[25]

　　至於空間，《中論・觀六種品》第五是專破空間，所破為「六界」[26]中的「空」，也就是有部說的空界色、有為虛空，有部將色法與空相（空間）皆視為實有；但依空宗緣起性空之理，色法與空相皆為緣起法。空宗認為萬法無自性、非實有；空相是萬法的屬性，當然也不是實在的。又、空相本不可見，有賴色法的存在與消失，以及屬於「色」的運動，才能襯顯空相的存在，所以色與空是彼此相待而顯的。若無色法，便無空相；既無空相，便無虛空法。所以〈觀六種品〉首句言：「空相未有時，則無虛空法。」[27]空相也是緣起，無有自性，不是實有，是依色法而顯其相，所以空相與色法是相待共存而非各自獨立相對的二者。

　　空間只是依色相幻現的一種特相，並無主觀心識上的空間格式。人們之所以知道空間，是從事物的前後、左右、上下、內外，或大或小的位置而認識。有色法即有空間，離了眼見、身觸的虛空，是得不到虛空的概念。所以，無相無礙的虛空，是依有相有礙的存在法而幻現的。[28]

　　虛空本性空無，從能所不能獨存的相待共存之理來看，作為所知的虛空既然了不可得，何有能知的我可得！而萬法與空間的關係自然也是不可復得。相涉的能（能知的我）與所（虛空相）及其關係（無礙性），三者均為互相依待而無有自性，空宗如何安立人生在世的一切空間現象和空間體驗？是否皆是虛假而不可成立？《大智度論》對空間的說明給予了線索：

[25] 有關中觀的思想，參考印順，1989，《中觀今論》，臺北：正聞。印順，1989，《印度佛教思想史》頁 119~152，臺北：正聞。楊惠南，1988，《龍樹與中觀哲學》頁 67-頁 85，臺北：東大。

[26] 六界是指地、水、火、風、空、識。

[27] 《中論・觀六種品》，大正三十，頁 30 中、下。

[28] 印順，1989，《中觀今論》頁 126-頁 131，臺北：正聞。演培，1995，《佛教的緣起觀》頁 279，臺北：天華。

是方法，聲聞論議中無。摩訶衍法中，以世俗諦故有，第一義中一切法不可得，何況方？如五眾和合，假名眾生。方亦如是。四大造色和合中，分別此間彼間等，假名為方。日出處，是則東方。日沒處，是則西方。如是等，是方相。是方自然常有故，非因緣生；亦不先無今有，今有後無，故非作法；非現前知故，是微細法。[29]

　　「方」是指空間，龍樹認為：1)空間是非因緣生法、非作法、是微細法，「不先無今有，今有後無」，它是遍、是常，空宗視空間為形式的常有，是由內心之執而形構成的形式的有，並以此而說明現象，也因此可在世俗諦中安立假名的「空間」之「實有」。2) 原始佛教沒有現象意義的空間。於大乘法中可在世俗諦安立假名，然於第一義諦是空。 3)空間因為是內心之執而構成的，若視為客觀自存的實有（常有），「邪心則生」[30]；但若了知第一義諦是空，不隨表象現象所轉而內心執為實有，則二諦含容無礙而破立自如。[31]空間的產生是由於人心感知外在實存的方位而由內心加以執著所產生的，《大智度論》以世俗諦的「假名」保障了經驗界的「空間」。

　　空宗一連串否定式的中觀方法，揭示出的美學意義如下：

　　1. 在空間觀上展現出「無礙」的美學精神。有部將色法視為實有，作為實體性的存在就有體量的「空間排他性」和成毀的「時間先後性」。但中觀的性空思想否定、瓦解了色法視為實體性的立場，以無自性故實體的空間排他性與時間先後性皆一體遣除掃蕩，《心經》即言：「……是故空中無色，無受想行識，無眼耳鼻舌身意，無色聲香味觸法，無……，依般若波羅蜜多故，心無罣礙」，在般若空智不斷的破斥和徹底的蕩滌之下是色不異空，空不異

---

[29] 《大智度論》，大正二五，頁 288 上。

[30] 《大智度論》，大正二五，頁 288 中。

[31] 牟宗三，1989，《佛性與般若》頁 173-頁 175，臺北：學生。吳傑超，1978，《佛家之時空理論之研究》頁 116-頁 166，香港大學新亞研究所哲學組碩士論文。釋演培，1995，《佛教的緣起觀》頁 271-頁 283，臺北：天華。

色,色空不二,無所滯礙,突顯出大乘佛教的無礙精神。這種空間無礙所含容的美學觀,至華嚴則發展出「一入一切,一切入一」事事無礙的空間美學。空宗否定式的中觀方法所啟發的無礙精神,不啻是佛教在空間型態發展上的重要轉折。

2. 空宗雖破斥一切,但於世俗諦仍可方便安立假名,並且空宗認為「若不依俗諦,不得第一義。」[32] 眾生是處於世間,若無世俗諦的「假名」,便不可能契入第一義空,因此,龍樹提出「涅槃與世間,無有少分別;世間與涅槃,亦無少分別。涅槃之實際,及與世間際,如是二際者,無毫釐差別。」[33] 世間不是苦的逼迫,不僅不用逃離,且是成就涅槃的空間處所。並且空宗以假名安立、色空不二的概念肯定世間的空間和價值,有效地解決了原始佛教無法成立的美學問題,世間的一切價值包括美感價值,皆在與涅槃「無毫釐差別」下保住了,而空間的各種審美形象,也在「假名」的安立中獲得詮解的位置。

3. 假名安立和色空不二雖然保障了世間的諸美,但是,萬法是如何出現的?空宗並未加以說明,只認為萬法的出現是幻現的,空間及其中的一切,呈現的是「如幻如化」[34]、如夢境般的境相。這種幻化似的緣起論是中觀在空間美感上的終極形式。

三、虛妄唯識的空間型態及其美學意義

空宗主張一切皆空,有即幻有,幻有即空。大乘有宗(或稱「瑜伽行派」、「唯識派」)在宇宙空間觀上則採取積極的說明,認為一切萬法皆是「唯識」

---

[32] 《中論》卷四,〈觀四諦品〉第 24,大正三十,頁 33 上。

[33] 《中論》卷四,〈觀涅槃品〉第 25,大正三十,頁 36 上。

[34] 《大智度論》卷三一,大正二五,頁 290 下。

所變，並把萬法區分為五大類[35]，細分為一百種，此稱為五位百法，這是瑜伽行派在小乘佛教的理論基礎上發展起來的[36]。

　　所謂「萬法唯識」是說一切法唯是虛妄分別的「識」所變現，虛妄分別的根本是「阿賴耶識」，是如瀑流般剎那生滅的妄識。阿賴耶識攝藏無邊差別的種子，這些種子也是如瀑流般恆轉地剎那生滅。世間的雜染清淨、出世間的清淨，一切都是以虛妄分別的阿賴耶識（攝藏種子）為依而成立現起，現起的一切，境不離識，境依識起，所以印順導師拈出瑜伽行派的思想為「虛妄唯識」。[37]

　　「五位百法」是瑜伽行派對宇宙萬有進一步而細緻的分類，其五大類都離不開識，即「唯識」是也。其中關於空間問題，瑜伽行派將現象世界的空間，不列為五位百法中的「色法」，而是列為二十四種「心不相應行法」[38]中之一種——「方」，這可說是將空宗例舉提到的空間問題，以有系統的方式納入其架構中。《大乘百法明門論解》：「方者，色處分齊，人法所依，或十方上下，六合四極，亦隨所制。」[39]人和萬法所依的空間——方，是由許多色法構成，以色法因果相續的分位差別顯現出方位，如有上方才有下方等的十方[40]，只要失去一方，另一方存在的條件也就缺乏了。

　　瑜伽行派對有部所立之「虛空無為」也有明確判分。「虛空」一詞就有部來說是指大虛空，是實有（對應為大乘空有二宗所言的「方」）；瑜伽行派則

---

[35] 這五大類包括：心法（8種）、心所有法（51種）、色法（11種）、心不相應行法（24種），和無為法（6種），五位法共一百種，故稱五位百法。

[36] 一切有部論典《俱舍論》講五位七十五法，經量部論典《成實論》講五位八十四法，唯識學派在此基礎上發展為五位百法。（韓廷傑，1993，《唯識學概論》，頁179-頁211，臺北：文津。）

[37] 印順，1989，《印度佛教思想史》頁262-頁275，臺北：正聞。

[38] 「心不相應行法」是指此法不與心王八識（第八阿賴耶識，第七末那識，和眼、耳、鼻、舌、身、意等前六識）相應，也不與色法相應，是遍流造作、生滅變化的有為法。（韓廷傑，1993，《唯識學概論》頁199，臺北：文津。）

[39] 大正四四，頁51中。

[40] 東、西、南、北稱為四極，加上、下稱為六合，加東南、東北、西南、西北為十方。

認為「虛空無為」是非實有之法,是佛證得的法性,為六無為相中之一。《大乘百法明門論解》:「言虛空無為者,謂於真諦離諸障礙,猶如虛空,豁虛離礙,從喻得名。」[41]虛空無為就是法性,意指法性之體豁然虛廓,離煩惱、所知諸障礙,法性之無有障礙猶如虛空,所以稱為虛空無為。瑜伽行派是將虛空作為喻語,比喻法性之無為似大虛空,故稱虛空無為,與有部所說的能容受萬物而無有障礙的大虛空是不相同的。

瑜伽行派與空宗所說所說的「方」與「虛空無為」在定義上看似相同,實其深層蘊意並不相同,差別就是「唯識」,而「虛妄唯識」也決定了瑜伽行派的美學特點:

1. 一切外境既然都是識所變現,因此,不只人的認識能力(能見)是識,而且人的認識對象(所見)也是識所變現,所謂「識有境無」,這種以心識的能動變現和在對象化中直觀心識自身的認識方式,與審美的觀照方式呈現類似之處。審美的觀照方式在美學上有所謂「移情作用」,移情作用就是我所觀照的對象注入我(觀照者)的情感,而這不正是心識創造外境的作用?瑜伽行派在認識論上有相當細膩而系統化的理論,其心識創造外境的認識方式與審美的認識方式有許多可互相發明之處[42],在美學理論上,尤其是審美心理學上,瑜伽行派的認識論有多處值得挖掘。

2.「境」也是一種廣義空間型態的展現,在佛學上是常用術語,但特別將「境」與「識」對舉而言的是瑜伽行派。上述第一點可說是從主體認識空間環境的審美認識來談,此點直就客體的空間境相來談。瑜伽行派雖然認為「識有境無」,但就現象而論,「境」又不是不存在,所以《成唯識論》:「境

---

[41] 大正四四,頁 60。

[42] 如王夫之說:「『長河落日圓』,初無定景,『隔水向樵夫』,初非想得,則禪家所謂『現量』也。」(《船山遺書·夕堂永日緒論內編》),「現量」是唯識宗所立的「三量」之一,是「圓成實性顯現影子」,也就是不以思考分別的方式直接契合對象。王夫之以為「現量」一詞出自禪家,其實西元四、五世紀的瑜伽行者已提出此一觀念。(祁志祥,1997,《佛教美學》頁 29-頁 33,上海人民出版社。)

依內識而假立，故唯世俗有。」[43]「境」是由識變的，境與識融為一體，於是，境中有識，識現為境，這就形成了「境識一體」的現象，恰似藝術中的意境，即景寓情，意與境會，這種主客合一的規定，大陸學者認為後來積澱在中國美學的「意境」論中[44]。「識境一體」與美學意境的關連，至中國大乘佛教「一切唯心造」的真常唯心系，對於「心境合一」的論點有更為高度的發展。

　　3.瑜伽行派除了立虛妄分別的根本——第八阿賴耶識，另有第七末那識，和眼、耳、鼻、舌、身、意等六識。第七末那識是起思維度量的作用，它以第八識的存在為自己存在的前題，並把第八識本身及其變現的各種現象執為實有。當第七識恆常不斷地執著第八識時，眾生因而永陷於情執世間不能超拔，世間既是情執雜染的識所成就的空間環境，世間所見的諸種形相美也是雜染唯識所緣起的現象，以此所展開的美學是情執雜染的美學觀，相較於華嚴認為萬法是佛性起的觀點，二者則開出不同的美學觀。

四、真常唯心的空間型態及其美學意義

　　約在西元三世紀，真常心[45]系興起。真常心系是融攝瑜伽派的法義，瑜伽派認為萬法唯依虛妄分別的「阿賴耶識」所現，真常心系則將不生不滅與生滅和合，視為阿賴耶識[46]，並以真常清淨心為眾生與佛共同的體性，主張

---

[43] 大正三一，頁 1 中。

[44] 祁志祥的《佛教美學》中對於「識有境無」與藝術意境的關係有諸多討論（祁志祥，1997，《佛教美學》頁 84-頁 91，上海人民出版社。）。王志敏、方珊合著的《佛教與美學》中，專章討論「佛境與意境」的問題（王志敏、方珊，1989，《佛教與美學》頁 48-頁 103，遼寧人民出版社）。

[45] 真常心又名如來藏、真如、真心、妙心、清淨心、覺性、佛性、庵摩羅識（buddha-dha-tu）等，約義不同而體性是一。

[46] 《大乘起信論》：「心生滅者，依如來藏故有生滅心。所謂不生不滅，與生滅和合，非一非異，名為阿黎耶識。」（大正三二，頁 576 中）

眾生皆有佛性，萬法唯是真心之顯現。[47]

以佛性為宗本的唯心思想介入中國文化後，強化了中國藝術素有的重心傳統，唐‧張璪的畫論明確提出「外師造化，中得心源。」[48]畫者所畫的是自己的心源，境與心是貼合的關係。晚清對禪學深有濡染的劉熙載則直接言道：「文，心學也。」[49]藝術本自心源的美學觀，在真常心系「心是諸法之本」[50]的影響所披，更為突出。

真常心系是中國佛教的主流，天台宗說「性具」，華嚴宗說「性起」，禪宗有「本性」[51]說，說明上雖然不同，但都是以「佛性」為宗本，佛性緣起的妙有境界，開出唯心皆美的空間美學：

天台有所謂「一心三觀」、「三諦圓融」，「一心三觀」是說一心可以同時觀照事物的空、假、中，亦就是同時既看到事物空無的一面，又照見假有的一面，還能觀照到事物非空、非假的中道。而空、假、中是一切萬法的真實相狀，就理則稱空、假、中為「三諦」，就觀而言是為「三觀」。三諦同時存在，密不可分，故為「三諦圓融」。一心同時觀照到外境空、假、中三諦鎔融，這正是「一色一香無非中道」[52]的美感境界，這種大美境界，不是一般藝術美感凝著於特殊客體下的美感，而是整個心靈全幅打開的清淨圓融美。

描述佛境界的《華嚴經》展現出圓融無礙的空間美感，澄觀即言：「心心

---

[47] 印順，1989，《如來藏之研究》頁1，臺北：正聞；印順，《印度佛教思想史》頁283-頁320，臺北：正聞。

[48] 張彥遠，1966，《歷代名畫記》（二）頁318，臺灣商務印書館。

[49] 劉熙載，《游藝約言》，此書續《藝概》而作，但國內未見此書，此是轉引自郭紹虞等著，1989，《古代文學理論研究叢刊第一輯》頁480，臺北:新文豐。

[50] 《法華玄義》，大正三三，頁685下。

[51] 禪宗六祖惠能：「無上菩提，須得言下，識自本心，見自本性，不生不滅。」（《六祖大師法寶壇經‧行由第一》，大正四八，頁348下）

[52] 智顗(538~597)的《法華玄義》、《摩訶止觀》就常出現這類句子；荊溪湛然（711~782）在他的《金剛錍》書中借用夢中與一野客的談話來闡明無情也有佛性。

作佛，無一心而非佛心；處處證真，無一塵而非佛國。」[53]佛非別物，是眾生心中真如而成；淨土也不在它處，真心起用處處皆是佛國淨土，所以，凡塵世間在清淨心的審美觀照下，一塵一法皆現空間美感。

禪家有言「觸類是道」[54]，外在的一切境界都是道的顯現，足庵智鑑禪師有首詩：「世尊有密語，迦葉不覆藏；一夜落花雨，滿城流水香。」[55]拈花微笑的公案是世尊和迦葉以心印心，未言一語；但在這首詩中，世尊彷彿交付了什麼密語予迦葉，而迦葉卻藏不住秘密；原來不是迦葉藏不住秘密，而是夜雨、花香都是世尊的密語，迦葉如何覆藏得住？越州大珠慧海和尚：「青青翠竹，盡是法身；鬱鬱黃花，無非般若。」[56]只是凡夫心盲眼盲，視而不見；而善觀者觸目是菩提，鳥語花香皆是道。不論任何空間環境，在清淨心的觀照下「溪聲盡是廣長舌，山色無非清淨色。」[57]處處皆是真善美的展現，這種唯心皆美的審美觀，是真常心系共具的空間美學。

然因教義上的或出或入，中國真常心系諸宗各有不同的美學風格：

天台的「性具」說以佛性具有善惡法門為標幟，諸佛不斷性德之惡以度盡一切眾生：「佛亦不斷性惡，機緣所激，慈力所熏，入阿鼻，同一切惡事化眾生。」[58]天台認為，佛不但不斷「性惡」，而且此本具的「性惡」正是佛入阿鼻地獄度眾的因素。天台以「性具」說（或說「性惡」）保住一切法的意義，不用捨惡，當下是佛，一切善惡美醜的差別境界皆在「一念三千」[59]、「十界

---

[53] 《答順宗心要法門》，卍續一〇三，頁 607 上，臺北：新文豐。

[54] 宗密於《圓覺經大疏鈔》（卷三下）評馬祖禪師的禪法「觸類是道」。（卍續十四，頁 279 上）。

[55] 《續指月錄（卷首），明州雪竇足庵智鑑禪師傳》，卍續一四三，頁 390 上。

[56] 《景德傳燈錄》卷二八，大正五一，頁 557。

[57] 蘇東坡，〈贈東林總長老〉，《蘇東坡全集》上冊頁 157，臺北：世界書局。

[58] 《觀音玄義》，大正三四，頁 883 上。

[59] 一念三千是天台宗的觀法，觀一念之心而具三千諸法。三千者，地獄、餓鬼、畜生、阿羅修、人、天、聲聞、緣覺、菩薩、佛之境界為界，據由圓融之妙理。此十界互具十界，則相乘而為百界，百界一一有性、相、體、力、作、因、緣、果、報、本末究竟十如之義，則相乘而為千如，此千

互具」中安住，每一念心具足三千法界，一心含有真妄二元性質，染不礙淨，惡不妨善，醜不滯美，一色一香無非中道，開出的是十界互具、善惡皆存的「性具」美學觀。

同為圓教的華嚴，以「性起」安住一切方便法，性起說是以佛性純淨為特點，與天台的性具善惡不同。華嚴的真心是純淨至善，是徹底的真心一元論，個個具真心，眾生本是佛。一切純雜染淨的差別法都在佛境界的「自上而下」的點化下，成為光明遍照的「調伏方便界」[60]，因此，開出的空間型態是純淨至善的「性起」美學觀。雖同是真常心系，然而，天台是在實相的基礎上談法性本具、三諦圓融；華嚴則從自性清淨心出發，談諸法的相入相即、事事無礙。所以，華嚴在空間型態上呈現事事相即、相入的無礙美感，突顯佛法界；而天台在三諦圓融的實相基礎上言諸法無礙，相對於華嚴的空間觀，天台較少談到「事事無礙」的境界，而是統觀十法界。

禪宗則以本心的天機活潑著稱，而本心如何始終如一地保有這天機活潑？創立禪宗的惠能因《金剛經》的「應無所住而生其心」而開悟，此句是說，心在運作中並不取著或不捨棄任何對象，任運自在、靈動機巧。由於這靈動自在的本心為禪宗的特質，吳汝鈞提出禪的美學情調是「遊戲三昧」，以極富動感的「遊戲」，說明禪機的大機大用；以偏於靜態的「三昧」，說明禪味的幽深清遠。[61]日本將禪思想融入各種文化群並提昇其技藝層面，其中以禪意設計的庭園、建築，具體展現出禪宗靈透而不落俗套的空間美學觀，久松真一認為具有七種面相：不均齊、簡素、枯高、自然、幽玄、脫俗、靜寂。[62]這

如各有眾生、國土、五陰三世間之別，則相乘而為三千世間。於是一切之法盡矣。（《摩訶止觀》，大正四六，頁 54 上）

[60] 「調伏方便界」就是把下層染污的世界轉化成上層清淨的領域。（方東美，1986，《華嚴宗哲學》上冊，頁 16）

[61] 吳汝鈞，1992，〈游戲三昧：禪的美學情調〉，《國際佛學研究》（二）頁 227-頁 233。

[62] 久松真一把受到禪的影響的文化項目羅列起來，稱為「禪文化群」，包括:宗教、哲學、倫理、作法、諸藝、文學、書畫、建築、造庭（庭園）、工藝等，它們都具有文中所言的七項共通性格。（參見傅偉勳，1995，《佛教思想的現代探索》頁 167-頁 174，臺北：東大。）

七種禪美學的特性，在風格上與華嚴有著完全不同的意趣，華嚴在空間美學上注重富貴、繁複，但不雜亂的美。

從小乘發展到大乘，空間觀上也從世出（理）世間（事）的對立，調和成世出世間（理事）的圓融，而小乘認為萬物存在所需要的空間——「空大」，是有質礙性的，是二個物質不能在同一時間佔有同一空間，這種有質礙的空間觀，在空宗「萬法皆無自性」破斥下瓦解，在唯識宗的分析下列為「心不相應行法」，真常心系則在空宗和唯識的基礎上，開展出唯心淨土的美學觀，華嚴則將真常心系的空間觀推至極致，發展出「事事無礙」的空間美學。

五、華嚴空間型態的特殊性

《華嚴經》是暢明佛境界的經典，故其空間型態有其獨具的特殊性，簡述如下，以作為後文各章的理論根據[63]：

1.《華嚴經》的「空間」是佛的視域境界，一切空間境相是一體展現而不礙先後順序，華嚴稱為「性起」，依佛性而起的境界是不待其他因緣、當體顯露空間萬象。

2.性起的空間其體性是空，以其體性空，故能還原一切事物的本質，萬法在其中以其本來的空的本質而相容相攝，互入無礙，呈現大用無方的事事無礙之境。

3.依清淨性體而起的空間，若以言語略述其相，可以以光明遍照、清淨聖潔、廣大無礙、圓滿無量、……等一切善美之詞，略做形容，但是這些都是權說的方便法，若執著為實有其相，則非佛境界。

---

[63] 本節著重在陳述華嚴空間型態的特殊性，作為本文論述華嚴空間美感的前題。關於華嚴哲學的基礎理論，如：四法界、十玄門、六相圓融，本文於第五章以美學角度詮釋，開展為《華嚴經》空間美感的形式原理。至於由四法界、十玄門等所開出的美學基礎理論，可參見陳琪瑛，1996，《華嚴經美學之研究》，師大國文所碩士論文。

4.就華嚴思想而言，佛境界與眾生境界是不一不異，所謂「心佛及眾生，是三無差別。」[64]眾生與佛同具清淨性體，只因眾生染著而覆蔽不明，若去蔽而還原為本來的清淨佛性，眾生界即是佛境界。

5.以佛性為主體而一體呈展的空間境相，是具有主體存在意義的無執存有論空間觀，依主體意向性可開展出具有場所精神的空間。

總之，依佛性而起的華嚴境界是廣大如虛空般的存在性空間，以其體性虛空，萬法在其中是無障無礙、互攝互入、相即相容，《華嚴經》即說，一一毛孔皆有不可說不可說的諸佛剎海，這類所謂的「芥子納須彌」、大小無礙的空間描述，是超越時空的限定概念的無礙無盡的時空觀，而這就是華嚴特具的「事事無礙」的空間型態。

---

[64] 大正九，頁 465 下。

第三章　〈入法界品〉空間美感的形式原理

　　《華嚴經》是鋪寫無盡緣起的佛境界，事事無礙的富貴氣象是《華嚴經》的特色。為了說明事事交融互攝、萬法互入無礙的玄妙境界，華嚴二祖智儼大師立了十種玄妙之門以說明事事無礙、深奧難測的理則。本文將參酌十玄的玄理，以藝術的角度轉化為藝術形式，作為開展華嚴空間美學的形式原理。文分三節，第一節是從空有而論及華嚴的空間美學，這個部份不為華嚴所獨有，可說是大乘佛教的共法。第二節是華嚴獨具的空間美學觀，由事事無礙的華嚴法界觀所開出的，是論述十玄門轉化為藝術形式的主要部份。第三節則以華嚴究極圓滿的理境，將前兩節所開出的藝術形式收歸為一，總攝為華嚴一體呈現的美學觀。

一、空間變動的虛實觀

　　「空」是佛教的重要觀念，尤為中觀系統的核心思想，就方法論而言，中觀始終貫徹空無自性而連續破除一切執著，可說是全力否定一切。對此，華嚴脫離了空觀的方法論，著重在彰顯「空」才能包容真正的「有」的妙有這一層面。不可得的空，轉為肯定的有，有成於空的同時，空也成於有，空有一體，輾轉互攝，萬有也就形成重重無盡、事事無礙的華嚴境界。

　　華嚴將萬有的境相發展至如此極致、如此奢華，反而掩蓋其空幻如化的根本思想。宋代的佛國禪師以禪家空靈的心境體悟華嚴境界，撰寫了《佛國

禪師文殊指南圖讚》[1]，將華嚴境界中的空靈意境和盤托出。本節即藉佛國禪師的偈讚以呈現華嚴深藏的空靈意境。

　　本節從三方面論述華嚴在空間上所展現的空靈意境：無住、虛實、動靜。空間之所以顯其變動不拘的狀態，是因其中有虛有實，若皆是實，則無變動的空間；若只有虛，則無變動之相。所以虛實是空間變動的要素。虛實之得宜，在於空有無礙的無住精神，空有無礙則現種種妙境。萬有在空間中無礙無住的變動之相，則有動靜之美。因而無住、虛實、動靜是彰顯華嚴空間虛靈之美的藝術形式。下分述之：

(一) 空有無礙的妙相

　　「空」的精神，或說「般若」的精神，是大乘佛教的共法。而佛經對於真空境界的展現常以「不住」展開，因為「不住」，所以有自由的空間，靈動的美感，自在的大美。以「不著」、「不住」而呈現的境界，並不表示此一境界「沒有」，而是有如藝術中的留白，「必須」卻常遺忘了它；沒有它，則沒有活潑靈動的生機。據研究，「空白使瞬間的意象聚合，而且誘導人在時間進程中擁有清晰的視覺流動感。」[2]空白（虛空間）在引導視線上有其重要性，視覺興趣的改變，事實上是因為負面的因素：被單調事物所造成的疲勞所致，因而要有充足的虛空間。[3]空和有，其實是相輔相成，相互攝入則能引人入勝。就像是科學家和神學家的 Swedenborg(1688-1772)認為的天使，他說天使的本質並不佔有空間，而空間因天使的無私而被創造，「無私」以佛教的語言來說，就是無執、不住，所以他說：「天使愈多的地方，愈多自由空間。」[4]天使因

---

[1] 本節所引《佛國禪師文殊指南圖讚》的偈讚，皆出自大正四五，頁793-頁803，不再贅述，僅註明是第幾參。

[2] Amos Ih Tiao Chang，《老子的建築思想》頁106。轉引自盧惠敏著，1989，《中國建築時空論》頁68，臺南：詹氏書局。

[3] 同註二。

[4] Yi-Fu Tuan 著，潘桂成譯，1998，《經驗透視中的空間和地方》頁59，臺北：國立編譯館。

　　為不住著，所以天使愈多的地方也就愈自由。天使若是有所住著，天堂不再是天堂，而是互相阻礙、彼此不容的地方。

　　《華嚴經》中的彌勒樓閣就像是天使聚集的地方，樓閣之中「又見其中有無量百千諸妙閣樓，一一嚴飾，……廣博無量，同於虛空。不相障礙，亦無雜亂。」樓閣中的事物都以無量阿僧祇為單位，雖然雜多，但都宛若天使，其本質是空而無執，不相障礙，同於虛空，因而擁有更多的自由空間。《華嚴經》的特色雖然是全性全相，尤以全幅開展佛境界的妙有境相為勝，然而這些繁複無盡、融攝重重的妙有境相，其實都是基於無住、性空而展開的，經云：

> 爾時彌勒菩薩摩訶薩，即攝神力，入樓閣中，彈指作聲，告善財言：「善男子起，法性如是，此是菩薩知諸法智因緣聚集所現之相。如是自性，如幻如夢，如影如像，悉不成就。」[5]

　　彌勒樓閣中的一切莊嚴富麗、事事無礙，其實都是無所作，菩薩知悉諸法皆是因緣聚集而現，就如幻師以幻力現種種幻事，一切幻事不曾成就，亦無須執著，如《金剛經》言：「莊嚴佛土者，即非莊嚴，是名莊嚴。」佛土的嚴麗莊飾都是夢、幻、影、響、水中月、鏡中像，似真還幻，是世間，非世間，唯於無住之時，才是真莊嚴。

　　這種自然任運的無住精神，也是文藝創作的靈妙慧心，黃山谷認為理想的文章是「偶爾成文，……幾到古人不用心處。」[6]董其昌認為，絕妙的文章是在脫去塵濁、不用心處形成的，所謂「胸中脫去塵濁」[7]，因為用心之處皆有斧痕，只有在化去工巧規格之後，才能妙契自然，如行雲流水，自在無礙，

---

[5] 《華嚴經・入法界品》，大正十，頁437下。

[6] 黃庭堅，1965，《豫章黃先生文集》，〈題李漢舉墨竹〉卷二十七，頁306，臺北：商務印書館。

[7] 《圖畫見聞志》，轉引自張清治，1990，《道之美——中國的美感世界》頁37，臺北：允晨。

所以，黃山谷嘉美蘇東坡少年時期學蘭亭之書，「至酒酣放浪，意忘工拙」[8]，一般文藝創作者常喜飲酒，是借助酒力使人進入忘我之境，使心神恍若無住生心，不滯泥於境相而幻生種種美妙境界。然而這種借酒力而達到妙運自然的創作，心神的流轉是恍惚的；而禪師道人經由修煉而凝定的心神，其遷流造作才是清淨無住的願行。無論是借助酒力以達到心神恍惚，或是修養心地已然脫去塵濁，不管如何，絕妙作品的完成，必須透過無住的精神。

五十三參中的第三十五參寂靜音海夜神，因為心念清淨無住而證得「念念出生廣大喜莊嚴解脫門」：

> 以種種方便，入種種三昧、現種種神變，出種種音聲海，……遊戲種種諸解脫門，……我觀如來一一毛孔，於念念中出一切佛剎微塵數香光明雲，充滿十方一切佛剎，既見是已，生大歡喜心。……我觀如來一一相，念念出一切佛剎微塵數諸相莊嚴如來身雲遍往十方一切世界，既見是已，生大歡喜心。……我觀如來一一毛孔，於念念中出不可說佛剎微塵數佛變化雲。[9]

寂靜音海夜神心念清淨，無住生心，因而遊戲自在，出入種種境界，化現種種神變，照見如來毛孔出現廣大無邊的嚴麗雲海，雲海是不斷變現幻化，散放香氣。佛國禪師以禪者的心境，將寂靜音海夜神無住生心的精神以偈讚托出：

> 百萬僧祇眾繞身，摩尼幢座涌蓮新。
> 從來念念出生喜，發起心心觸處真。
> 我見我觀無量境，雲成雲海有前因。

[8] 黃庭堅，1965，《豫章黃先生文集》〈跋東坡墨跡〉卷二十九，頁 324，臺北：商務印書館。
[9] 《華嚴經》，大正十，頁 757 上-中。

略言師友逢多少，二剎如來是故人。（第三十五參）

　心念無住則觀境無量，「一行一步一花新」（第三十九參），心心無住則真實喜樂之情油然而生，這是禪者的平常心，也是華嚴的莊嚴境界。

（二）虛實相生的意境

　空、有的理境，在藝術的表現上，產生虛和實的意味。虛實相生的連續變化，產生無限種的韻律，在空與有之間的迴環往復，相互滲透、相互轉化，則能達到「妙在不言中」時空無限的意境。意境往往與虛實關係密切，自王國維第一次以明確的語言規定「境界」為詩歌的本體性質之後，美學界相繼以「境界」或是「意境」二字，為中國藝術本體的深層結構。[10]唐、劉禹錫言：「境生於象外」[11]，就是說明欣賞者通過「象」這外部形象去傳達「境」這一象外之旨，藉由實入虛、由虛悟實，形成一個象中有境，虛實相生的藝術空間。

　華嚴境界以華麗富貴為其特色，清空虛靈之美並不顯著，而善財童子的參訪之行在佛國禪師的筆下，則顯出虛實相生的意境之美：

　　平生活計聚城樓，來往商人古岸頭。
　　鷗鷺過時紅蓼嫩，燕鴻歸後白蘋秋。
　　碧天有月尋珠浦，滄海無風到寶洲。
　　鼓棹呈橈何處客？入雲帆勢去悠悠。（第二十二參）

---

[10] 王國維於《人間詞話》第一條言：「詞以境界為最上，有境界則自有名句。」並於第九條言：「境界二字，為探其本。」也就是說，經過藝術家主觀把握而創造出來的「意境」或「境界」是各種藝術的內在結構和意蘊。（可參考王志敏、方珊，1989，《佛教與美學》第二章〈意境與佛境〉頁48-頁103，遼寧人民出版社。及胡經之，1992，《文藝美學》第八章〈藝術意境：藝術本體的深層結構〉頁237-頁371，北京大學出版社。）

[11] 《董氏式陵・集記》轉引自胡經之，1992，《文藝美學》頁258，北京大學出版社。

　　佛國禪師這段偈讚，前七句皆實寫，第八句則是虛答，也就在這化實為虛當中，意境悠然而生。此參善財童子參婆師羅船師，他在城樓中帶領一切商人共論航海取寶之事，他知一切航海知識，能領眾度海。而度海的船漿皆已備齊，但是，何處有客？何處是客？《金剛般若波羅蜜經》云：「如是滅度無量眾生，實無眾生得滅度者。」所以，佛國禪師此處一轉，「入雲帆勢去悠悠。」繪「空」以取「境」，轉入無我之境，使前七句實景的呈現，都成為以「有」顯「空境」的鋪敘，這是佛國禪師以禪的方式表現華嚴的妙有境界。婆師羅船師領眾取寶，這取寶以禪宗收歸主體心性論的立場來看，是喻取心地無價之寶。而轉換為心性論來看此參，卻更能領略華嚴境界，心念應以燕鴻歸後的如白蘋秋般的清爽空寂，如此則「碧天有月尋珠浦，滄海無風到寶洲。」心性猶如「海印三昧」，眾寶聚足，真空妙有。

　　虛與實、有與無，不是互相遮滅，而是相互生發，虛實二者聯立併生，互為依傍，運虛入實，運無入有，表現出如「空中之音、相中之色、水中之月、鏡中之象，言有盡而意無窮」[12]，成一理事無礙、乃至事事無礙的空間。清、惲秉怡論畫：「伸紙一幅，其猶太素之象乎？……實處皆空，空處皆實，通之於禪理。」[13]中國繪畫給予觀者無限的寬廣與深度感，正是因於虛中有實、實中有虛，有無之境巧配得宜。空本難畫，卻因實景的襯顯而使不著墨處烘托為美妙境地；實景本不生虛靈妙境，卻因留白而使實景清空深廣：「雪滿長空花滿枝。」（第三十四參）「一天星月照簷楹。」（第四十八參）「雲散長空月正圓。」（第四十四參）佛國禪師這三句偈讚，亦詩亦畫，虛靈妙境在花滿月圓之中，長空愈顯高曠平遠。華嚴即事即理之妙境，佛國禪師轉入生活意境之美，則現有無、虛實的玄妙之境。

---

[12] 嚴羽，1999，《滄浪詩話》〈詩辨〉頁 34，臺北：萬通圖書公司。

[13] 《谿山臥遊錄》序，轉引自張清治，1990，《道之美——中國的美感世界》頁 124，臺北：允晨。

(三) 動靜互存的韻味

　　重重相攝、事事相入的華嚴境界，在空間的表現上是動態的無限妙用，西谷啟治認為是在虛寂的「空之場所」[14]中體現。在空的場所中，沒有超越和內在、客觀和主觀的區別，事物與自我以動感的姿態結合為一體，結合成具有動感的、不是靜止的整體。照西谷的說法，這就是自體的境界，是事物在其自身的狀態，這種狀態是最本原的意義。由這本原、本根可以開出無限的妙用，成就妙有的世界，因為事物的根本性格是如幻如化，這種如幻如化的性格在空的場所中能夠挺立，以其本身的真如姿態呈現出來，西谷稱為「『虛幻即此、即是真如』的性格」。[15]

　　華嚴雖以攝入重重的動感姿態為主，然而事物之間相互作用的相即相入，是建立在如幻如化的根本性格上，而這種根本性格也只有在寂靜的空之場所才能顯現，所以華嚴境界其實是隱含著靜美的特質。而佛國禪師特顯華嚴境界中的靜美特質，使富貴嚴麗的華嚴境界有寧靜的韻味：

> 光陰已過半身間，終日冥然靜若山。
> 身上出生十四類，毫中涌出百千般。
> 一心觀察無休息，六月思惟不等閒。
> 摩利伽天好春色，柳鶯梁燕語綿蠻。（第六參）

　　善財童子第六參訪摩利加羅國的海幢比丘，海幢比丘入三昧定境，靜定冥然若座山，在這凝定之中，他並不是僅顯禪定的「三昧之美」，也就是「靜美」，而是在靜中，身出十四種境界。善財一心觀察，而此一心，即凝神靜定，

---

[14] 詳見第四章第三節。

[15] 吳汝鈞，1998，《京都學派哲學七講》頁 140-頁 143，臺北：文津。

亦即況周頤所言:「遂由靜而見深」[16],空無的妙趣多方,但靜觀尤能體其滋味,所謂「萬物靜觀皆自得」[17],此中趣味在華嚴境界是以靈動妙有的境界為趣,亦如海幢比丘於三昧定境中,卻於身出多重境相。佛國禪師末後兩句,轉以實景營造空境,呈現春暖鳥語的靜美清景,使詩之餘韻無窮。

另如佛國禪師讚堅固解脫長者之末四句讚偈:

> 萬仞峰頭雲去後,千尋松頂鶴來過。
> 自憐處世門清淨,花落閒庭長綠莎。(第四十六參)

堅固解脫長者是位非常精進的修行人,但卻因此而鮮有跟隨他的學人,他就像是站立在萬仞峰頭、千尋松頂般的高處,只有雲仙野鶴來訪,這二句詩在來去之動態美感中,卻見悠靜淒清之美;長者的清淨修道中,未見人影,卻見這無人到訪的閒庭花落而莎綠。花之落與莎草之長生,在動中卻更襯顯這靜悄無聲的清景。

美在動靜之間,是禪之美的主要特性,其中又以相對的靜態之美為主。吳汝鈞提出「遊戲三昧」作為禪的美學情調,且以動靜之美規定禪之美:在三昧中,禪有當體的美,這是三昧主體在泯除一切意識分別而達致的心境渾一、物我雙忘的境界,這是相對意義的靜態的美;另一方面,禪人在遊戲中常起機用,施設種種方便以點化眾生,此中亦有一種心靈的靈動機巧的美可言,這是相對意義的動態的美。而禪的美,尤以三昧之美或相對的靜態之美為主。[18]所以,佛教所言的動態之美,必以凝定的心為根源,中國藝術美學也有類似的見解,蘇東坡云:「欲造詩語妙,無煩空且靜;靜故了群動,空故

[16] 轉引自宗白華,1987,《美從何處尋》頁 55,臺北:駱駝。

[17] 程明道,1982,〈秋日偶成〉二首之二,《二程集》上冊頁 482,臺北:里仁。

[18] 吳汝鈞,1992,〈游戲三昧:禪的美學情調〉,《國際佛學研究》第二期,頁 213。

納萬境。」[19]詩語之巧妙，須在空且靜的心神下才能創造出來，因為靜定則能洞測萬象的變動，空無則能容納各式的境相。

　　就中國文藝的表現來說，則以「靜美」饒富禪味。寧靜之美，在藝術史上足以名留青史，引空入畫、入詩，展現出來的藝術情調是靜美，王維詩畫「靜美」的特色，使他獨步藝壇，而況周頤也以「靜美」品評韓持國的詩句：「境至靜矣，而此中有人，如隔蓬山，思之思之，遂由靜而見深。」[20]他除提出詩境之靜美特色外，並認為品詩要在靜中思之，如此愈發能見其深處。

　　華嚴境界隱含的靜美特質，在佛國禪師筆下悠然而顯：

> 樓閣門前立片時，龍華師主遠方歸。
> 不唯彈指觀深妙，又聽慈音語細微。
> 理智行為身日月，菩提心是道樞機。
> 許多境界何來去，萬里天邊一雁飛。（第五十一參）

　　善財參彌勒樓閣之時，樓門尚未敞開，龍華師主（即彌勒菩薩）遠方歸來而一彈指間樓門開啟，閣中境界深妙，展現十方三世的種種境相，各種境界之間猶如帝網珠相攝相入，光光相映，重重無盡，但是，這些境界卻也在彌勒菩薩一彈指間消逝無蹤，這許多境界可曾來去？「靜故了群動，空故納萬境。」這些境界不曾來也不曾去，來去似「動」而實「靜」也，這變化萬千的境界，因為空而能來去幻現；但這來去的幻現，也在一瞬間還歸清空寂靜。華嚴事事無礙的妙有動態之美，在禪師抽絲剝繭的筆下，掘發出它內在本體性的美感──空有不二、動靜一如，是以佛國禪師以「萬里天邊一雁飛」收尾，將華嚴境界劃入長空寂靜中的一抹雁痕。

　　靜美也有以默然的方式呈現，所謂「無聲勝有聲」、「言有盡而意無窮」，

---

[19] 〈送參寥師〉（元豐元年〔1078年〕所作）。蘇軾，1964，《蘇東坡全集》上冊，頁114，臺北：世界書局。

[20] 同註18。

靜默的境界，餘韻無窮：

> 妙月高人又指他，向時遍友也空過。
> 翻思兩處語言少，卻笑諸方露布多。
> 悲歛明輝休話會，智光解脫是如何？
> 君今不為通消息，白玉無瑕自琢磨。（第四十六參）

　　禪宗為後人稱頌的拈花微笑的公案，亦是以靜默然的方式作為悟入真理的契機。而善財參訪妙月長者與遍友童子之時，二人不但未言種種教說，甚至連揚眉瞬目等動作也沒有，「翻思兩處語言少，卻笑諸方露布多。」妙月長者與遍友童子這兩位善知識，何以不以言說教誨？原來，言有盡而意無窮，解脫的境界，豈是言語所能話會！佛性無瑕如白玉般，要內照自琢磨，而不是靠言語消息所能會通的。

　　朱自清說：「禪家卻最能夠活用語言。正像道家以及後來的清談家一樣，他們都否定語言，可是都能識得語言的彈性，達成他們的活潑無礙的說教。」[21]活用語言，當然包括靜默，然而靜默並不是否定語言，它是另一種活句，無相的境界本是言語道斷，心行處滅，言語如何能夠盡其全？無言而盡得其妙，正是妙月長者與遍友童子所展現的寂靜之美。

二、空間層次的無盡觀

　　空間層次在華嚴法界觀中分為四種層次：1）事法界：現象事物的層次。2）理法界：真如、理體的層面。3）理事無礙法界：事法界與理法界一體不二。4）事事無礙法界：事法界當下即是絕對不可思議的境界。《華嚴經》的

---

[21] 孫昌武，1996，《詩與禪》頁 166，臺北：東大。

空間美學觀即是基於空間層次的躍升，使存在空間由事法界的層次當體翻轉為事事無礙法界，打開無盡法界的視野。層次使各門類的藝術更具有美感，如：文章裡的起承轉合；音樂性的節奏、旋律化的特質；建築上曲折迭新的結構，達到空間美感的無盡變化……。所以，層次使空間更具有美感，而空間層次的形式美可由許多方面開出，如：大小、主從、繁簡……等等，本節將從華嚴事事無礙的空間美學特質，略開幾門而論之。

(一) 小中現大的藝術形式

現象界的事物有很多滯礙，如小中不能容大。在建築美學上，為了突破這種限制，利用造景的方式，使小範圍展現出大空間的視覺效果。譬如：敦煌許多石窟由矮小的洞口進入洞內時，剎那間會為覺得洞內寬廣，此是運用了對比的手法，以門徑的狹小，反襯室內空間的廣大，是以巧妙的建築設計，營造出廣大的空間感。這種以小空間而反襯大空間的技巧，在《華嚴經》中也有出現，如：善財參訪第五十參的彌勒樓閣，由一扇門引入之後，深覺此閣的廣大，「見其樓閣，廣博無量，如同虛空。」此閣的空間藝術是透過一扇小門作為中介，再轉入一另空間，則顯其寬廣無量，如同進入一虛空世界。又、樓閣的半月像天窗，將外景引入室內，使室內之空間延伸至戶外，亦是造成小中現大的效果。[22]

事法界的有限性和質礙性，可藉由一些巧思豁朗開來。華嚴宗人在十玄門中以十種不同的角度轉化了事事之間的對立和障礙，其中「廣狹自在無礙門」[23]是從空間性的廣狹相即、自在無礙而論，此門以「事如理遍故廣，不

---

[22] 園林建築有六種形成小中見大的空間效果的手法，分別為：1.利用空間小大的對比；2.選擇合宜的建築尺度；3.增加景物的景深和層次；4.運用空間迴環相通，道路曲折的變幻手法；5.借外景；6.通過意境的聯想來擴大空間感。其中 1.和 5.在《華嚴經》中皆有巧妙的展現。（未署名，1988，《中國園林建築研究》頁 72-頁 74，臺北：丹青。）

[23] 廣狹自在無礙門：以一法緣起一切法，一法之力用無際限，名為廣；守一法之分限，不壞本位，名為狹。以是觀之，則分即無分，無分即分也。凡緣起之法，於如此一法，具分與無分二義而不相妨，謂之廣狹自在無礙門。（法藏，《華嚴經探玄記》，大正三五，頁 123 上-下）

壞事相故狹」[24]，打破空間的障礙，轉化為三度、五度、八度……，是以小容大，超越空間的概念，暢明華嚴境界的事事無礙、重重無盡：

> 又善男子，彼妙光明入我身時，我身形量雖不逾本，然其實已超諸世間。所以者何？我身爾時，量同虛空，悉能容受十方菩薩，受生莊嚴諸宮殿故。[25]

摩耶夫人以一介女子的身軀，而能容受十方菩薩和莊嚴宮殿，是化有礙的物質為無礙的理體，事理無礙，廣狹自在，空間層次不再侷限為凡夫女子的身軀，而是化為無窮無盡的廣大，小小的身形自能化現為大如虛空般的空間。

小中現大是展現華嚴事事無礙之境的空間形式之一，這種形式在華嚴的另一種表現方式是「微細相容安立門」[26]，此門是從「相」的立場來看事事無礙法界。華嚴境界中的法界萬有，是隨舉一法即能普攝一切；所攝的一切法，任舉一法也是普攝一切。如此重重相攝至不可思議，同時齊現的存在相，即是此門。此門將華嚴甚深玄妙的境相之美，充份表現出來，如同「納須彌於芥子，於微塵見大千」，亦如經云：

> 一毛孔中悉明見，不思議數無量佛；一切毛孔皆如是，普禮一切世間燈。[27]

一一毛孔現無量景象是《華嚴經》呈現事事無礙之境的常用意象，或是

---

[24] 澄觀，《大方廣佛華嚴經隨疏演義鈔》，大正三六，頁 75 下。

[25] 《華嚴經・入法界品》，大正十，頁 416 上。

[26] 微細相容安立門，是指無論如何微細之中，亦含容一切諸法，一齊揃頭顯現，猶如鏡中映現萬像。微細者，示於一毛一塵之中，有其事也。（法藏，《華嚴經探玄記》，大正三五，頁 123 上-下）

[27] 《華嚴經・十迴向品》，大正十，頁 177 下。

在一事物中現廣大境界，如：第十參慈行童女的依報境界，於一一壁中、一一柱中、一一金鈴中、一一寶樹中……，皆見法界一切如來所有菩薩行至入涅槃的影像，是大小念劫皆無礙。就像是中國園林藝術中的盆景或壺中的天地，皆是透過微型的小空間而體現宇宙天地的大空間。[28]小中現大的藝術形式，使空間層次拉向無盡，也是中國造園哲學的基礎。

(二) 無量莊嚴的藝術形式

《華嚴經》以空間無盡重疊的藝術形式，顯示佛境界的莊嚴富貴，以彌勒樓閣為例，樓閣之中又有無量百千諸妙樓閣，並有宮殿、欄楯、窗牖、樑柱等等，乃至各種裝飾的物品，諸如寶蓋、寶燈、瓔珞、繪帶等等皆以阿僧祇來計算，各個樓閣之中，又現不可說佛剎微塵數的境界，樓閣中的一切皆是廣博嚴麗，不相障礙，亦無雜亂。憨山大師言：「不讀華嚴經，不知佛富貴。」佛家的富貴則於《華嚴經》中彰顯，華嚴的富貴就相上來說，是從無量莊嚴具以為莊嚴來彰顯廣博無盡的富貴大美，而相是依於性，所以在莊嚴具上的無量表現，就是為了彰顯華嚴境界是全性全相的富貴大海。

現實世界無法具體表現「無量」的莊嚴，多以象徵性的手法運用此原則，譬如西方的歌德式教堂為了彰顯天國的崇高偉大，於是在教堂外觀及內室的細部莊飾極盡繁複堂皇，使人目眩神迷，表現極盡複雜之美。[29]《華嚴經》則以數目上的「十」表徵「無量」、「圓滿」的意象，如：十種幢、十種蓋，或一蓋內含九蓋等方法，表現重重無盡、無量莊嚴之意。

無量莊嚴的藝術形式並以「重重無盡」彰顯華嚴的富貴氣象：

> 此菩薩摩訶薩能入三千大千世界微塵數三千大千世界，於一一世界現三千大千世界微塵數身，一一身放三千大千世界微塵數光，……

---

[28] 黎活仁，1993，《現代中國文學的時間觀與空間觀》頁138，臺北：業強。

[29] 余東升，1995，《中西建築美學比較研究》頁179、頁204，臺北：洪葉。

是諸世界，亦悉來入菩薩之身。[30]

　　菩薩與世界相即相入，菩薩於一切世界化身無量，一切世界也入菩薩一一身中，就像彌勒樓閣「於一處中見一切處，一切諸處悉如是見」，攝入無礙、重重無盡。這種藝術形式也影響到了中國藝術，譬如：一球之中有無數個球，一塔中之有無數座塔，重重無盡，玄妙精緻，此種飾品具有重重相攝的藝術特徵，也表現出相即、相容時的攝入無礙、運轉流暢。

　　在有限的三度空間，展現重重無盡的空間感，可以利用鏡子營造多度的空間感。佛教常以兩面以上的鏡子交參，表現重重相攝、無量無邊的境相，王夫之認為，一般美學意境是透過情、景交融後形成，而《華嚴經》不以情景為媒介，而以明鏡相入，卻因此而成就了不可思議的華嚴境界：

不以情，不以景，《華嚴》有兩鏡相入義。[31]

　　鏡子本身有加大空間視覺的功能，再利用多種角度下設鏡子，或上、或下、或左、或右、或間距多少之下立面鏡子，即能將視覺感受由三度空間變成無限多元的空間，達到重重無盡的空間境相，如楞嚴壇場的施設：

又取八鏡覆懸虛空，與壇場中所安之鏡，方面相對，使其形影重重相涉。[32]

　　利用鏡子的反射作用，使天地萬物在鏡子之前交光互攝，形成重重相攝的琉璃世界。而華嚴境界就是所將有的佛菩薩都化作精神光明，一切的精神

---

[30] 《華嚴經·十定品》，大正十，頁213下。

[31] 王夫之，1972，《船山遺書全集·唐詩評選》第二十一冊，頁12115，臺北：中國船山學會。

[32] 《楞嚴經·卷七》，大正十九，頁133中。

生命都變成交光相網的狀態[33]，光光相照，猶如多重鏡面交光互攝，也就形成重重相攝、無量莊嚴的華嚴境界。

(三) 主伴襯托的藝術形式

有主有從是一般藝術創作的規律，主從分明才能有重點、有中心，使主景更加突出、醒目，使次景各得其所，主次之間彼此呼應、連貫、相得益彰，而組成空間藝術的整體之美。[34]如印度佛陀伽耶式寶塔的「塔」與「簷」，若以塔的造型為主景，則寶塔之簷則為烘托的次景；若視覺焦點以寶塔之簷為主景，則塔的造型則為烘托的次景。而華嚴境界即由多重中心與無盡的陪襯串連而成，每一點或中心即是系列中的一個意境，構成一有主體、有陪襯、有高潮、有結尾的統一和諧的韻律的整體。因為在佛境界中，「法理無孤起，必攝眷屬隨生」[35]，只要任舉一法為主，其它一切諸法皆隨伴於此，無論何法為主，必然互收主伴，這種主從相隨、主次呼應的關係，在十玄門中稱為「主伴圓明具德門」[36]澄觀疏云：

> 以此圓教，理無孤起，必攝眷屬。如現相品：佛眉間出勝音菩薩，與無量諸眷屬俱出，即人眷屬。佛放眉間光明，無量百千億光明以為眷屬，即光明眷屬。……故隨一一皆有眷屬，眷屬即伴，故證主伴。[37]

---

[33] 方東美，1986，《華嚴宗哲學》上冊，頁471，臺北：黎明出版。

[34] （未署名），1988，《中國園林建築研究》頁101-頁104，臺北：丹青。

[35] 澄觀《疏》，大正三五，頁515下。

[36] 主伴圓明具德門：橫豎之萬法既成一大緣起，由於法法皆交徹，而舉一法，他法伴之而速帶緣生。申言之，即舉一法為主，則餘悉為伴，而赴於此一法。更以他法為主，則餘法為伴而盡集於其法也。譬如一佛為主而說法，則他之一切佛為伴，更以他佛說法亦然。如斯緣起之法，互為主伴，互為約束，故無論何法為主，他一切隨伴於是。一法圓滿一切之功德，故曰圓明具德。（法藏，《華嚴經探玄記》，大正三五，頁123上-下）

[37] 澄觀《鈔》，大正三六，頁81下。

　　法界萬有是隨舉一法，即可連帶緣起，隨舉之法是主，緣起為伴，所以就有了主與伴的關係，而且一法即具足一切緣起法，圓滿具德，互為主伴。〈十地品〉中談到，三昧現前時，「有大寶蓮華，忽然出生，其華廣大，量等百萬三千大千世界，……十三千大千世界微塵數蓮華以為眷屬。」[38]以蓮華開敷的意象，象徵心華開敷，當心華開敷時，一切如蓮華般的功德即相伴而生，這種蓮華朵朵開的主伴襯托的藝術形式，在彌勒樓閣中也巧妙地運用，使樓閣中的陳設，既有關聯性，又有次第性，不相阻擾，反而相互襯托，經云：

> 又復於彼莊嚴藏內諸樓閣中，見一樓閣，高廣嚴飾，最上無比，於
> 中悉見三千世界，百億四天下，百億兜率陀天，一一皆有彌勒菩薩
> 降神誕生。[39]

　　事物眾多的空間若無一定的節奏和次序，則顯得雜多而紛亂。而彌勒樓閣強調「廣博嚴麗，不相障礙，亦無雜亂。」所以華嚴的空間美學勢必開出主伴襯托的藝術形式，重重無盡的境界因為主次的分明而事事之間無有障礙，事物之間因為主伴的關係而顯得優美，各種境界在審美中，即使改變了視角仍能找出它們的形式規律，嚴麗而廣博，事事而無礙。

　　西方結構主義認為，任何一種事物都無法單獨地被認識，因為每件事物都與其它事物相關連，是互相關係的因素。[40]此種說法，似與主伴圓明所謂的「任舉一法，其它一切諸法皆隨伴於此」的觀念相同。二者雖都以為，萬事萬物互為關係、互為緣起，不過，就華嚴而言，結構主義只有「一即一切」的觀點，卻無「一切即一」的思維，華嚴所言之萬法互為依伴，相伴的無窮事物並不會模糊或泯滅了主要的事物，一切並不礙一，一也不礙一切，是彼

---

[38] 《華嚴經·十地品》，大正十，頁 205 中。

[39] 《華嚴經》，大正十，頁 436 上。

[40] 李壽福主編，1991，《西方現代文藝理論研究》頁 446，杭州大學出版。

此豐富、圓明、具足，所以主伴是圓明、具足，而不是相礙，法法互相交徹，以此而成就空間層次的重重無盡和事事無礙。

(四) 隱喻象徵的藝術形式

就華嚴思想而言，空間是具有不同的層次，凡夫只見到萬法在事法界的層次，而萬法的存在意義總是被隱藏著，但隱藏的層面並不表示它不存在、或被毀滅，無窮的層面是同時隱隱成立，隱顯不相妨礙，這在十玄門中稱為「祕密隱顯俱成門」：

> 一法即於一切法，則一切法顯而一法隱；一切法即於一法，則一法顯而一切法隱。此顯隱之二相俱時成就謂之隱密顯了俱成門。[41]

開顯的層面雖然顯而易見，但是隱藏的層面也是同時存在的，互相攝入，互有隱顯。澄觀言，弦月初上，雖只見一彎月鉤，但明暗在此已同時一體成立。以中國畫為例，雲霧的畫法是由山色的留白處烘托出來的，也就是說，山水畫中不著墨的地方，正是襯顯雲霧繚繞之處，所以，在開顯山色樹叢的同時，雲霧煙霞也同時成立了。隱顯同時，彰顯事事無礙：

> 爾時世尊，不離一切菩提樹下及須彌山頂，而向於彼夜摩天宮寶莊嚴殿。
> 十方一切處，皆謂佛在此。或見在人間，或見住天宮，如來普安住，一切諸國土。[42]

眾生只見佛在自己所處的空間開顯，不知世尊不離菩提樹下而同時出現

---

[41] 法藏，《華嚴經探玄記》，大正三五，頁 123 下。

[42] 大正十，頁 99 上、頁 100 上。

在十方一切處,隱顯無礙的華嚴境界打破了空間層次的分立,於事法界中即現事事無礙之境。

隱蔽的層面如何開顯?華嚴宗人認為,唯有透過具體的「事」才能開顯隱蔽的層面,十玄門中稱之為「託事顯法生解門」:

> 知一切法緣起重重無盡,塵塵法法,盡為事事無礙法界。然則得就一事一塵,顯無礙法界之法門矣,是曰託事顯法生解門。如經說十種之寶玉雲等皆是深妙之法,如示金獅子之無礙,明帝網之重重亦然,凡一切之寄顯表示之法門皆攝於此。[43]

玄妙之「理」寄託於具體事物,使隱蔽的玄理得以開顯和呈現;而具體事物在去蔽之後,物性則翻轉為法性。世間萬法若是以事法界的視角視之,天地間的一切,所呈現的就是現象事物的層面;但若以「託事顯法生解門」作為觀照點,空間層次自然躍升至另一層面,原來天地間的萬法都是隱喻和象徵性的語言,深藏著妙法,等待著存在者的召喚和參悟。魏晉劉伶說:「我以天地為棟宇,屋室為褌衣,諸君何為入我褌中?」[44]他把人的位置跳躍了一個空間層次,人作為天地間的存在者,不再被萬法所侷限,而是悠游於天地之間,萬法為我所用,萬法為我而開顯。

《華嚴經》即是將天地間的萬法都寄予神聖奧妙的內涵,或說是開啟了萬法的存在意含,眾生以為的事法界,在經中當體翻轉為事事無礙的層面,所以方東美先生認為,《華嚴經》是普眼境界,所謂普眼境界就是事事無礙的境界,更簡單的說,就是宇宙萬物的存在都以他們的存在姿態作為自然語言,花以它的綻放這種自然的優美語言來形容世界的美麗、歌頌宇宙的偉大。花開是花的語言,海濤洶湧是它的語言,小橋流水也是它的語言,《華嚴經》透

---

[43] 法藏,《華嚴經探玄記》,大正三五,頁 123 下。

[44] 宋・劉義慶,梁・劉孝標註,1979,《世說新語・任誕篇》頁 191,臺北:廣文。

過這種富於藝術性的隱喻語言、象徵性語言把宇宙的祕密彰顯出來，不是使用理性的語言、記述的語言來描述既成的事實。《華嚴經》以「事」的領域來烘托極微妙的「理」，當這個理達到極神聖的微妙境界，它是不可思議的，不容以常理去理解，所以我們只有透過比興體的詩體文字，甚至透過哲學智慧的陶冶，才能欣賞《華嚴經》所含攝或透視出來的世界全貌。[45]

三、一體呈現的美學觀

《華嚴經》在空間的表現上極盡繁複嚴麗，相上的攝入重重、疊幢無盡可以析出上節所述的各種藝術形式，然而這些藝術形式就華嚴的美學思想而言，並非各別分立的空間美感，而是同時具足、一體呈現的，因為一切境相都是佛性的一時頓現，而華嚴這種一體呈現的美學觀即是根基於「性起」的思想。

華嚴宗人把從「因分」談宇宙萬有的生起稱為「緣起」，從「果位」上講宇宙萬有的現起稱為「性起」。法藏認為，宇宙間森羅萬象都互為因果，此一事物為因，其他一切事物都為果；其他一切事物為因，則此一事物為果。自他互為緣起，相依相成，圓融無礙，成一大緣起，稱為「法界緣起」。不過，在如來果上，真如法性不必依恃其他因緣條件，順從自性全體起為宇宙萬有，性外別無一物。法藏為區別其他教派的緣起論，依智儼「一乘法界，緣起之際，本來究竟，離於修造」[46]的意旨，稱為「性起」。「性起」即是不等待其他因緣，從性而起，一切事物隨順其真實本性而顯現，也就是從佛果的境界上來說事物的現起。性起屬果，是毘盧遮那佛的法門；緣起屬因，為普賢菩薩的法門。普賢所知的「法界緣起」與如來所知的「果海性起」並無二體。

---

[45] 方東美，1986，《華嚴宗哲學》上冊，頁 225-232，臺北：黎明。

[46] 《華嚴經內章門等雜孔目章》，大正四五，頁 580 下。

如來佛境界是不可思議，言亡慮絕的，然果位上的佛智應機化用，從性上說性起，從相上說緣起。性相不離，性起與法界緣起不一不二。[47]

所以，就華嚴美學而言，法界所展現的一切空間境相，雖森然差別，其實渾然一體，都是如來心海的一時頓現，而這種一體呈現的美學觀是華嚴空間美學的總體觀，下從三方面細論之。

(一) 以和為美

中西美學的基本精神是和諧，西方文化從畢達哥拉斯開始就認為美的本質是和諧，「和」也一直都是中國文化的審美理想，如《論語》：「和為貴」，《禮記‧樂記》：「大樂與天地同和」。[48]從純理論的角度說，「和諧」意味著最美好的東西，是人類理想的追求，對於和諧境界的感受，也是最大的審美感受。美是矛盾的調和，和是化異為同，化矛盾為統一的力量，沒有和諧，就沒有藝術的統一，也沒有藝術，所以和諧是藝術的基本性格。而華嚴一體呈現的空間美學觀亦是以「廣大和諧」為美感境界。

方東美先生認為，華嚴宗哲學是廣大和諧的哲學。[49]華嚴宗人將法界境相分為四種法界，若以其中的「事法界」來看萬事萬物，彼此之間是互相侵犯、互相佔領、互相迫礙對方的空間；但若以「事事無礙法界」來看萬事萬物，事事之間皆以和諧為其存在的法則，法界呈現的是廣大豐富而有條不紊。因為華嚴思想是將整個法界當作一個有機體的統一，各種層次中的「事」都表現出宇宙的深刻之「理」，而這「理」也必須滲透到宇宙萬象的各個層次之中。如此則將一切萬有的差別性、對立性、矛盾性等等多元的世界都綜合貫串起來，成為一廣大和諧的體系。在這體系之中，各種層次或對立、或差別、

---

[47] 方立天，1991，《法藏》頁 161-169，臺北：東大。

[48] 中國「和」的觀念，最早如《尚書‧堯典》記載：「詩言志，歌永言，聲依永，律和聲，八音克諧，無相奪倫，神人以和。」遠古儀式就以人與神的和諧為目的。有關中西文化對於「和諧」的審美理想追求，可參考張法，1998，《中西美學與文化精神》頁 60，臺北：淑馨。

[49] 方東美，1986，《華嚴宗哲學》上冊，頁 149，臺北：黎明出版。

或矛盾的「事」，都從各自原處的位置、狀態出發，相輔相成、相反相濟、融合互滲，萬事萬物在運動中互相聯結、交流、滲透、轉化，並始終保持自身的內在本質，構成了和諧統一的有機體。華嚴就是通過這相即相入、互融互攝的動態性結構，將和諧的美學思想發揮到極致。

萬法之間密切不可分離，互相依存，就像是所謂的前後、左右都是以我為定點，說某物在我之前，若是站在另一個向度來看，原本在我之前的可能變成在我之後了。而左右的空間也是相伴而定。所以空間的關係是彼此互相依存、互相緣起，是一體而不是互相衝突的。空間的關係如此，空間中的萬法亦是如此，而這也就是古德所謂的「諸法相即自在門」[50]。事物之間並具有相互作用、相互影響的特質，就像是水銀瀉地，無孔不入，滲透到每一法的結構之中；若是執著自己的本位，固守事法界的有礙性，則無法與萬法相滲相容，如此也就無法廣大含攝其他一切。但若超出自己的本位，攝與入變成相互的關係，互攝相涵，契合無間，就是古德所說的「一多相容不同門」[51]。任何一法的相即和相入都不只是一重，而是二重、三重、多重，乃至重重無盡。從互相攝受、旁互融通的普遍關係中，整個多元的差別世界的結構都成為統一的和諧體，融成不可分割的整體，自然呈現出無礙與圓融的關係。[52]

和諧之美，是人類向來嚮往的理想境界，這是一個沒有對立、矛盾，充滿平等祥和的大美境界。而華嚴思想的相即自在、一多相容等的理論，將萬

---

[50] 所謂「諸法相即自在門」就法藏的詮釋：「一法之勢力入於一切法時，一法即為一切法中之一法。彼既為一切法中之物，故廢己而同他，一法之體，全為彼之一切法，即一切法之外更無一法為虛體，所同之一切法，為有體。與之同時一切法入於一法，則彼亦廢己而同我，全收彼之一切法而為一法之體。即一法體之外無一切法，能同之一切法，為虛體。惟所同之一法為有體也。以如此一虛一實之故，一法即於一切法，一切法即於一法，故曰相即。是就體而論者。上之相容門，不廢一多，但明用之交徹，故譬之二鏡相照，此明彼此之二體虛實和融而為一如，故譬之水波相收。」（法藏，《華嚴經探玄記》，大正三五，頁123上-下）

[51] 一多相容不同門：一勢分，入於他一切法，他一切法之勢分，入於自一。如此一多互相容，曾不失一多之本位，謂之一多相容不同門。是就法之勢用，說彼此之相入也。而一多之二相存，故曰不同。（法藏，《華嚴經探玄記》，大正三五，頁123上-下）

[52] 方東美，1986，《華嚴宗哲學》上冊，頁469，臺北：黎明出版。

法之間的關係化為無礙圓融，使和諧的美學思想更為深刻而內在，一切的關係在華嚴的美學觀下都不是單向的，而是互為因緣、互為平等、相互依存、相互作用、相互無礙，事事物物在相即相入、交滲互攝的動態轉化中，化差別、對立、矛盾為統一，萬物各得其所，不相迫礙，展現出一切現象大調和、大同一的廣大和諧的美感境界，萬法交相輝映，猶如帝網珠中的任意一珠，光輝不僅不被抹煞，且照亮他珠，珠珠相照，交織成光光相攝的境界，華嚴宗人稱之為「因陀羅網法界門」[53]：

> 忉利天王帝釋宮殿，張網覆上，懸網飾殿，彼網皆以寶珠作之，每目懸珠，光明赫赫，照燭明朗，珠玉無量，出算數表，網珠玲玲，各現珠影，一珠之中，現諸珠影，珠珠皆爾，互相影現，無所隱覆，了了分明，相貌朗然，此是一重。各各影現珠中，所現一切珠影，亦現珠珠影像形體，此是二重。各各影現，二重所現諸影之中，亦現一切⋯⋯。如是交映，重重影現，隱映互彰，重重無盡。[54]

所謂因陀羅（Indra）網即是天帝殿上之網，因陀羅網上珠玉無量，每一珠玉所放射的光芒，旁通輾轉反映，一方面是接受，接受之後又放射出去，放射出去的光芒又再反映到別的珠子，反映之後再放射，互相現影，影復現影，一重、二重⋯⋯乃至無數重，重重無盡，千光萬色，交映生輝，就形成珠光交網的狀態。華嚴一體呈現的美學以此喻呈展，將其無盡重重的和諧嚴麗境相，可說是淋漓道出。

---

[53] 因陀羅網法界門，因陀羅網者，帝釋天宮殿所懸之珠網也，珠珠各各現一切珠影，是一重之各各影現也。而一珠中所現之一切珠影，亦現諸珠之影像形體。是二重之各各影現也。如此重重映現而無盡無窮。諸法一一之即入亦如斯。上之細微相容，惟一重之即入，未明即入重重無盡。故今假喻以明此義。此有名之因陀羅網譬喻也。（法藏，《華嚴經探玄記》，大正三五，頁 123 上-下）

[54] 凝然大師的《五教章通略記》轉引自陳英善，1982，《華嚴清淨心之研究》頁 45，文化哲碩士論文

(二) 以圓為美

　　如果認為華嚴一體呈現的美學思想是以「理」作為圓融相即、和諧自在的媒介，這是不足的，因為理與事還是會分裂，只有從根本上以「佛性」來說不可分割的整體，萬法皆是佛性緣起，當下皆已圓滿具足一切，才是華嚴一體呈現的美學觀念。

　　西洋心理學以科學證明，在無意識深處有種純一的向度。無意識中雖有形形色色的內容，顯現出自體的多樣性；但最後是歸結於一個中心，亦即一種放射狀的體系。這體系也是集體無意識的中心或本質，此中心的象徵榮格稱為「曼荼羅」，梵語有「圓」的意思。[55]華嚴哲學認為，人的本質本來就是圓滿而完備的，所以只要直下由性而起的萬事萬物，自然就是圓滿具足、圓融無礙的，無須透過「理」的平等化、空性化，本來就是渾圓完整、具足一切，這不只是道德性，而且是藝術性的。

　　藝術精神的最高境界是一種圓滿具足，與宇宙相通感、相調和的狀態，境界中的一切，當下皆作平等的滿足、相互冥合，一物一境即是永恆、圓滿具足。古希臘美學家畢達哥拉斯在眾多圖形中最推崇圓形：「一切立體圖形中最美的是球形，一切平面圖形中最美的是圓形。」[56]以圓為美的思想也見於中國，《周易‧繫辭上》：「蓍之德，圓而神。」陳希夷、周元公《太極圖》皆以圓象道體。[57]圓形具有和諧、自然、完滿等許多美的因素，如：流美圓轉、珠圓玉潤，都是象徵美好，圓應無方則表示心靈活動的行運流暢。圓因而也表徵最高境界，也是最理想、最完美的美學標準。

　　以「性起」為核心的華嚴思想，在空間的美感形式上最推崇的也是圓的

[55] 榮格著，楊儒賓譯，1995，《東洋冥想的心理學》頁 210-頁 211，臺北：商鼎。

[56] 1957，《古希臘羅馬哲學》頁 36，廣東：三聯書局。

[57] 有關中國自古以來對「圓」的欣賞和盛讚，參見錢鍾書，1984，《談藝錄》「說圓」頁 111-頁 114，北京：中華書局。

形象:「摩尼海住,其狀周圓。」[58]「如來圓滿面,得遍一切處面,得無量美好面。」[59]「指節圓滿」[60]最美好的形象,《華嚴經》即以「圓」表現。華嚴思想在內容上也以圓融無礙為最高境界的審美表徵,圓融並不泯滅差別,而是圓滿成完整的一體,因為佛性本身就是圓滿無缺、圓融無礙而又交容互攝。所以,華嚴的無盡法界緣起論要從佛性的本體講起,華嚴認為存於法界中的一切諸法無不互為緣起,稱為法界緣起,這是以盡法界的量來討論緣起的內容,而法界的量是無盡的,所以又稱無盡緣起,這些都是由真如緣起所展開的,真如是能緣起,萬法是所緣起,也就是能緣起的真如舉體趨向所緣起的諸法,這就是現象即本體,本體即現象,因為一切的諸法都是由真如全體所彰顯。所謂舉一物而餘物盡收,一塵為主則諸法為伴,相即相入,鎔融自在,這就是事事無礙,法界緣起的妙諦。法界無窮緣起是從萬法之間相互交錯的關係去看,由於彼此相互依存,便能呈現重重無盡的至理。宇宙萬物若都依據這種緣起大系統的籠罩,所謂事事靈動,物物關聯,法不孤起,仗境方生,那麼在一毛孔中,就能呈現無量佛剎曠然安住,於一微塵中容納三世諸佛普現佛事。《華嚴經》的玄旨在彰顯果海的圓妙,絕不是孤零零的緣起,是舉法界全體而為能緣起、所緣起而形成重重無盡的緣起,它是毘盧遮那佛稱性而起的性起法門,故又稱為法性緣起。[61]

如來稱性而起的無盡緣起境界,華嚴稱為「海印三昧」,是最能充分呈展華嚴一體呈現的圓美境界:

譬如日月遊虛空,影像普遍於十方;
泉池陂澤器中水,眾寶河海靡不現。
菩薩色像亦復然,十方普現不思議;

---

[58] 《華嚴經》,大正十,頁 43 上。

[59] 《華嚴經》,大正十,頁 145 中。

[60] 《華嚴經》,大正十,頁 148 中。

[61] 方東美,1986,《華嚴宗哲學》上冊,頁 470;下冊,頁 388-頁 389,臺北:黎明。

此皆三昧自在法，唯有如來能證了。

如淨水中四兵像，各各別異無交雜；

劍戟弧矢類甚多，鎧冑車輿非一種。

隨其所有相差別，莫不皆於水中現；

而水本自無分別，菩薩三昧亦如是。[62]

　　法藏《探玄記》中對海印的解釋即從此段經文中出，如來和菩薩心定猶如大海，水靜海澄，萬象自然印現。所以，唯有全性，才能全相；也唯有海印三昧，才能一體印現所有的境界。

　　華嚴宗人以「十玄門」將《華嚴經》的內容、教義總而括之，其中「同時具足相應門」列為總說，餘皆不離此門，以顯華嚴境界中的十方三世一切緣起諸法是同時圓滿具足，相互順逆無礙，相即相入，成一大緣起，無前後始終之別，法界收攝在萬有之中，萬有也相互攝入，貫徹時空。所以，華嚴一體呈現的美學觀表現為具體的空間境相之時，顯為千姿百態；作為總體性原則，則是稱性而起的圓美境界。

(三) 整體為美

　　華嚴一體呈現的美學觀是從和諧、圓滿來表現整體之美。整體是由部份所構成的，因此整體和諧的具體意味，就在於整體和部份的關係是形成和諧的一大整體。以整體為美的美學思想，也是東西方的觀點，美國著名美學家蘇珊・朗格，從符號學的角度高度重視藝術品的整體性：「藝術作品作為一個整體來說，就是情感的意象，我們可以稱之為藝術符號，這種藝術符號是單一的有機結構體，其中的每一個成分都不能離開這個結構而獨立存在，所以單個的成分就不能單獨地表現某種情感。」[63]而中國文人山水畫也重在整體

---

[62] 《大方廣佛華嚴經》，大正十，頁 78 下。

[63] 張晶，〈現量說：從佛學到美學〉頁 69，《學術月刊》1994 年第 8 期。

之美，山水畫所創造的意境是完整的，有情有景，有虛有實，有主有賓，因而層次井然，主題鮮明。一眼望去，處處是山水，很少看到人，即使有人，也融進山水之中，風景也不著重在某一棵樹、某一塊石頭，而是由它們共同營造的情境。畫家所表現的是一種情趣、一種氣氛，所創造的是整體的意境。如馬遠的畫雖然只有一角，但引人遐想，自然形成一個完整的境界。意境愈深遠，蘊含愈豐富，中國文人畫追求的就是整體的意境的美。

華嚴思想就思維方式而言，就是從整體、一體、全體的視角去認識、把握世界和事物，把世界看成一整體，也把每個個體看成一整體。這種思維方式在認定世界和事物是由各個互不相同的部份、要素共同構成時，著重強調整體，強調各部份、要素間的互相聯繫、互相依存，認為部份、要素只有在整體中、在普遍聯繫中才有意義。[64]法藏因而提出「總別圓融」的說法，認為沒有別相就沒有總相，沒有總相就沒有別相，六相圓融。法藏舉「椽即是舍」說明：椽之所以為椽，在於它能建造屋舍，如果不能建造屋舍就不能稱為椽，只能稱為木料。椽是屋舍的一部份，如果沒有這一部份，就沒有整體的房屋。所以從相對的意義來說，椽就是舍。由別成總，總含於別，離別無總，總別互攝，相即自在，圓融無礙。[65]

華嚴所講的整體之美，不僅是部份不能離於整體，而且是任何一物都具有整體性。東西方對於整體之美的觀點，著重在部份與整體的和諧性，並不深入個別部份所具有的獨立意義；而華嚴一體呈現的美學觀不僅重視整體與部份的和諧之美，並以為個別部份即具有整體的意義，任何一物都具有萬物之性，猶如大海中水，任取一滴，皆含具百川之味，是相依相資、具足相應，一即一切，一切即一。所以，一景、一物、或一處中，都呈現諸法相即自在的境相之美，是一花一世界，一葉一如來的美感意境。

---

[64] 方立天，1991，《法藏》頁172，臺北：東大。

[65] 法藏，《華嚴一乘教義分齊章》，大正四五，頁507下、頁508上。及方立天，1991，《法藏》頁117-133，臺北：東大。

第四章 《入法界品》參訪儀式的空間之美

善財童子五十三參是項朝聖之旅，是宗教性聖化存在空間的儀式性活動。朝聖儀式是空間對人本質的實現歷程，宗教人走向朝聖之旅意味著人對自己本質的追求、新身分的展開，這個追求與探尋是在空間的時間旅程中進行著，當他經歷了種種空間變化而通抵神聖空間的最深層時，內裡和整個歷程則賦予他作為人的本質——他是一個神聖空間的存在者。

本章將從人文主義地理學提出的「存在空間」的觀點，作為參照系，探討參訪儀式的動態性存在空間：首先說明「存在空間」的理論背景，其次探討神聖空間的存在主體，最後從美感體驗掘發儀式空間。

一、存在空間的理論背景

存在空間的內涵不是地圖或幾何學上的空間和位置，而是由空間內的主體以其原始立足點為核心，在此空間依主體內在的種種因素、條件和其他成員發生互動、辯證，互相建構距離和關係。以下說明「存在空間」的興起背景及其相關理論。

(一) 人文主義地理學及「存在空間」的提出

人文主義地理學（Humanistic geography）興起於 1960 年代末期，有別於傳統地理學輕忽主體或將主體加以客體性物化，人文主義地理學以「人之主體存有」為地表空間的核心，如此的空間詮釋典範拓深了當代地理學的哲學

深度。[1]

　　人文主義地理學的哲學理論主要是根據現象學和存在主義，尤其是海德格的思想影響尤鉅。胡塞爾認為，「現象」並不是我們平常所說的事物的表面現象，它是指顯現在人意識中的一切東西，換句話說，胡塞爾所說的「現象」是意識及意識的活動。海德格沒有從胡塞爾出發來給「現象」定位，而是更本源地回溯到整個希臘思想中，從「現象」的辭源學——希臘字 ραιυδμευον—開始解釋，ραιυδμευον 意為：顯示自身、自我顯示、敞開的，意指現在的解蔽，存在的自我顯示。[2]按海德格的想法，現象學的真正意義是揭露隱蔽的東西的方法，或說是解釋的方法。[3]海德格把現象學視為方法，存在問題運用的方法就是現象學。

　　海德格在《存有與時間》（Sein und Zeit）對人的存有的方式有著廣大影響的見解，他是從「親在」的生存論分析開端的。「親在」是德文詞（Dasein）的中文譯名，或譯為「此在」，在德文中 Sein 意為「在」、「是」、「存有」；Da 則指某個確定的地點、時間、狀況，或到達、指向某個確定的地點與狀況。海德格將 Dasein 用來專指有別於自然事物的人的存有。在海德格看來，對自然物存有的理解只有在人的生存的基礎上才有可能，因為人的生存本身就是對存有的領悟。Dasein 有兩個基本特徵：一、Dasein 的本質在於它的「去存有」。當要規定某物時，我們總用「它是什麼」這樣的形式來表達；可是，對 Dasein 來說，除了是（存有）之外，什麼都不是。因為人的本性作為生存是一種創造性的過程，任何一種是什麼，都不能真正道出什麼是 Dasein。「我們用 Dasein 這個名稱來指這個存有者，並不表達它所是的什麼（如桌子、椅

---

[1] 嚴格說來，人文主義地理學是接納四種哲學派別：現象學、存在主義、觀念論、實用主義。一般地理學探討的是主觀的客觀空間，以研究者的立場描述外在的客觀空間；人文主義地理學探討的是客觀的主觀空間，統稱為「存在空間」（existential space）。（施添福，1990.3，〈地理學中的空間觀點〉載於《師大地理研究報告》第十六期，頁 126-頁 127。）

[2] 張燦輝著，1996，《海德格與胡塞爾現象學》頁 190，臺北：東大圖書。

[3] Herbert Spiegelberg 著，李貴良譯，1971，《現象學史》（上）頁 382，臺北：正中書局

子……），而是表達存有。」[4]二、Dasein 的存有總是我的存有，從 Dasein 去存有的本質而言我的存有，即是自我領會、自我否定和自我超越的生存變化過程。

　　海德格認為，人生在世即是不斷創造出屬於自己存在空間的過程，此種情況海德格稱為「在之內」。由於人以其主體而存在的空間性與空間環圍的各種事物共同互相存在於界限之內，因而創造出世界。此種世界的環圍方屬於人的主觀創造的空間，而不是一種與人當下活生生的存在無有關係的「非存有性」的物理空間。

　　人文主義地理學家由海德格的觀點提出「存在空間」一詞，恩特利肯（J.K.Entrikin）詮釋的「存在空間」意指人含容、參與並且直接關懷而不斷生發意義的空間，在此空間中，人與人、人與世界具有一個聯結關懷的共同意向所形成的意義性網絡。另一位地理學家段義孚（Yi-Fu Tuan）認為，「存在空間」是由作為空間中心點的主體人不斷地往外投射、賦予層層空間以意義和價值，是由「內在的」主體性來貞定、展顯，不是「外在性」之幾何的點、線、面所能涵括此空間的內蘊。[5]

　　人文主義地理學者認為實證科學家物化了表徵空間，是存在空間的抽象化。他們認為存在空間是人類關懷和參與的一個非幾何空間，是按照人的意向性和目標而界定的空間，這個空間是人跟世界最原始接觸的具體空間。[6]所以，存在空間是由人透過主體意向性創造轉化而展現意義、凸顯價值後，才成為真實存有的空間，人文主義地理學即是根據此理念建立空間觀。

　　總之，存在空間的本質不僅如胡塞爾所言的以純粹意識之照射而得出，還須如海德格認為是一種存有在世的展現，意思是說存在者不僅在存在空間中消極地投射其意向的影像，更重要的是，在其存在空間積極地依據存有的

---

[4] 海德格著，陳嘉映、王慶節譯，1987，《存在與時間》頁 52-頁 53，北京：三聯書店。

[5] 潘朝陽，1991.7，〈現象學地理學——存在空間的一個詮釋〉載於《中國地理學會會刊》第十九期，頁 73-頁 74。

[6] 施添福，1990.3，〈地理學中的空間觀點〉載於《師大地理研究報告》第十六期，頁 126-頁 127。

關懷而不停息地進行主體的創造,使存在空間具有具象、可視的文化景觀而承載、盈滿著意義。[7]易言之,人的存在空間是一個不斷自我創造價值、自我湧現意義的存有在此[8]的空間。

(二) 存在空間的基本圖式

海德格對「親在」的存在空間性,有精闢的闡述:

> 我們若把「空間性」歸諸「親在」(Dasein),則這種「在空間的存有」(Being in space)顯然必得由這一存在者的存在方式來解釋。……因為「親在」本質上就是「去遠」(de-severance),也就是說,「親在」以「去遠」和「定向」(directionality)的方式具有空間性,亦即「親在」本質上就具有「空間性」。[9]

存在空間的內蘊是依據人的空間存有論所建立的「空間性」形構而來,空間性簡述如下:1)空間性是人之存在的首要原理。人存在於大地上是由距離與關係構成。2)空間性是動態的,因而具有動的歷程。在距離之中,主體獲得原始立足點。由此立足點,主體與許多在距離外的客體產生對應而形成關係。3)在一空間內,作為核心之主體,他必與客體產生關係,其關係距離乃決定於二者的聯結性強度,此種聯結性強度取決於二者之間的情感、共識……等等,而非幾何性實測的長度。4)主體是以其主觀意志而跟世界發生

---

[7] 潘朝陽,1991.7,〈現象學地理學──存在空間的一個詮釋〉載於《中國地理學會會刊》第十九期,頁 90。

[8] 海德格用「存有」(Da-zein)一詞,是因為世間唯有人是「存有在此」,也就是唯一以存在的方式而在的存有者。這種作為掌有自己的體驗而在的存在者,存在哲學稱之為「存在」(Existenz)。(項退結,1989,《西洋哲學辭典》頁 114,臺北:華香園。)

[9] 馬丁·海德格著,陳嘉映、王慶節譯,1990,《存在與時間》頁 145,臺北:桂冠。

各種距離以及關係，因此形成了空間性。[10]所以，人的空間性不會如幾何般
均質中性，在空間中，人有所擇取，空間有主體的色彩、起伏、歸屬的方位。
海德格認為人存在於空間有「去遠」和「定向」的空間動態。所謂「去遠」
是說空間的主體將其意向的存有者之間的距離消除，而使彼此之間親近密合
而無間。「定向」是說空間的主體必以其意向抉擇空間的動線。人依據「去遠」
和「定向」的主體性作用建構他的空間，這兩種作用必有一座標，即平面橫
向的四面擴展，以及上下垂直的延伸，其源始即此空間的中心，從中心發動
作用力產生了「去遠」和「定向」，因而建構動態且豐富內涵的人存在於茲的
空間。[11]

　　建築學者諾伯休茲深受海德格的影響，認為存在空間的基本圖式是由三
種關係建立的：1)中心及場所，顯示存在空間的親近度。2)方向及路徑，顯
示存在空間的連繫度。3)區域及範域，顯示存在空間的封閉度。[12]中心和方向
這兩種關係含藏著雙元對照性，如：中心—周邊、內—外、出離—歸返……
等等雙向動態的空間性現象，並以「身體—主體」的生理為基點，而有生—
死、明—暗、私人—社會等等雙元對照性。從身體為中心向外創造存在空間，
因此具有前後、左右、上下的空間分割而形成方向，且隨著意向性的複雜化，
範域的空間性亦愈顯其複雜對照性是帶有價值判斷，比方天上象徵諸神所居
的聖域，地下則象徵餓鬼遭受永恆懲罰的阿鼻地獄。人通過在世存有的作用
所彰顯創建的存在空間，事實上是根據相對照的價值判斷給予空間以正負、
強弱、陰陽、明暗等等目的性色彩；這些不一但對立的色彩含容著人的主觀
情感乃至情緒。[13]

---

[10] Samuels, M.S. Existentialism and Human Geography Humanistic Geography :prospects and problem,1978.頁 22-頁 24.轉引自潘朝陽，1991.7〈現象學地理學——存在空間的一個詮釋〉載於《中國地理學會會刊》第十九期，頁 74-頁 75。

[11] 潘朝陽著，2001，《出離與歸返：淨土空間論》頁 9-頁 10，臺北：國立臺灣師範大學地理系。

[12] 諾伯舒茲著，王淳隆譯，1977，《實存‧空間‧建築》頁 9-頁 14，臺北：臺隆書店。

[13] 潘朝陽著，2001，《出離與歸返：淨土空間論》頁 27-頁 28，臺北：國立臺灣師範大學地理系。

存在空間有創造意義的源發地點或區位，這源發地點海德格稱為「場所」[14]，存在空間是由中心和方向的語詞構成，表顯存有場域；場所則由意義聚焦的語詞構成，表顯意義焦點。

由於人的主觀情感及意向的徹向性，使空間在方向上具有質的區別，將空間分割出神聖與非神聖領域，不只是在方向上，在範域上也界定了不同質的空間。人對環境進行這一系列的結構化，體現了人將無序世界知覺為存在空間的基本方法。

(三) 存在空間的營建動力

存在空間的營建動力是指創造存在空間並賦予意義和價值之空間居有者的主體意向性。意向性指的是人存有於世界以主體而行動時，經過直觀或思惟的作用對此世界抉擇一個方向、目標，因而構成主體人與世界之兩種存有之際的連結。根據意向性須就人的存有及他面對世界的開放溝通來加以深層內在地了解，方能把握人的本質。也唯有通過意向的探尋才能了解世界，因為所謂的世界是人的意向活動創造形塑而成。世界既由多元、各具特色的意向建構而成，世界自然不會是個單一、客觀的世界，而是存在著多元發展的眾多的各具獨特性的世界。[15]

空間形構的營建動力是在內而非在外，所謂在內，是指空間居有者的主體性抉擇，如一座家宅是居有者對他的家居空間的設計和創造，一座村落，則是村民們互為主體而共同聯結建構出一種向心凝聚的關係網絡，經此關係網的內在結構作用力，形構他們共同意向的存在空間。所以，存在空間是由

---

[14] 海德格：「在某某場所不僅是說在某某方位上，而且也是說在某某環圍中，這個環圍也就是在那個方向上放著的事物的環圍。」（馬丁·海德格著，陳嘉映、王慶節譯，1989，《存在與時間》（上）頁132-頁133，臺北：唐山出版社。）

[15] 潘朝陽，1991.7，〈現象學地理學——存在空間的一個詮釋〉載於《中國地理學會會刊》第十九期，頁82。

內在性的文化系統或類型撐架、滿盈而形成的，[16]須經由該存在空間的各種符號、象徵、語言……之理解和詮說，才能明白該存在空間的本質和構造。[17]

　　由於主體意向性的開顯性不同，各個空間性必然生發各種不相同的、程度深淺不一的意義價值。也就是說，存在空間是依空間內的主體人的意義活動和創造而形塑建構，若抽離人的意義活動和創造，則外緣的幾何性將無價值意義可言。所以，存在空間的本質是由主體意向為營建動力，實為一內在深層性的空間。

　　善財童子求道歷程中所開展的儀式空間，召喚出善財童子以及五十三善知識所營建的「存在空間」，也就是主體意向性活動所展現的「空間性」。「在世存有」的「空間性」是存有的一種方式，此「空間性」是由空間存在者的「主體意向性」所營建的「存在空間」，也就是說，當對善財童子五十三參進行空間解讀時，必深入探究此「存在空間」的營建動力，即五十三位善知識的「主體意向性」。

(四) 儀式淨化的神聖空間

　　神聖空間是存在空間的一個面向，是作為宗教儀式的發生場所，神聖空間之所以不同於存在空間的其他面向，在於它是神聖的，不僅被賦予聖名，而且對它進行本質還原時，存在空間的本質便會出現。神學哲學家田立克認為，「神聖」是超越被客體與客體一分為二的塵世，是超乎平常範圍的事物與經驗，臻於純一且無限的境域。[18]「神聖」不僅是一切宗教的標誌，而且構成宗教的本質，宗教而不神聖就不是宗教。廣義而論，凡是受到尊敬、愛戴、保護，不遭到破壞與侵犯者便是神聖，不必是宗教之物也能視為神聖。但狹義的神聖是特別受到宗教上的尊敬與保護，不許遭到絲毫破壞與侵犯，這種

---

[16] 蔡美麗，1990，《胡塞爾》頁182-頁185，臺北：東大。

[17] 沈清松，1985，《學術危機與理性前途：現象學大學胡塞爾晚年思想》現代哲學論衡，頁185-頁210。

[18] 保羅田立克著，魯燕萍譯，1994，《信仰的動力》頁3-頁26，臺北：桂冠圖書。

宗教上的神聖往往與俗世不同或對立。[19]神聖空間的存在本質通常表現在宗教儀式、朝聖之旅的身體意象、聖物的意義轉化……等。

神聖空間是存在空間以神聖物貞定空間所形成的，依場所神聖向度的作用，使存在空間內面獲得潔淨性。神聖向度具有兩種作用：1)通過存在空間中的核心性場所，使俗世空間與形上空間取得上下聯結溝通，使天與人獲得融合，此存在空間成為一個擁有深層性的立體空間。2)以各種神聖物在存在空間的環中樹立一個垂直性的內界和外域之區隔，存在空間以此區隔使內部擁有可為人居停的潔淨性。[20]換句話說，神聖空間是存在空間的潔淨向度。

神聖性的存在空間不是被動消極地存在，它不是靜態的空間構造，而是動態流溥、主體能動的。以宗教儀式來說，它是具有高度動點、動線與動面的聖化空間，聚焦場所以神聖的存在物為中心，從此中心以神力發散出去，四周則成為動態的神聖空間；在這些聚焦場所之間即屬神力普及開展的動線，動線周緣依賴沿線的宗教儀式而獲得潔淨，層層相連建成潔淨大地的神聖網絡。[21]

人世間的神聖性存在空間總會有時而窮，固然展開了宗教儀式的空間淨化活動，但畢竟有其侷促性，因為世間一切的存在物有生則必然有死，屬生滅法，宗教的超越性、終極性、神聖性是要人在臨界於存有的焦慮和不安時，從有限的此端出離而歸返於無限的彼端，此處預設了正反對蹠的雙元空間性。就佛教而言，當世的存在界對我們「身體─主體」所親在的這個生活世界乃是負面、不潔、苦不堪言，故以火宅、五濁惡世稱之，由此建立了正反雙元對蹠的世界觀。然而在這雙元性中，又具有辯證性的存有論內涵，所以在佛教淨土空間思想中，遂有他方（客體）淨土空間及唯心（主體）淨土空

---

[19] 曾仰如，1995，《宗教哲學》頁35，臺北：商務印書館。

[20] 潘朝陽，1991.7，〈現象學地理學──存在空間的一個詮釋〉載於《中國地理學會會刊》第十九期，頁79-頁86。

[21] 潘朝陽著，2001，《出離與歸返：淨土空間論》頁44-頁52，臺北：國立臺灣師範大學地理學系。

間的分別。[22]就華嚴哲學而言，物質世界雖會污染或機械化主體心靈，但主體心靈可將之點化，點化成具有心理意義和價值的存在空間，不再只是物理和幾何性的空間，這種存在空間在《華嚴經》名為「調伏方便界」[23]，主體心靈轉化染污的世界成為清淨的神聖性存在空間，《華嚴經》名為「正覺世間」，正覺世界是充滿智慧、道德、藝術和光明的莊嚴世界，因為在這之中的一切存在體都在存在主體的精神性意義下轉化成最高的精神價值，有如最高的藝術理想。因此，華嚴的空間思想由於存在主體的心靈具有調伏、點化空間的扭轉力量，因而猶如李白所講的藝術家「攬彼造化力，持為我神通」[24]，而能顯發、開啟空間的意義，成就充滿智慧、道德、藝術和光明的神聖性存在空間。

　　善財童子五十三參所進行的朝聖之旅是淨化身心的儀式，朝聖儀式構成了動態流溥的神聖空間；但這神聖空間並非因於娑婆空間的無常虛幻而欲尋求、建構潔淨恆常的淨土空間所展開的，而是善財童子自身主體的自覺，為求真理之道而進行了朝聖之旅，並且善財童子和五十三善知識的意向中含具了超越性質的宗教內容，主體當下即成就了淨土空間觀，由於這種內容使其存在空間涵絡著神聖性。

二、宗教參學的主體空間與修行儀式

　　宗教儀式塑造了神聖空間，神聖空間不僅是觀賞的對象，並且是活躍而積極的，當人喪失神聖性，可以在宗教儀式中尋回，因為宗教儀式是空間對

---

[22] 同上。

[23] 華嚴的空間觀是把所有的物質結構首先都提升到生命存在的層面，再由生命存在的創造活動開拓出廣大的心靈境界，彰顯甚多的神妙智用。（參考方東美，1986，《華嚴宗哲學》上冊，頁 15-頁 47，臺北：黎明。）

[24] 李白，〈贈僧崖公〉，《全唐詩》卷九，頁 1746，1986，上海：古籍出版社。

人本質的塑造歷程，儀式空間賦予人以新的事件與內涵，人可以藉由各種的儀式，從最初的自然的存在而後接近理想的宗教人。[25]杜爾凱姆認為，全部宗教現象可以歸結為兩大基本範疇：信念和儀式。信念是意識的狀態，由表象構成；儀式則是一定的行動方式。宗教觀念和宗教經驗要在信仰的行為上表現出來。[26]善財童子從一純真的自然存在而後發起道心展開五十三參，這五十三參不啻是場宗教儀式的示範，儀式空間和五十三善知識轉化善財之主體空間，並在通過朝聖儀式後獲得了新生。

(一) 通往解脫的朝聖行

宗教信仰者的宗教活動總是通過一定的禮儀形式的表現，有些宗教學者認為儀式意味著宗教，它是活動中的宗教，也是人類的行為之一，它可作為人與神靈溝通的手段。人類學家把人類的行為分為三大類[27]：

甲、實用行為（practical or rational technical behavior）。

乙、溝通行為（communicative behavior）——世俗儀式。

丙、神秘宗教行為（magical religious behavior）——神聖儀式。

英國人類學家 Edmund Leach 認為，第二、三種是利用一套符號或象徵以表達人類內心感情與慾望的訊息，雖然二者表達的對象不同（溝通行為是以其他人為對象，神秘宗教行為是以超自然為對象），但實際上都是一種儀式，因此合稱這兩類型為「儀式行為」（ritual behavior），第二種稱為「世俗的儀式」（secular ritual），第三種則是「神聖儀式」（sacred ritual）。「神聖儀式」是與神溝通，在宗教領域中佔有重要地位，是一種象徵性行為。「世俗的儀式」

[25] 劉其偉編譯，1994，《文化人類學》頁 200-頁 205，臺北：藝術家。

[26] 呂大吉主編，1993，《宗教學通論》頁 395，臺北：博遠。

[27] 李亦園，1992，《文化的圖像——宗教與族群的文化觀察》（下）頁 109，臺北：允晨。

是與人溝通，最典型的就是生命禮儀，也就是為生老病死舉行的儀式，一般稱為「通過儀式」（rites de passage），是引導個人通過生命過程中的「關口」，使自己在心理上與他人的關係上能順利達成溝通行為，[28]范杰納（Van Gennep）：「人的一生是從一個年齡到另一個年齡一連串的過渡。」[29]在每一段時期，由於身分的變化而被肯定成為一個新的角色或負起某種職責。

　　善財童子的參訪之旅既具世俗性也有神聖性，他以童子身分進行參訪之行，完成生命的洗禮，可視為世俗的儀式；但他所參訪的對象其性靈、精神境界和所在的空間都是神聖而清淨，從宗教觀點來看即是朝聖儀式。

　　朝聖儀式就是讓人朝向超越界不斷地挺進，人若置身在普遍觀念、規範、與價值所構成的脈絡中，則易失去自己的獨特性，每個人的獨特性只有當他懷著朝向超越界的態度時才能領悟到，藉由朝向超越界挺進的朝聖過程，改變自己世俗化的價值觀和習性，這是「否定」的轉變力量，否定有限的存在，存在本身只能在存在者不斷肯定而又不斷否定的過程──即存在方式──中才能顯現出來。[30]存在者的任何一種存在方式都離不開人的存在方式，是人的存在方式決定了其他不同於人的存在者的存在方式，並在不斷效法神聖對象的運動中，進入完滿的永恆，得到真正的解脫。

1. 朝聖的特質

　　「朝聖」一詞在宗教上的定義，學者的看法眾說紛紜，儘管如此，卻有某些基本特徵是宗教上所指的「朝聖」至少得涵括的特質：

　　1. 有聖地的存在。朝拜的聖地經常遠離一般人群居住地，在離城鎮有一段距離的山丘、洞穴或森林中。聖地吸引前往朝拜者所涵蓋的社群範圍，遠

---

[28] 另有強化禮儀（rites of intensification），在群體生活的關鍵時刻舉行，是以社群為對象的儀式，其作用是團結社會成員。（李亦園，1996，《文化與修養》頁 208-頁 209，臺北：幼獅文化。）

[29] Van Gennep,A.1965.*The Rites of passage*(1908)p.3.London:Routledge & Kegan paul.轉引自 Brian Morris 著，張慧端譯，1996，《宗教人類學導讀》頁 283，臺北：國立編譯館。

[30] 史提華、米庫納合著，范庭育譯，1990，《現象學入門》，頁 84-頁 85，臺北：康德人工智能科技公司。

大於當地的宗教社群,並且經常是擴大超越了國家、政治上的界限。

2. 個人或團體朝聖地而行。孤獨旅者的朝聖經驗是既孤獨又可怕,基督徒視為「艱辛的朝聖遊歷」[31]。若為團體朝聖,朝拜者之間階級、地位的差異不受到注意,著重於彼此平等和社會上的結合。

3. 這種行動可以為朝聖者帶來物質或精神上的報償。[32]雖然朝聖是基於個人的自由意願,但朝聖者放棄正常生活的利益而經歷可能橫遭劫掠、危險不堪,甚至死亡的長途試煉,朝聖之旅因而成為贖罪的行為,羅馬教會視為苦修或特殊意義的追尋,並認為是項聖舉。[33]

善財童子五十三參是善財童子獨自一人(朝聖者)憑著極大的決心、意志力、悲願的行持力,經一百一十城,不畏艱辛地拜訪五十三善知識,最終證得境界圓滿(最終的報償)的歷程,參訪的善知識以其主體宗教上的神聖性,所在之處皆可謂之神聖空間(聖地),就朝聖者、聖地,和最終的報償來說,善財童子五十三參是符合西方所謂的「朝聖行」。

善財參訪的地點多數是在平凡的人間,或是山上、或是海邊、或是城中、或是自家宅第,甚至是令人恐怖和淫亂的場所。如果從表面的意義上來看,與地理學上一般所指的寺院、教堂、天國、極樂世界等的「神聖空間」,相去甚遠,就此而言五十三處場所似乎不能盡說是神聖空間。

然而就朝聖的路徑、四境方位,中心及各節點共同合成的範圍,在人文地理學上,即構成宗教上所謂的神聖空間,因為朝聖儀式中的空間是特別的,而且具有神聖的特質,即使沒有如:教堂、寺院、塔廟等的宗教性場所,也

---

[31] 「艱辛的朝聖遊歷」(a toilsome peregrinatio)包含兩個主要意象:一為直線形的進程,一為圓狀的回返。《神曲》中的朝聖者將瀕臨頂峰時,將自己的感覺比喻為返鄉的朝聖客。(余國藩著,李奭學譯,〈朝聖行:論《神曲》與《西遊記》〉,《中外文學》第十七卷·第二期,頁4。)

[32] 同上。

[33] 也有的是祈求他或他所愛的人脫離眼前的苦難而進行艱辛的朝聖之旅以獲得奇蹟式的治療。但必須是這個病人的心是懺悔的,想要被赦免,他才能獲得治療。Victor Turner & Edith Turner 著,劉肖洵譯,1983.2,〈朝聖:一個「類中介性」的儀式現象〉載於《大陸雜誌》第六十六卷,頁 1-頁 20,臺北:大陸雜誌社。

都能成為傳達神聖意義的空間，只要透過聖人或是聖的存在物，不論是食物、衣服……等等日常生活的層次，都可以轉化為聖物和神聖空間，宛如基督教聖餐禮的麵包和葡萄酒，帶領人到救贖之路。[34]在善財的朝聖行中，神聖空間不只是在寺院、塔廟等的宗教性場所，即使是被一般人以為污濁不堪的地方，在善財的朝聖過程中，這些空間也都是朝聖的範圍，因為只要具有神聖的存在物為聚焦中心，任何場所都能成為聖化的空間。善財參訪的五十三處場所是以聖者為中心而成就的聖化空間，無論是自然之場或染污之場，飲食男女都在聖者的淨化下成為聖境。

若從宗教的觀點而言，五十三善知識既是入佛境界的菩薩所示現，其所處的空間在「境隨心轉」下，當體即是宗教上的神聖空間。所謂「境隨心轉」，是指主體品格能轉化場所的特性，乃至將此特性形象化、明顯化。例如：第二參的海雲比丘常觀大海，在他心華開敷的時候，海中突然湧現蓮華，華上坐佛，為海雲比丘摩頂授記。人世間的大海就在海雲比丘心性轉化之時，幻化為神聖的空間。清淨之場固然是神聖的空間，表面上平凡無奇、甚或雜染污穢的地方也可以在「境隨心轉」中成為神聖的空間。透過不同生命形態的善知識詮釋的空間景觀，必然有著不同的場所精神與主體品格。以朝聖參學的心體驗各種空間，神聖空間隨即體現。

在宗教的空間中，場所只是一個隱喻，具有隱喻性環境特質的神聖空間能轉化心靈狀態，進入內心深處。一旦達到這種境界，神聖空間就無所不在了。神話學家坎伯教授更認為，「凡是為遠離日常生活系絡而設的任何空間，都是神聖空間。」[35]在世俗系絡中，人所關心的是二元對立的事物，而善財參學的五十三處空間，皆是令他身心淨化的神聖空間，而五十三處主導空間

---

[34] 聖餐禮起源於耶穌基督受刑前與門徒的最後晚餐，麵包和酒象徵基督的肉與血，通過聖餐禮的儀式，使基督在最後晚餐的原初行為綿延持續地重現，如：祝福、分享，通過儀式並且保存過去的記憶。（幼獅文化事業公司編譯部主編，1988，《觀念史大辭典‧哲學與宗教卷》頁396-頁407，臺北：幼獅。）

[35] Diane K.Osbon 著，朱侃如譯，1997，《坎伯生活美學》頁244，臺北：土緒文化。

特性的善知識與場所環境皆是相融互攝為一體的關係，因此五十三處場所並非二元對立的俗世空間，而是透視超越界的一種空間，與事物融為一體的神聖空間。

在五十三處神聖空間中，善知識化現的種種境相與善財的體驗，都是無分別的。就朝聖者而言，要運用純粹經驗來體驗，在純粹經驗中，體驗者是在忘我的狀態，朝聖者並不感到自己是作為一名體驗者去體驗對象事物，而是泯除主體和客體的身份，撤消並超越主體與客體的對立關係，否定有相的執取，如此才能對所要認識的事物有真正的溝通。將對象當作客體的認識方式，體驗者就被綑縛於主客的對立關係中，有著時間和空間的限制，事物之間則有對礙性，無法有一和諧圓融、無礙自在的境界呈現。

2. 朝聖者的主體空間

善財童子作為朝聖之旅的宗教主體，其身、心的空間具備了哪些條件，足以擔當《華嚴經》證入一真法界的主體？

（1）朝聖主體──善財童子

五十三參是《華嚴經・入法界品》的故事，〈入法界品〉末會中的參學主體是名為善財的童子。在部派佛教的傳說中，善財是釋尊的本生，《根本說一切有部毘奈耶藥事》說善財是般遮羅國（Pañcala）國北界那布羅（Na-gapura）城的王子，獵師以不空絹索（amoghapasa）捉到一位美麗的緊那羅女悅意（Sumanas）奉獻給王子，王子非常喜愛。由於婆羅門的撥弄，善財王子受命出征，悅意受到國王的加害而逃走，王子出征返回未見悅意，王子決心出城尋訪悅意。善財王子到處尋訪，經歷了種種險難，他以無比的勇氣一一克服，並找到悅意一同回到那布羅城。依世俗的觀點，善財王子尋訪悅意是真摯純潔的愛，不惜一切的追求中終於達到目的。而《律》中則說善財王子是「發精進波羅蜜」，「我為悅意故，精勤威力第一超越。」[36] 善財王子的「精勤威力第一超越」與善財童子的到處參訪非常類似，不過善財王子尋訪悅意

---

[36] 《根本說一切有部毘奈耶藥事》卷十三，大正二四，頁 59 中；卷十四，大正二四，頁 64 下

是染欲，善財童子參訪善知識是正法欲，雖然都以精進成就，不過所欲不同。[37]

　　善財童子的參學始於菩薩們在第九會本會圓滿後都證得了大智慧，於是文殊師利菩薩與諸菩薩眾走出逝多林，漸往南行，遊行人間至福城。善財童子生於福城，之所以稱為「福城」[38]，因為住在這裡的人是有福的，所以稱為福城。[39]此城之東的「娑羅林」有一大塔廟是往昔諸佛教化眾生的地方，福城與娑羅林這裡天龍聚集，人文薈萃，即使是童男、童女也都俊美聰明無比。

　　善財童子入胎時，家中自然湧出七寶樓閣，樓閣下有七伏藏，藏上地面自行開裂，生七寶芽，有金、銀、琉璃、玻璃、珍珠、硨磲、瑪瑙。出生時，七伏藏各滿七肘，從地湧出，光明照耀，家中自然有五百寶器，各種器具自然盈滿，譬如：香器中裝滿各種衣服，美玉器中裝滿上味飲食，摩尼器中盛滿殊異珍寶……，一切庫藏都充實飽滿。從善財出生在「福城」到他個人的富裕的依報，經文一再顯示，善財是有大福報的人，而且以財富顯示。

　　富，是具有正面的象徵意義，在佛教看來，受人尊崇的壽與富是集俗眾之美德的報償，這與印度所有現世性的宗教倫理的教說完全一致。在中國經書的財貨目錄中，富是僅次於壽的最高珍寶，為人臣者是否能得到它就看他們是否能正確地執行官方的祭典，和恪盡個人本身的宗教義務。富，也是神賜予虔敬的猶太教的祝福。在禁慾的基督新教諸教派（喀爾文派、洗禮派、孟諾派、教友派……）看來，富，也是恩寵狀態之確認的徵兆。[40]《華嚴經》

---

[37] 印順導師，1994，《初期大乘佛教之起源與開展》頁1110-頁1111，臺北：正聞出版社。

[38] 福城，晉譯作覺城，現存的梵本為Dhany kara-nagara，印順導師認為，可能是後代有所變化，原語應作Bhaddiya，晉譯所以會譯作覺城。導師並認為，現在印度奧里薩（Orissa）的Jaipur市的東北方約二十里處有地名Bhadraka，與福城的與語音和方位相符，推定是傳為善財所住的福城。（印順導師，1994，《初期大乘佛教之起源與開展》頁1112-頁1117，臺北：正聞出版社。）

[39] 李志夫〈玄奘大師在印度境內遊學與善財童子參學：有關地理、路線、及其意義之探討〉一文中探討了善財參學的路線、意義，及其現今的地理位置。（《中華佛學學報》第七期1994.7，頁170。）

[40] 韋伯著，康樂、簡惠美譯，1993，《宗教社會學》頁196，臺北：遠流。

安排朝聖行的主角──善財童子──在胎中就顯示富貴，古德認為這是表示善財於前世就自信自心是具足白淨無垢的法身和無依住普光明智，以此信胎生於世間，即能報得以七種助道分為助行的七寶、七伏藏。處於胎中的十個月，善財以此信種修十波羅蜜，當世間法圓滿則誕生出世智，七伏藏也從地湧出，一切寶器盈滿寶物，這象徵善財信種中深信成佛因果的菩薩道五位修行法門都不離開此信心，且於今生他還能以此信心發心、成就。[41]經文以善財入、出胎的富裕景象象徵信心能成就佛果，是從因而感果。

　　總之，善財童子是位俊美聰明，天生富裕的精進青年，以此擁有正、依報莊嚴、具有廣大福德背景的主體空間，是經中認為朝聖者身體空間的基源條件。

（2）朝聖主體的身體空間

　　宗教上，身體常被視為沈重的外衣，高尚的靈魂總是飽受身體的禁錮和慾望的折磨。事實上，走向修道之路的人，身體是不可被擱置而輕忽的，《聖經》：「身體是精神的殿堂」，海德格言：並非我們「擁有」一個肉身，而是我們就是一個肉身存在，因為生命就是以肉身展開其生活。[42]展開朝聖之旅的宗教主體是從身體空間到心靈空間一步一步走出來的，沒有身體是無法完成求道之旅，也無所謂求道之旅。有些從事嚴肅精神修煉的修行人無法忍受身體的種種慾望因而自殘、自宮，老子也說：「吾所以有大患者，為吾有身，及吾無身，吾有何患？」（《老子·第十三章》）《華嚴經》對身體空間則是正向的點化：「以一身，充遍一切三世法，示現眾生無礙用。於一身，示現無邊身，入三昧無礙用。……成正覺無礙用。……」[43]身體並不是只有慾望，或負面的成分，身體空間可以產生無礙大用，善用者以身體入三昧、成正覺，以萬法滋養身體空間，善財童子也是以他的肉身完成聖道的追尋，肉體是可以開

---

[41] 李通玄，《新華嚴經論》，大正三六，頁 951 中。

[42] 劉國英，2001，〈肉身、空間性與基礎存在論：海德格爾《存在與時間》中肉身主體的地位問題及其引起的困難〉《中國現象學與哲學評論》第四輯，頁 66，上海：上海譯文出版社出版。

[43] 《華嚴經·離世間品》，大正十，頁 294 上。

展出正面積極的意義。

　　朝聖之旅從身體展開，神聖空間則由身體進行存在的感受和體驗，不以思惟去分析、理解。譬如善財參訪第二十五參婆須蜜多女，此女以肉體為度化眾生的場所，善財如果不開放身體空間去接受和感受此女的教化方式，而是以大腦思惟並質疑這種教化方式，封閉身體去體驗神聖空間，也就無法領會神聖領域。

　　在朝聖之旅的過程中，要使身體的能量轉變成精神的能量，因為身體與心靈是相互連結的，身體的任何一部份的運作都不能和其他部份分開或對立，從身體的狀態可以看出心靈的狀態，改善其中任何一方，也會同時幫助另外一方。[44]心地安靜、清淨，身體空間就會開放去體驗環境；身體充滿能量，心靈也會擁有無窮的大用。萬物皆是生長在適合它的環境，身體也會尋找適合自己能開展生命的地方，但當我們的心不再有存在的感受，身體也就無法感受到適合自己的存在空間。善財童子具有與生俱來的大福報，生於福城就是象徵善財的身體與環境有著實存的連結，適宜的環境能讓他的身體開展其生命的活力，以此為立足點，才能挑戰艱鉅的朝聖之旅。

（3）朝聖主體的心靈空間

　　李通玄註「童子」言：1)童子是二十歲以下，無染世欲的清信男子。2)童子年幼創起初心，歸法流而受教。3)童者創蒙也，「立」下「里」為童，為年居未長立志德於閭里之間。[45]未受世俗污染的純淨童子，當懵懂的心為善

---

[44] David Fontana 著，林慧卿譯，1997，《浮世蓮花》頁 259-頁 273，臺北：圓明。

[45] 李通玄，《新華嚴經論》，大正三六，頁 951 上。

　　李通玄以「童」之字型而望文生義，就文字學的角度來看，犯了嚴重的錯誤，「童」字本為「男奴」之意，《說文》：「童，男有　曰奴，奴曰童，女曰妾。从重省聲。」童子的「童」古作「僮」，《說文》：「僮，未冠也，从人，童聲。」以「男奴」為義的「童」字，顯然不應解釋為「立下里為童」。

　　李通玄對《華嚴經》的牽強附會，深為學者所詬病；但自宋代以來，其《新華嚴經論》廣為華嚴宗們人所重視，且被廣泛地運用，並成為解釋《華嚴經》的重要註疏。就義理的理想性來說，也有其詮釋上的意義，現代並有學者專研李通玄疏解《華嚴經》的一家之言（如：王仲堯，2003，

知識所創發，為正向力量所開啟，立志成為有德的人，此時所發的信心是強大的自信心，是因為向上的道德力量鼓舞、發動他的本具善性，使他相信自己能成為德智兼備的人，這種清淨的自信心使他朝向目標、不畏艱難地勇往直前。

耶穌與老子[46]都讚美過嬰兒，孟子也說「大人者，不失其赤子之心」（《孟子‧離婁下》），佛教也讚美童子，大乘菩薩離去煩惱，使內心潔淨無疵，像童子那一顆純潔的心，叫童子地，童子在中西方和佛教的讚辭中都是象徵意義，不是生理的名詞。佛教中童子代表熱情洋溢、悲願無窮、精進無已的菩薩行者，童子與菩薩的精神是相契合的：童子率真純潔；菩薩為人為己也永遠是真誠純淨的。童子是生力橫溢的健康；菩薩都是容光煥發，雄偉而相好莊嚴。童子內心有無限光明的憧憬，能不惜一切追求真理，他不知道疲倦，也沒有自滿；這一切充分表現了菩薩精神。所以文殊菩薩雖久為諸佛之師，但他卻是青年思想家，〈入法界品〉文殊菩薩從善住樓閣出，南行以後的經文即以「童子」稱之，這個童子不是不識不知的幼童，而是能夠冷靜究理的智慧與熱誠濟世的悲心，在往前的雄健上統一起來，即使深入人間也不為物欲所誘惑，是情智綜合，在真誠、柔和、生力充溢的童子情意中，具有長者的人生的寶貴經驗。[47]〈入法界品〉的朝聖活動安排童子出場，即是因為「童子」具有的象徵意義，而善財童子五十三參的勇行宏願正是大乘行者發菩提心、行菩薩道的典範。

《釋氏要覽》：「若菩薩從初發心斷婬欲，乃至菩提是名童子。……自七歲至十五皆稱童子。」[48]佛教所言的童子是剋就已發初心、斷婬欲的根識清

〈華嚴宗與易學：李通玄的《新華嚴經論》〉，《中國佛教與周易》頁 243-280，臺北：大展出版。）以其具有獨具的發明和見解，是故此處並不避誤而引用之。

[46] 〈老子‧第十章〉：「專氣致柔，能嬰兒乎？」〈老子‧第二十章〉：「我獨泊兮其未兆，如嬰兒之未孩。」〈老子‧第二十八章〉：「為天下谿，常德不離，復歸於嬰兒。」

[47] 印順，1989，《華雨香雲》（妙雲集‧下編之十）頁 157-頁 159，臺北：正聞。

[48] 《釋氏要覽》，大正五四，頁 266 下。

淨者而言，李通玄就文殊師利「童子」註云：「非童真行不能入」[49]，只有像童子般心行純真、根識清淨的人才能進入佛法大海，所以經文言善財：「其心清淨，猶如虛空；迴向菩提，無所障礙。」[50]善財心地淨如虛空，以此純淨如虛空而生的清淨的信心進行朝聖儀式，就像初昇的「朝陽」不斷地往上昇——迴向菩提，愈益光明遍照，就如莊子以「朝徹」[51]形容見道前的清明心境，終將進入宗教的神聖領域。

3. 朝聖的路徑

　　人存在於空間之中，但大多沒有領略到存在的意義。人的存在就是在肉身和世界裡創造自己、造就自己，人在他的身體空間裡參與並穿越世界，並融入世界的空間，以此空間構成其存在。人在行動中建構存有，這行動是在身體的空間和身體所處的空間裡進行，一個人若是沒有空間場所可以認同，就是失去可以植根的存在之所。然而一個場所內化在他的體驗之中，他就變成場所的一部份。亞歷山大：「場所的特徵是由發生在那裡的事件所賦予的」[52]，並且考慮時間和身體的因素，因為場所不是在永恆的靜止裡所經驗的，而是在身體裡以行動建構出來的空間。

　　善財童子的朝聖之旅是以身體去體驗每一處場所空間的神聖意義，並內化在自己的生命中。他從出發點向南行的朝聖路徑，構成空間上前後左右的區域。空間是依據主體的身體而存在，每個人在他自己的世界裡都是中心，周圍的空間內容依據主體的移動或轉向而有差異，區域性的前後和左右都隨之變動，整個客觀空間同樣領受此身體價值體系。身體由一地方移動到另一

[49] 澄觀《疏》，大正三五，頁918下。

[50] 大正十，頁332下。

[51] 《莊子·大宗師》：「……以聖人之道告聖人之才，亦易矣。吾猶守而告之，三日而後能外天下。已外天下矣，吾又守之，七日而後能外物。已外物矣，吾又守之，九日而後能外生。已外生矣，而後能朝徹，朝徹而後能見獨，見獨而後能無古今，無古今而後能入於不生不死。」

[52] Christopher Alexander 著，趙冰譯，1994，《建築的永恆之道》（The Timeless Way of Building）頁66，臺北：六合。

地方而獲得方向感,向前、向後、向側旁等的移動經驗都是不同的,而且都在意識中明確知道,肌肉運動的知覺、視覺及觸覺能使主體產生強烈的空間感及空間品質的感覺。所以,空間是主體直接經驗到因運動而產生的空間,是假定自己就是運動體系的中心。[53]

當前後左右構成的區域缺乏對外的參考點,失去依靠和憑藉,我們無法向前進或向後退而感到失落,因為不知身在何處,一旦失落的時刻到來,才注意到沒有存在空間的感受。然而我們的空間系統會再新建立,只要向著目標移動,或前、或後、或左、或右,都顯得有意義。朝聖路徑也就在朝聖主體的身體運動中,產生神聖的意義;而朝聖者也在朝向神聖空間的目標移動中,感受到存在的意義。

雖然只要朝向目標的方向,往往都賦予了意義;但是自古以來,方向被認為是決定世界架構的最主要因素。譬如基督教的教堂聖壇常面向東方,因為東方被視為光明、生命,日落的西方則象徵恐怖和死亡。朝聖路徑依其方向而具有神聖向度,教堂和路徑共同形成的宗教性神聖空間象徵基督教義的「救贖路程」。[54]

善財的朝聖路徑從福城向南參訪了二十七位,於觀音菩薩道場見正趣菩薩從東方來,向南參訪大天神後不再南行,而是在摩竭提國參訪第三十參到第五十參,第四十五參之後的善知識又指示善財南行。善財參訪人和菩薩幾乎都是向南,中間天神的部份[55]則無指示方向,只說明在摩竭提國的某處,最後參文殊菩薩和普賢菩薩也未指示方向。南行、無方,似乎是善財朝聖路徑中的主要意象,此外,善財見到善知識常以右繞的儀式表示恭敬,這三者的意義,略論如下:

---

[53] Yi-Fu Tuan 著,潘桂成譯,1998,《經驗透視中的空間和地方》頁 10、頁 37,臺北:國立編譯館。

[54] 潘朝陽,1991.7,〈現象學地理學──存在空間的一個詮釋〉載於《中國地理學會會刊》第十九期,頁 78。

[55] 除第四十三、四十四參兩參是童子外,三十到四十二參都是神,尤其夜神佔了八位;不過第二十九參大天神雖是神,卻也指示善財南行。

（1）南行

　　善財朝聖的路徑幾乎是一路南行，一路南行至善知識聖地的參學路徑，就西方宗教學而言即是救贖路程，有著場所為軸的神聖向度。此外，南方在世界各地幾乎都具有正向的象徵意義，在古代阿拉伯人的地理概念中，「南方」代表祝福，字根為 ymn，原意是「快樂」及「右方」。相對的，「北方」為 simal，其字根原意為「不吉利」、「生病的凶兆」和「左方」。另一相關動詞 sama，釋作「帶來壞運氣」和「轉左」。西非的 temne 人以「東方」為定位方位，「北方」即是左方，是黑暗的，「南方」即是右方，是光明的，他們認為可怕的雷電來自北方，而好的和風來自南方。[56]南方和右方是正向的象徵，北方和左方是負面的象徵，許多國家的語意學上都表現出這種特性，這是空間經驗的結果，南方有充量的陽光，氣候溫暖，好的風吹自南方；北方日照較少，冷峻嚴寒，北風總是寒慄刺骨，中國古時候的皇帝也是南面聽政，可見南方具有空間上的正面意義。善財的參學路徑以南方為神聖向度，澄觀言南方有五義：

　　一約事，謂舉一例諸，一方善友已自無量，況於餘方，餘四約表。

　　二者明義，表捨暗向智故，南方之明萬物相見，聖人南面聽政，蓋取於此。

　　三中義，離邪僻東西兩邊，契中正之實道故。

　　四生義，南主其陽，發生萬物，表善財增長行故；北主其陰，顯是滅義故，世尊涅槃，金棺北首。

　　五隨順義，背左向右，右即順義，以西域土風，城邑園宅悉皆東向，故自東之南順日月轉，顯於善財隨順教理故。[57]

---

[56] Yi-Fu Tuan 著，潘桂成譯，1998，《經驗透視中的空間和地方》頁 39，臺北：國立編譯館。

[57] 澄觀《疏》，大正三五，頁 920 上。

第一義說善財南向參學是舉例而言,其他各方也都具有善知識,南方的善知識已數不盡,何況他處。善財除了南向參學和沒有指明方向的朝聖路徑,另外有兩參例外,一是從東方來的正趣菩薩,一是善財往北參訪第二十五參的婆須蜜多女。「東方」在人文主義地理學的詮釋中也是正面的象徵,而且菩薩是自來,不是善財前往參訪,所以剛好可以表徵他方也具有無量善知識。婆須蜜多女是名婬女,她度化眾生的方式是非道之行,她住在象徵黑暗、迷惑、毀滅的北方,正與她非道的度化眾生方式有著異曲同工之妙;不過這似乎暗示了北方的善知識迥異於他方的善知識,度化眾生的方式也是反其道而行的。第四義因而說,南方的善知識就像南方的陽光能讓萬物生長,增長善財的善根;北方主毀滅,善知識也以非道的方式毀滅參學者負面的根性。第二、第四和第五義都是表徵南向參學是令善財迎向光明,順著善根增長智慧。第三義以南方表示中道,適用於十地之前和之後,信、住、行、向的善知識都指示善財南向參學善知識,也就是要善財以中道為向學的目標;十地離相,所以十地未明方位;十地之後顯業用,因而又指示善財南行。[58]

(2) 無方

澄觀從「離相」的觀點而言十地的善知識未指示善財參學的方向,不過未指示善財參訪方向的善知識,除了文殊菩薩和普賢菩薩,其餘十四位都在摩竭提國[59],其中第三十二參到第三十八參的七位夜神又都在摩竭提國的菩提場。《華嚴經》第一會毘盧遮那佛是在摩竭提國的菩提場成佛,並以神力轉換世間空間為廣大莊嚴的華嚴境界,使小小的道場含容無以數計的諸天眾神和菩薩大眾,這七位夜神就出現在這場盛會中。如果從地理學的觀點來看位於摩竭提國的善知識何以未指示善財參學的方向,這是因為他們和毘盧遮那佛位在同一個地方,佛象徵神聖空間的中心,中心位置是聲望的象徵,中心

---

[58] 澄觀《疏》:「此五義中,初一則通;次一後二地前表之;契中道義地後表之,亦通地前,正證離相,地中不以南表,地後顯於業用,不同地中。」(大正三五,頁920上)

[59] 第三十參到四十四參的善知識都未指示善財朝聖的方向,只說明去摩竭提國的某處參訪某位善知識。

並不出現在任何方位上，不定在空間裡的任何一個位置，方位是由中心而展開的。[60]不指示善財朝聖方向的善知識，因為和佛同處在神聖空間的中心，所以只說明善知識在摩竭提國的菩提場，菩提場是「所入法界」，意指入此法界即得菩提，「菩提是本，……攝末歸本之法界，故不云南矣。」[61]位於神聖空間中心的菩提場是朝聖路徑的本源，回到源頭就是進入空間中的無窮深度，這些善知識雖為天上的神，卻能在大地上示現而為善財參訪，這是佛的神力使三度空間拓展為華嚴的無窮境界，形成宗教神聖性的存在空間。

除了在摩竭提國的十四位善知識無指明朝聖的方向，文殊和普賢也無指示方向，「文殊有示無方，表般若加行有行，正證無二故；普賢無方無示，表法界普周故。」[62]文殊菩薩雖無指示下一位善知識——普賢菩薩——的方位，不過告知善財還須向普賢菩薩參學，表示般若智照無二，沒有限定的方向；有體還要起用加行，所以指示善財參訪普賢以圓滿行願的部份。普賢無處不在，無有方向可言；圓滿一切行願妙如覺悟的佛，見到普賢象徵已證入妙不可言的華嚴境界。

（3）右繞

善財對於朝聖的對象有時以右繞表示敬意，在佛教儀式中，右繞是特定方向的儀式空間，不能以左旋替代。上述阿拉伯的地理觀中，南方與右方都表示好的意思，左方與北方則象徵不好的意象，幾乎所有文化體系右方都優於左方，這種現象以歐洲、中東及非洲最為明顯，印度及東南亞也很明確。基本上，右方被視為為神聖力量的象徵，右方（right）的另一釋義為「對的」，左方為右方的反義字，表示了不敬、不純、矛盾、卑微，是有害的和可怖的。在社會空間布局中，主人的右側是榮譽的位置；在宇宙空間佈局中，右方代表高尚、上層世界和天，左方代表下層世界和地。在最後審判的圖畫中，耶

---

[60] Yi-Fu Tuan 著，潘桂成譯，1998，《經驗透視中的空間和地方》頁 106，臺北：國立編譯館。

[61] 善財最後重會菩提場，意指「覺場，謂菩提場，是根本會。第十會攝前八會歸於初會，無不從此法界所流，無不還歸此法界故。」（澄觀《鈔》，大正三六，頁 696 下。）

[62] 澄觀《疏》，大正三五，頁 920 中。

穌基督舉起右手指向光明的天堂,而低垂左手指向地獄。印尼的西里伯斯島中部的 Toradjab 人的宇宙觀有相同的概念,右方是白晝的生活世界,左方是死亡的黑暗世界。世界各地幾乎都以右方為佳。[63]佛教儀式中的右繞是符應世界文化和地理的空間觀,具有文化上的神聖意義,右繞的儀式是順時針方向而走,李通玄引申其法義為「順佛正教」[64],為了表示順從佛的教法,所以施行右繞的禮敬儀式。善財請善知識說法之前,或聽聞善知識說法之後,常以右繞表示禮敬,顯示他順從善知識的教誨修行。

善財參學的朝聖路徑以象徵正向、美好的南方為方向,對善知識表示敬意的右繞儀式,以其順時針方向象徵善財順從善知識的教誨而修持。善財朝聖的路徑和右繞的儀式,有人文地理學上的空間依據,也具有法義上的象徵意義。

4. 朝聖是修心的過程

從表層看來,朝聖之旅是時間和空間不斷轉換的過程,是向不同善知識參學的歷程,但是,外在的時空轉換和參訪善知識並不是朝聖的最終目的,朝聖的旅程更深層來說,是修心的過程,是在進行「體內之旅」,寓言文學家稱為「內化的旅行」[65]。實際旅行所遭遇的艱辛,可解釋為修心時的不定與變化,朝聖之旅的意義因而具有共性的生命朝聖行。

朝聖對佛教徒而言是很重要的修行,各宗各派均有,禪宗尤為普遍,對禪宗來說,朝聖是禪宗門徒求悟過程的重要歷練,求悟過程是向心內參的活動[66],

---

[63] 此外,在時間範疇中,前方空間表示將來,後方空間表示過去。(Yi-Fu Tuan 著,潘桂成譯,1998,《經驗透視中的空間和地方》頁 39-頁 40,臺北:國立編譯館。)

[64] 李通玄:「遶佛三匝,皆順佛正教故。遶佛三匝,皆是右繞自南向東向北向西至南。如是三匝。以為右遶成法。」(《新華嚴經論》,大正三六,頁 949 下)。澄觀:「修因順果故須右繞」(《大方廣佛華嚴經疏》,大正三五,頁 567 上。)

[65] 余國藩著,李奭學譯,〈朝聖行:論《神曲》與《西遊記》〉頁 3。

[66] 禪學的名相用語很多,如:參訪師家致力體得佛法,稱「參究」;弟子向師家請為並受教,稱「參請」;參究佛法玄旨的人,稱「參玄人」;對佛法參究有得,徹悟玄旨,稱「參飽人」;盡其一

禪門有首偈語：「盡日尋春不見春，芒鞋踏破嶺頭雲；歸來偶把梅花嗅，春在枝頭已十分。」[67]無盡藏比丘尼在遍尋真理不著，無奈返回道場之時，偶見枝頭梅花綻放而頓然開悟，原來真理不在遙遠的地方，也不是特殊的善知識才具有，參訪善知識固然是修學佛法的重要途徑，但真理是要在日常生活中體會，向心內尋道，善知識是召喚我們內心佛性的啟發者。

　　朝聖之旅總是從心靈的召喚開始，心靈的召喚是要離開特定的社會環境，進入自己的孤寂，找到內在寶珠。第一步是由集體轉向個體、由外轉向內的激烈變革。所以，朝聖本身有如「自世上退出」，不同於日常生活的穩定與結構性體系。善財童子從福城出走，跨出自己所熟悉的領域，拋離市中心和同伴，獨自一人走入山林、大海和虛空之中，善財前三參參訪位於自然之場的善知識，就是藉由靜僻的環境讓他進入自己的內心世界，這是內在心靈的朝聖，是心靈的運動，直到圓滿自己心靈的聖地。從表層來看，善財進行了五十三參的漫長旅途，但是其實每一參善財都是向心內參，事相外緣只是為了提起內省的觀照工夫，是藉事練心。

　　心，既是主體修行實踐的樞要，何種心能入法界？善財童子參訪每位善知識必先陳述自己已發菩提心，彌勒菩薩也以二百二十一句讚嘆菩提心所具有的善根功德不可思議。菩提心的梵語是 bodhi-citta，全稱為阿耨多羅三藐三菩提心，又作無上菩提心、無上道心、覺意……。菩提心是一切諸佛的種子、成佛的根本、大悲心及菩薩行的依據，在纏凡夫妄想覆心，菩提在自心而不覺，以為無上正等正覺在外而向外推求。若能了悟菩提本性為自心，菩提即心，心即菩提，捨外求而歸內心，可真證菩提，是真發心。[68]善財發心求道

生都在參究佛法玄旨，稱「一生參學事」。（星雲大師，〈佛教的參訪事業〉刊於《普門》二四八，2000.5，頁34-頁37。）

[67] 作者為一不知名姓的女尼，此詩為南宋・羅大經《鶴林玉露》（卷六）所收錄，頁63，上海：商務印書館，1936。

[68] 《大乘義章》卷九：「言真發者，菩提真性由來己體，妄想覆心在而不覺謂之在外。向外推求。後息妄想。契窮自實。知菩提性由來己體。無異趣求。知菩提性是己體故。菩提即心無異求。故

是真發心，法藏認為善財初發心可從三種階位來說：

> 一、見聞位，是善財次前生身，見聞如是普賢法故，成解脫分善根。
> 二、解行位，頓修如此五位行法，如善財此生所成，至普賢位是。
> 三、證果位，及因位窮終，沒同果海，善財來生是也。[69]

見聞位是聽聞佛法而種善根的階段，這是善財的前生。證果位即成佛，是善財的來生。解行位是了悟真心而同時頓修初住至妙覺的五位行法，〈入法界品〉中善財進行五十三參的求道歷程即是，斷一分無明，證一分法身，從十住、十行、十向、十地、等覺，立四十一位法身菩薩階位。不過，初住就已證悟法身圓融，若就圓融言，雖然行布歷歷，實是五位圓融，一即一切，一位即一切位，所以也說「初發心時便成正覺」[70]。華嚴圓教認為，從初住至妙覺五位是隨順漸教而安立，漸教因為不了悟圓融，所以局限於破一分無明、證一分真理，無法頓入圓滿法界；若是領悟真如理體不離於心，心之外別無法界，法界之外別無一心，一切因果不離於心性，心即是法界，法界即是真心，即能頓入無礙圓融法界、頓超四十二階位。唐憲宗曾問清涼國師澄觀：「何謂法界？」澄觀回答：

> 法界者一切眾生之身心本體也。從本以來靈明廓徹廣大虛寂，唯一真境而已。無有形貌而森羅大千，無有邊際而含容萬有。昭昭於心目之間，而相不可睹。晃晃於色塵之內，而理不可分。非徹法之慧目、離念之明智，不能見自心如此之靈通也。故世尊初成正覺，歎曰：「奇哉！我今普見一切眾生具有如來智慧德相；但以妄想執著而

心即菩提。捨彼異求歸心自實故名發心。良以外求違背正道，是故捨彼歸心自實說為發心。此亦廢外以歸其內故名為發，亦可真證菩提。」（大正四四，頁 636 上、中。）

[69] 法藏，《華嚴一乘教義分齊章》，大正四十五，頁 489 中、下。

[70] 大正九，頁 449 下。

不能證得。」於是稱法界性說《華嚴經》。[71]

在纏眾生只因不悟自己具有與佛和菩薩無二無別的心，否則心心作佛，以本具的真心性起，成一真法界，即是《華嚴經》所呈現的一真法界的全體內容。眾生只要醒悟自己本具的佛性，以真心之圓融無礙，自能頓超圓滿，入華嚴圓融無礙的法界，成就無上正等正覺，所以〈梵行品〉言：「初發心時，即得阿耨多羅三藐三菩提。」[72]一切法即心自性，故於初發心、頓圓滿故。[73]

善財於文殊會上發阿耨多羅三藐三菩提心，表示善財了悟無上正等正覺不在外求，而是要回歸自性心中，內在的悟性既已開啟，所以善財此生是悟後起修的「頓修」五位行法，法藏即言善財「在信是信位，在住是住位，一身歷五位，隨在即彼收，以遍一切故，如普賢位。」[74]善財十信滿心證入圓融法界，就位位相攝相收，每個階位都圓收一切階位，一即一切，一切即一，行布即是圓融，圓融也展現在每個階位之中。

朝聖是象徵修道者走向解脫的歷程，透過時空的洗鍊，逐漸遠離世俗化，朝向圓滿的境界前進。身雖遍遊各種空間情境，然以清淨心為基源，信滿即以菩提心為根本，頓修五位行法，以真心修真心，位位皆契圓融無礙的華嚴法界。

5. 最終的報償──救贖與解脫

朝聖行不是歷史事件或神話故事，而是宗教行為，存在著「通過試煉」的範式。宗教的通過試煉是參與在另一種生活中的恩典，是與生命存在、生命救贖有關而能促發心靈和精神境界不斷提升、最後轉化過來的聖餐禮。中

---

[71] 《佛祖歷代通載》，大正四九，頁 616 中。

[72] 《華嚴經‧梵行品》，大正十，頁 89 上。

[73] 澄觀《鈔》：「一切因果不離心性，契同心無德不收，以一切法隨所依性，皆於初心頓圓滿故。……知一切法即心自性，成就慧身不由他悟。」（大正三六，頁 207 中。）

[74] 法藏，《華嚴經探玄記》，大正三五，頁 454 上。

國的《西遊記》和西方的宗教寓言《天路歷程》、《神曲》都具有「通過試煉」的共同母題和特色,在但丁《神曲》裡的朝聖者先入地獄,歷盡危難後登上最高天,在升上天堂之前,還得在淨界懺悔,滌清今世所犯的罪愆。《西遊記》宗教上的中心課題十分類似《神曲》,與個人的救贖有關──玄奘和眾徒的救贖,但《神曲》的救贖是在基督教人皆背負原罪的教義前提下,而《西遊記》裡的各個角色也需要解脫,不過是因為前世造業,藉朝聖過程修得的功果之助以贖前世業障。《西遊記》和《神曲》都以救贖作為最終的報償,救贖本身即為聖化[75]。在東西不同的文化中,卻有著類似的朝聖儀式與故事,代表人類思維深處具有相同的結構模式。

善財童子五十三參也具有朝聖儀式的結構模式,但並不以救贖為最終報償。以救贖為規範是西方神學式宗教教義[76],西方宗教以上帝存在為絕對預設,人始終處在「受造者」與「創造者」間的封閉關係中,相應的規範以此封閉關係與場域為最後判準,即以創造者的旨意──上帝救贖──為最後歸趣的判準。佛教思想有別於西方依救恩贖罪為規範的「救贖的宗教現象學」,佛教開展的是屬於人而不是神學的宗教現象學,學者稱之為「解脫的宗教現象學」[77]。中國道家思想也是屬於人而不是神學的去執現象學,道家有所謂「道隱無名」(《老子》第四十一章)的大自在的逍遙境界,就是消除心靈的執著,不受拘束,不必恪守僵化的觀念而煩惱,貼近了生命的本真和靈魂的自由。

在人的精神歷程中,解脫往往意味著新生和蛻變,由人格的超越帶來精

---

[75] 聖化的歷程可以是緩進的淨化過程,也可能是一種心態的突然轉變(如悔改)、再生,如此情況下,救贖對生活態度造成最為深遠的結果,在生活態度上會產生強而有力的實踐行動,並在各自的生活態度中加以確認。(韋伯著,康樂、簡惠美譯,1993,《宗教社會學》頁 198-頁 199,臺北:遠流。)

[76] 基督教認為,每個人都有原罪,原罪使人永遠都生活在精神墮落的狀態中,如何才能得到救贖?唯有通過受洗禮的儀式才能全然的轉化,重獲基督的新生命。受洗禮在儀式上是重現基督的死亡與復活,這種儀式對救贖而言,是最根本的。(幼獅文化事業公司編譯部主編,1988,《觀念史大辭典‧哲學與宗教卷》頁 396-頁 407,臺北:幼獅。)

[77] 對佛教思想以宗教學和現象學的觀點進行現代化詮釋而提出「解脫的宗教現象學」一詞是蔡瑞霖先生,此處觀點參見其書《宗教哲學與生死學》頁 169-頁 171,1999,嘉義:南華管理學院。

神的大解脫，是使人向上的解脫，無論對過去、現在、未來都有很大的積極意義。[78]中國佛教在解脫的精神層面上與道家相融攝，都具有人格超越的向上意義，並發展出清淨、自由與率真等的美學意含，不過佛教的解脫現象學是宗教的，以出離世間為目的，在目的論上有特殊而弔詭的內在結構——出離即是迴向——通過世俗第一義諦的規範（戒律和修行）達到脫離輪迴的目的，並藉由菩薩大願而迴向世間。從宗教體驗上來說，因為沒有「我」，自性既是空，只有朝向眾生，純粹「為他」的共業存在，是依於「願」的存在，這稱為菩薩。[79]華嚴精神並強調，菩薩不是以高姿態去拯救眾生，而是在萬物平等，人與眾生、菩薩、佛平等，「心佛及眾生，是三無差別」[80]的絕對平等中將一切差別化散，就華嚴而言，真正的解脫不是出離世間，而是迴向眾生、點化世間，點化一切器世界、有情界，從調伏界、調伏方便界一一轉變成正覺世間、莊嚴的精神世界，達到〈入法界品〉的不思議解脫境界。

　　從《華嚴經》的結構來看，更能彰顯華嚴學入世即解脫的觀點，華嚴法會初會、二會在人間，三至六會在天上，七至九會又回到人間，暗喻世人需要出世之智；但出了世還要下降到人間救度眾生，才是真正的解脫。〈入法界品〉是秉承諸佛菩薩在華嚴海會中的悲願，示人間童子在遍歷參訪人間天上後，成就如菩薩。善財由「民間」的福城出發，南行至二十八參後，上天參訪天神，然後再下降人間參訪；這與諸菩薩先在菩提場人間召開華嚴法會，中間四次在天上，第九次在近福城之逝多林的意義是相同的：有出世心才能具有真正的俗世智，才能真正下降，發大悲心救度眾生，成為大菩薩而得真正解脫。[81]

　　善財童子朝聖行的目的是證入一真法界的解脫大道，這是從世間的觀點

[78] 冷成金，1997，《隱士與解脫》頁 7，北京：新華書店。

[79] 蔡瑞霖，1999，《宗教哲學與生死學》頁 169-頁 171，嘉義：南華管理學院。

[80] 大正九，頁 466 上。

[81] 李志夫，〈玄奘大師在印度境內遊學與善財童子參學：有關地理、路線、及其意義之探討〉，《中華佛學學報》第七期 1994.07，頁 174-頁 175。

入「一真法界」的出世間法，不是單向的出離世間的自我解脫，而是必須在世間直入解脫的雙向解脫之道，這也才是真正的解脫。善財童子是真正嚮往並付諸實踐去追求智慧與真理的人，他將整個宗教情懷獻身於一切可能的境界之中，投注到每一個給他智慧的善知識，這些善知識也是由世間進入法界，從各自的本位而直入佛道，表現出佛法不離世間法而證入一真法界的原理。這也就表現出人間佛教的精神，人間佛教的核心是「人→菩薩→佛」，從人而發心學菩薩行，由菩薩行而成佛。〈入法界品〉的本會也具有同樣的義理，本會是在給孤獨園說的，由文殊師利菩薩帶領同伴菩薩到福城東娑羅林中的大塔廟弘法，這表示佛法要在人間流傳，不僅二乘能接受到這種大法，一般眾生也能同沾法益。文殊菩薩在會中種種的啟示，說明華嚴教的真諦是立足在世間上的廣利眾生，不是脫離世間的自我解脫，而是迴向世間、利益眾生。[82]唯有超拔的大悲才能運用無限的大智觀照人群社會，此所展現的是道統之美、空靈之美、充實之美，也是徹底發展出完備形態的「解脫的宗教現象學」。

西方人通過信奉超越的神的價值去實現對現實的超脫，獲得上帝的救贖；道家採用無為這一更趨近現實而自我的去執方式；華嚴學則在出世即入世，迴向即出離的無礙觀下，以善財朝聖行的具體行動表現出解脫在人間的精神，是真俗圓融的解脫。

(二) 朝聖之旅的修行儀式

世俗儀式與神聖儀式並不是壁壘分明的兩種儀式，Brian Morris 認為，「朝聖儀式相當於部落文化的成年禮」[83]，在原始社會中，成年禮是最重要且又多樣性格的通過儀式，成年禮的意義象徵在再生的體驗中表現其本質，建立理想的人生哲學。[84]善財童子經過這場朝聖儀式，由童子身蛻變為圓滿的宗

---

[82] 印順，1978，《青年的佛教、我之宗教觀選集》頁 21-頁 136，美國佛教會。

[83] Brian Morris 著，張慧端譯，1996，《宗教人類學導讀》頁 295，臺北：國立編譯館。

[84] 同上註，頁 298-299。

教人，這正是寓神聖儀式於世俗儀式中的成年禮。如果將儀式視為是表達行為、象徵的述句，就能更了解儀式的豐富內涵。下以成年禮的通過儀式掘發善財童子五十三參的儀式蘊義。通過儀式是由三階段所組成的，善財童子五十三參也具有相同的形式[85]：

1. 淨化的儀式

第一階段為儀式預作準備，儀式的中心人物必須離開熟悉的環境，令生命遠遊。宗教行為中一個重要的面向便是隔離。神聖空間的隔離通常和排他性有關：進入這個空間是特別的，不是人人均可。神聖空間的特殊性藉著指出如何從世俗空間轉進神聖空間而更進一步地強調，通常會有某種形式的潔淨儀式，如沐浴等等；也可能有其他過渡儀式實際標示出從世俗空間進入神聖空間，如跪拜等等。[86]有了象徵物和象徵性行為，儀式才有次序、有深度、有意義、有價值、有活力，並賦予生命獨特的意義。[87]

善財童子展開五十三參之前，文殊菩薩來到其城鎮說法，善財進入文殊所在的大塔廟處，「頂禮其足，右繞三匝。」[88]有宗教學者把俯地叩拜的過程稱為「人的聖化」，即人趨向和接近於神。人的聖化是以象徵性的語言和動作為表現的宗教行為，構成宗教禮儀的主要內容和一般圖式，日本宗教學者竹中信常即言：「宗教禮儀應該是使人接近神，形成一條溝通由神到人的道路。也就是說，宗教必須有促進人轉化為神的作用。」[89]佛教通過儀式而使生命

---

[85] 通過儀式三階段的內容，參考：Evan Imber-Black、Janine Roberts 著，林淑貞譯，1995，《生命中的戒指與蠟燭——創造豐富的生活儀式》頁 330-331，臺北：張老師。及 Brian Morris 著，張慧端譯，1996，《宗教人類學導讀》頁 284，臺北：國立編譯館。及王銘銘著 2000，《社會人類學》頁 405，臺北：五南。

[86] Michael C.Howard 著，李茂興、藍美華譯，1997，《文化人類學》頁 565，臺北：弘智。

[87] Evan Imber-Black、Janine Roberts 著，林淑貞譯，1995，《生命中的戒指與蠟燭——創造豐富的生活儀式》頁 156-頁 170，臺北：張老師。

[88] 大正十，頁 334 上。

[89] 竹中信常，1978，《宗教學序論》頁 157-頁 158，日本：山喜房佛書林。

神聖化的意義是可以相類比的，善財童子頂足右繞行潔淨禮，既是有心聖化，文殊菩薩也當機演說一切佛法，令聽法者發大心證取佛果。文殊菩薩在經中代表以智慧啟發信心，他在往昔已成佛果，他象徵法界諸佛的法身本覺，作為開啟始覺智的起點，引發信心，所以善財一見文殊，便發菩提心，所發之心「不依佛，不依佛法，不依菩薩，不依菩薩法，……但無所依發菩提心。」[90]當明了本無所依而生信心，則證十信位：

（1）信種能入

法藏註解〈入法界品〉的品名說道，「入」指「能入」，「法界」指「所入」，「入法界」就是能入者進入所入的法界，也就是進入一真法界的意思。[91]至於如何進入一真法界？「能入」是關鍵，法藏言：「能入，謂悟解證得。……有五門：一淨信、二正解、三修行、四證得、五圓滿。」[92]法藏認為證入一真法界的方式第一就是要有清淨的信仰，這與進入宗教神聖領域所須具備的基本條件相同，之後對教義須有正確的了解和切實的修行，宗教上的修行往往透過各種不同的儀式完成身心的修煉。文化人類學家杜爾凱姆認為，全部宗教現象可以歸結為兩大基本範疇：信念和儀式。信念是意識的狀態，由表象構成；儀式則是一定的行動方式。宗教上常藉著象徵物、象徵性行為和環境的設計，使人們進入深沈的意識之中，這種環境可能包括令人印象深刻的建築或其他喚起情緒的場合、儀式或儀式性的集合，或者是這些的綜合。[93]

善財童子最初就是立於高明的信念上，因而才能產生高明的行動。[94]淨

---

[90] 李通玄，《新華嚴經論》，大正三六，頁 825 下。

[91] 「入法界」之義，詳見第一章第四節。法性（dharma-dhatu）的異譯是法界，法界明淨如虛空，菩薩從法界中見一切法。法界是無色可見，所以諸法於法界中是同樣的清淨。明鏡是明淨的，明鏡所見的像雖像而實不可得，也還是明淨的。法界只是一切法空性，一切法不離於空，畢竟是空。法是萬事萬物，界是範圍、界限，法界是包含一切所有事物，引申則為真理，故名一真法界。（鄧克銘，1997，《華嚴思想之心與法界》頁 35-頁 63，臺北：文津。）

[92] 法藏，《華嚴經探玄記》，大正三五，頁 440 下、頁 441 上。

[93] Michael C.Howard 著，李茂興、藍美華譯，《文化人類學》頁 541-頁 542，頁 548-頁 549。

[94] 方東美，1986，《華嚴宗哲學》上冊，頁 28，臺北：黎明。

信是宗教上最基礎也是最重要的步驟，宗教觀念和宗教經驗是在信仰的行為上表現出來。善財因為前世具有清淨的信種，此信種是他證入一真法界的首要條件，他於今生以此信種發了菩提道心後，展開求道歷程的朝聖儀式，並藉由儀式強化他正確的知識與修行的工夫，在朝聖儀式的具體行動中，最後成為一位完整的宗教人。因為有了淨信，使善財通過儀式而完成了修行乃至圓滿證得的成就。

（2）淨信與獻祭

　　淨信和一般的信仰不同，一般信仰中的人與神有一種獻祭關係，人因為自己的需求和目的而信仰神，並以物質性的供品來換取神的幫助和恩賜。獻祭心理和動機不像神學家所說的高尚無私，對神的態度也不是單純地只有謙卑和虔誠的一面，而是有著與此對立的心理活動，宗教上的獻祭行為就是心理過程的統一，向自然索求並佔有自然者便做出各種獻祭的動作，說出各種祈求的言辭，像神格化的自然進行商品貿易式的交換，在感情上進行安慰，在物質上給予補償，在言辭上表示謙卑。信仰者對神聖對象的祈禱活動本質上與獻祭行為完全一致，祈禱主要是通過語言形式和身體動作來表現信仰者內在的對神的依賴感和敬畏感。[95]而淨信是無有染著的，不因需求依賴或敬畏神，或任何具有世俗目的性的因素而產生信仰，這種信仰是由於道心的開啟而起信。

　　進行朝聖的生命尋旅必須從內心具備求道的熱誠，若無真摯的信念而參加義務性的儀式，參與者背負的義務多於感受到的意義，格式化的儀式只會束縛人格發展及表達能力，Ndembu 就社會學的角度將成年禮喻為「死亡之所」，因為儀式具有高度結構性，包含權威的形式和各種角色行為，是企圖予以重新社會化，不是發展個人人格，所以經過這樣的儀式，成年者的個性、

---

[95] 獻祭表示人與神之間的宗教關係，獻祭行為有三個主要構成因素：一是獻祭的對象（神）；二是獻祭的主體（人）；三是獻祭的供品。祝禱可能是進行在獻祭之後或出現於整個祭祀儀式過程之中，也可能不供獻物質性的犧牲和供品，而只表現為歌功頌德、阿諛奉承的禱告辭。（呂大吉主編，1993，《宗教學通論》頁 380-頁 388，臺北：博遠。）

地位,還有個人的歸屬,會被有系統的剝除,是否定既存的自我以習得社會結構之事。[96]善財一心勤求無上菩提,因為具有堅強的信心,使這場朝聖行的儀式內涵得以完整發揮,而不是義務性或格式化的儀式。信心是一切諸佛法身的清淨種子,所謂「信為道元功德母,長養一切諸善法」[97],此信不是一般粗淺的相信,而是根據十心產生的堅定信仰[98],是根據智慧起信,信智一如。信是戒的基礎,因信而持戒,因持戒圓滿而完成定慧[99],所以三學具足根本在於信。信位成滿,就達到永不退轉的階位,不退是不退賢位,三賢是十住(下賢位),十行(中賢位),十迴向(上賢位),賢位是菩薩階位中的基礎,信位好比是一座橋樑,超越信位,信心圓滿時,就是賢位菩薩。

善財在第一階段的淨化儀式中,因為發起求菩提道的信心,具有高明的信仰,故而導引出更高的智慧,完成朝聖證果的圓滿儀式。證十信是「從凡夫頓彰法界,諸佛因果理智一時明現。」[100]十信滿心便是將凡夫的心性轉化為與古今三世諸佛同一體用的法身菩薩。

2. 儀式進行過程

第二階段是儀式進行的過程,儀式主體在異我的空間實際接受種種考驗,更多元地去感知、學習、轉化現實性的空間,達到生命的超越、重生,獲得全新的生命。善財在求道的歷程中,經歷不同的生命考驗,包括投火坑等象徵死亡以獲得新生的生命洗禮。

善財展開這場巡歷五十三階位地次的善知識,李通玄認為:1)欲令後人效倣成行。2)恐後學者迷失在五位行門中,故令善財重起行門,使五位行門

---

[96] Brian Morris 著,張慧端譯,1996,《宗教人類學導讀》頁 298-頁 299,臺北:國立編譯館。

[97] 《華嚴經·賢首品》,大正十,頁 72 中。

[98] 十心即是信心、念心、精進心、慧心、定心、不退心、迴向心、護心、戒心、願心。(大正三五,頁 27 下。)

[99] 《華嚴經·賢首品》:「若常信奉於諸佛,則能持戒修學處;若常持戒修學處,則能具足諸功德。」(大正十,頁 72 下。)

[100] 李通玄《新華嚴經論》賢首品,大正三六,頁 824 下。

容易理解而不致誤解錯謬。3)與後世發菩提心者作修行之樣式，識其五位進修行門。[101]善財童子的朝聖之旅，其實是宗教的實修示範，令後代參學主體藉由朝聖儀式作一場存在感受的實修教育。文殊告訴善財，依止善知識除了在身體力行中得到真實參學的利益，還要有廣大的無厭足心，以求知若渴的心不斷參訪學習，就如西方哲學家萊布尼茲說：「所有可能的世界領域，都是我的學習範例。」[102]

　　通過儀式是各階段學習過程的整合手續，善財的學習過程分為五大階段性的菩薩道修行儀式。華嚴圓教認為，從初住至妙覺五位菩薩修行儀式，是隨順漸教而安立，以下即略論開展五位行門差別的層次和重點：

　　（1）安住菩提的十住儀式

　　善財經由前十參善知識的教導，由信仰層次轉入修持的層次，於無上菩提發安住之心，修三昧定而業盡純明，證十住[103]階位。十住儀式以修定為主要的工夫。善財十信滿心在首參證入「初發心住」，所謂「初發心便成正覺」，就華嚴圓融的觀點，無明一破一切破，如入因陀羅網[104]，一珠具一切珠，光光互攝，可說已將菩薩四十一位階階經歷。儀式有項功能，能將心念集中在領會自己所從事行為的涵義上，完成心靈境界更高層次的轉換，體認自己和周遭的人、事、物是不可分割的整體。[105]十住儀式讓善財心念安住於菩提道上，完成定工夫的修持，體悟到自己置身在因陀羅網中，與一切人、事、物光光互攝，安住於不思議境，進入佛境界。

　　（2）開展圓行的十行儀式

---

[101] 李通玄《新華嚴經論》，大正三六，頁 950 下、頁 951 下、頁 948、頁 953 下。

[102] 游淑惠，1999.4，〈善財的善知識〉，《人生雜誌》第一八八期，頁 21。

[103] 以法身、法性、理智為戒體。從信趣定，為信心菩提，為入位菩薩。修三昧法，理行相彰，業盡純明。（大正三六，頁 968 中）

[104] 「從初發心住十廿互參，如練真金轉轉明淨，而令成就種種莊嚴，業亡智滿，行周入因陀羅網法門方可稱法界。」（李通玄，《新華嚴經論》卷三三，大正三六，頁 953 上。）

[105] 王銘銘著，2000，《社會人類學》頁 414，臺北：五南。

　　善財參訪第十一至二十參，證入十行階位。這階段的儀式是象徵在生活中開展願行，生活中一些程序化的活動同樣具有禮儀定式化的意義和特徵。[106]就像是禪宗六祖惠能聽《金剛經》開悟後求見五祖弘忍，五祖知其開悟卻要他去破柴、踏舂，不開示隻字片語，日日如此，長達八個月之久，這是五祖藉生活中的程序化活動讓惠能不斷地以「破」柴、「踏」舂來力破萬緣、親參親究。這種透過生活中的儀式行徑來鍛鍊主體，並非只是在重複操作日常程序化的行動，而是要將它置於更高的視域，透視它象徵的意義。若把儀式行徑化約為普通行為，將會使儀式化過程的全盤目的落空——它原是要轉化生命，而非形式化生命。[107]十行儀式以十度[108]為行門，對內淨治習氣，對外為利益眾生的慈悲願行[109]，是深入世間在生活中開展圓行，將平凡的日常活動以智慧發起，達到自利利他的轉化生命的工夫。就俄國美學家車爾尼雪夫斯基（Yephbiluebcknn）來看，這樣的生活即是美的生活，他認為：「美是生活」[110]。善財在十行儀式中以他的智慧面對日常生活中的一切活動，並在與眾生同事、利他等的四攝法中轉化生命，如實的生活、如實的修行，展現了美的生活形態。

　　（3）神聖與世俗交融的雙迴向儀式

　　第二十一至三十參的善知識寄位[111]十迴向。十迴向是融通十住、十行這

---

[106] 王銘銘著，2000，《社會人類學》頁 407，臺北：五南。

[107] Louis Dupré 著，傳佩榮譯，1988，《人的宗教向度》頁 162-163，臺北：幼獅。

[108] 十度包括：一、布施，慈心施物。二、持戒，持佛戒而慎身口意之惡。三、忍辱，忍耐一切之苦痛陵辱而心不動。四、精進，勇猛勵一切之善，伏一切之惡。五、禪定，心止一處而拂去妄念。六、般若，空理之智。七、方便，善巧方便，自積功德，又濟度一切有情度。八、願，修上求菩提下化眾生之大願。九、力，行思擇力與修習力，謂思惟諸法而修習之。十、智，圓滿智慧。

[109] 十行是以世出世間法為戒體。圓滿住位，則能住於佛住，並依十智發起十行的修持。對內淨治習氣，對外慈悲願行利眾，眾生無盡，願行無盡。（楊政河，1987，《華嚴哲學研究》頁 50，臺北：慧炬）

[110] 朱光潛，1982，《西方美學史》頁 216，臺北：漢京文化事業。

[111] 所謂寄位是指華嚴圓教本是一即一切，不須安立菩薩修行次第，但為顯示華嚴在不同階位中如何圓融無礙，因而寄託於漸教的四十一階位。

兩階段的儀式活動，達到真俗染淨智悲無礙。只求清淨智慧的人往往流於出世的偏差，太過入世者則易過度世俗化。[112]十迴向儀式就是要讓行者兼具上、下迴向的道心與悲心，以下迴向世間的悲願對治高度發展智性和定力卻退失悲心的菩薩，以上迴向的菩提道心對治過度世俗化的菩薩。而這是修行上的偏差和弊端，必須與以適切的對治。儀式經常具有神聖性與世俗性的交融，神聖性代表宗教與超自然存在的一面，世俗性則代表日常生活的一面。一個儀式若太偏於世俗性則失去神聖的宗教意義，失去作為儀式的本質。宗教儀式中，常藉著避開他人以免被污染的象徵性手法來表現宗教之所以為宗教的神聖性質；但若神聖性質太濃就容易趨向神秘，到了神秘的階段就容易產生不健康的弊病，導致背離理性的行動，就像巫術脫離了日常生活，以祕法傳授神聖性來達到脫離罪愆的救贖，對日常生活也就無法產生影響。[113]善財如果只是一味上求高妙的智慧、清淨的定境，不拯救一切有情生命，一個人在高處騰雲駕霧，也只不過是個假名菩薩；但若進入黑暗的深淵度化眾生而無向上提昇的精神、智慧與定力，那不是在世間度化眾生，而是一同落入黑暗深淵、為眾生所轉。所以，善財在十迴向的儀式中，學習到融通神聖與世俗、智慧與悲願的雙迴向的妙有美。

（4）道之喜悅的十地儀式

第三十一至四十參寄位十地。修行十地儀式「能照破生死夜，圓滿智悲功德。」[114]善財修行至此，佛眼漸開，凡性的種子斷除，獲得無漏無分別智的聖性。以無漏無分別智體會真理，即是見道，初嚐見道的喜悅生大歡喜，首先證入的階位為「歡喜地」。專門研究儀式過程的社會人類學家 Turner 指

---

[112] 十迴向是以善入生死海為戒體。以十住、十行和會智悲，世及出世感使融通。依本自在故，使偏修定業求出世者，和融無量想念，起大智用，無定亂故，安立十迴向。（楊政河，1987，《華嚴哲學研究》頁 57，臺北：慧炬）

[113] 參看李亦園，1992，《文化的圖像——宗教與族群的文化觀察》（下）頁 183，臺北：允晨文化。韋伯著，康樂、簡惠美譯，1993，《宗教社會學》頁 203，臺北：遠流。

[114] 十地是以大悲為戒體。十地法門的十善友又稱「十聖位」，能照破生死夜，圓滿智悲功德。（楊政河，1987，《華嚴哲學研究》頁 67，臺北：慧炬）

出，參加宗教儀式會帶給個人超脫感、安慰、安全感、集體親密感，甚至狂喜，[115]善財透過十地儀式獲得了道的喜悅。經過十住、十行、十迴向、十地儀式的層層轉化，善財童子的心智更為細緻、更為廣大、更為圓熟。

（5）出神入化的閾門儀式

第四一至五十三參寄位等覺、妙覺[116]。等覺就是智慧功德等似妙覺，將證佛果。著名的人類學大師維多鄧納（Victor Turner）教授在研究儀式時，曾提出所謂「閾門」（liminal）理論，他認為在宗教領域中，要跨進一個新境界或走進一個新里程，一定要經過一項儀式，這儀式有如一道閾門，通過後即能達到新境界。在閾門儀式中產生的「神匯」（communitas），就像進入禪境一樣，超越自己而進入於出神入化之境。[117]進行等覺階段的儀式就有如進行閾門儀式，只要破除最後一分微細無明，就能證得佛果，躍入絕對圓滿的境界。

3. 併入的儀式

最後一個階段是讓參與儀式者以新的身份重返正常的生活，過渡至新的地位。善財童子完成通過儀式的成年禮，經過生命體驗、生命閱歷的親自證悟，圓滿菩薩道的五位行門，將智行融合成為在一法界中的圓融自在行門，進入普賢菩薩無窮的法性海中，悟入毘盧遮那法身的境地，當他重返世間，已是位廣大無礙、智行圓滿的普賢聖者。

（三）小結

朝聖儀式以身體為出發點，身體引領朝聖者體驗神聖空間，但若心境浮動、以世俗角度看聖地，或以建築學、考古學等學問分析的方式研究聖地，

---

[115] Tmrner 並認為，儀式活動外的社會生活基本上是封閉和無人性的，人性大多在儀式中才得以發現。（王銘銘著，2000，《社會人類學》頁 414，臺北：五南。）

[116] 澄觀《疏》：「等覺者，會前諸位差別之緣，令歸一實法界。」（大正三五，頁 951 上）

[117] 李亦園，1992，《文化的圖像——文化發展的人類學討論》（上）頁 378-頁 379，臺北：允晨。

神聖空間只是非存有性的物理空間。朝聖者不是去創造或發明空間的神聖性，而是在去蔽、遠離和開放的過程中領悟空間的存在本質，神聖性已經潛藏在場所空間中，只是它隱蔽著、不顯現，等待朝聖者的召喚。

善財童子是位能在空間上自覺的人，在去遠和定向的空間動態中形成方向、路徑和場所，空間因此而有豐富的人文地理學上的存在意義，所以也可說，朝聖之旅是宗教性聖化存在空間的儀式性活動。透過朝聖儀式，善財在不斷的行動中獲得真正具體實證的智慧，這是從實存感通向超越界，因為儀式能使實存感與超越界相通。

三、朝聖空間的美感體驗

朝聖儀式成為美學課題，是因為儀式本身具有人文之美。儀式的基本意義是人類行為的規範化、藝術化，宗教儀式是通過人的自覺而以文飾之美表達對超越界的神聖敬意，包括文飾物品而成為象徵物，文飾空間而成為神聖空間，文飾行為而成為謙謙君子。所以當孔子見到周朝的禮樂教化之美，不禁讚嘆道：「郁郁乎文哉，吾從周。」（《論語·八佾》）

朝聖儀式除了儀式本身具有美之文飾的特徵，再加上朝聖形態的儀式空間又是動態空間的美感體驗。美學上「移動」或「運動」的過程，就是時間和空間的美感體驗。而存在空間的美感體驗，是人在時間運動中的存在體驗。以下本文即從朝聖空間的時間體驗、遊的美學，和場所空間與審美體驗等三部份論之。

(一) 朝聖空間的時間體驗

空間具有三向度：高度、長度、深度，而時間被稱為是第四度空間。時間作為空間的第四次元，主要是表示運動。因為靜態的空間經過動態時間的移動，會呈現另一番的空間面貌，譬如同一空間的四季變化或日出日落的景

象皆有不同。空間需要時間的變化而顯得豐富多元，人的移動更能增加體驗空間的變化之美。朝聖歷程中的空間體驗，其藝術形式為「時間化」的程序，是將空間體驗時間化，時間體驗之空間化，空間總是蘊含了對時間的經歷，而時間是人在空間的存在裡感覺整個宇宙的變動方式。以下從三方面討論朝聖空間的時間體驗：

1. 存在空間的動態審美觀

同樣的空間環境對不同的人來講具有不同的意義，此即心理學上說的「空間知覺」。空間知覺的美感有視覺、聽覺、動覺、觸覺。人在自然風景中除了感受顏色、聲音、溫度、動靜，還感受它的深度、形狀、大小、遠近等等的空間特性。空間知覺的特性既是綜合的感覺，我們所感受的就不是單純的光和影、聲和色、動和靜、冷和熱……，而是空間環境的綜合感。人對空間美的感受是由簡到繁的複雜過程，也是由繁到簡的易簡過程，更進一步則是形象思維的美感，是透過空間知覺或直覺活動來表現。一般人進行知覺活動總是以概念把握知覺後面的東西，但若超越概念而僅專念於知覺自身時，以知覺的純粹性、孤立化、集中化進行空間的體驗，也就是美的態度——直覺。

西方對空間的審美經驗從歷史的發展來看可歸納為三種理論模式[118]，這三種審美模式是從靜態客觀的審美態度往動態參與的冥合交融而發展的：

（1）審美經驗的觀照性模式

這種模式可回溯至十八世紀的哲學傳統，指出將藝術對象認定為是與環圍著它的部份相分離且與之不同、是從生活的其餘部份中孤立出來的。這樣一種對象需要鑑賞的特別態度，是依照其自身原有特性，無關利害只注視藝術對象的態度。此則相應於將空間概念化的觀點，特別是十八世紀的物理學者，他們將空間視為一抽象物，一個普遍性的、客觀性的，無關個人的媒介，這為觀照式的經驗模式提供了基礎。客觀空間造成安置在其中且獨立穿越此

---

[118] 伯拉瑟（S.C.Bourassa）等著，黃士哲編譯，1993，《景觀‧美學‧設計》頁34、頁174-頁185，臺北：美鐘。

空間而移動事物的客觀化，這些事物是從一個無關個人的觀察者立場被注視的。

（2）審美經驗的主動性模式

此說法可在實用論的美學和現象學美學中發現，特別是杜威的藝術即經驗，以及梅洛龐帝的知覺現象學。他們認為古典科學之客觀世界並非人類知覺者的經驗世界，當空間在假設上被視為是實際的與客觀的時候，它與此空間的知覺之間可抽出極不相同之處，因此審美經驗的理論必須導自於在其中從事空間經驗的狀態，而不是導自於在其中將此類經驗客觀化與概念化的方式。例如杜威認為知覺是軀體的：它是使空間生動起來的身體。梅洛龐帝也指出，知覺啟於身體，身體顯現成為此處，是基本的參考點，由此可導出所有空間的坐標。因此被知覺的對象是在與知覺者之空間關係中被捕捉到；它不會像個不連續的物質對象站立著。知覺者與對象佔據相同的空間，一個與生活及其活動相連續的空間——生活空間。身體是我們空間經驗的重要中心，由此我們觀看存在空間，決定它的方向軸並測度存在距離，因此，場所的意義乃是在相對於身體中心位置的關係中發生。梅洛龐帝最大特色是「情境」的哲學，「情境」一詞涵指人與周遭的終極整合。當他說到一個人在某一情境下時，意指彼與物體或四周環境的一體感完全的交錯融合、無內外之別。

在梅洛龐帝的空間觀裡，空間不是容器，空間是使事物定位之所以可能的先決條件，它是使事物連結的宇宙力量。主體的經驗是和世界不可割離的現象身體，將身體連動於世界的支點是知覺域，經驗的統一體源自於身體主體與世界的動態關係，這樣的關係是前客體的，知覺是當下的「主—客」或「客—主」，這涉及到最原初的知覺，空間的發生。[119]

（3）審美經驗的參與性模式

這種審美模式是伯林特（A.Berleant）提出的。他認為，環境並非完全仰

---

[119] 莫里斯‧梅洛龐帝（Merleau-ponty）著，姜志輝譯，2001，《知覺現象學》頁31，北京：商務印書館。

賴知覺的主體,它也以深具意味的方式將其自身強加於人,而使之參與到一種相互影響的關係中。不但不可能將環境客觀化,而且環境不能被視為只是一種知覺者的反應或對知覺者的回應。這是一種將環境理解為是與有機體相連續之力量領域的看法,是一種有機體在環境上及環境在有機體上交互活動的領域,而且兩者之間沒有真正的劃分。將身體所散發出來的力量理解為是將自身深入到環境中,或許比將它理解為是要捕捉環境配置的磁力,而將它們當作是加諸在身體上的一種微妙的影響要來得容易。身體與環境擴展了互動的力量領域,環境有其確認的屬性藉以延伸而影響知覺者並對知覺者做出反應的方式。這種審美經驗模式強調,環境自身的屬性強加於知覺者,以及知覺者使環境生動,兩者在一種交互的狀態中作用,環境能與人們交互參與。

參與式景觀並不限於視覺訴求的影響,而主要是肌肉運動知覺的反應,由身體對質量、紋理以及各種感官性質的理解而構成環境的知覺經驗。動作與時間是此類經驗的基本組成,而此種經驗的同次性使它們與空間分不開。因此,在具有意識之人體與其知覺世界之間有一種連續。當我們在空間與時間中移動時,身體的經驗創造了一種融合參與者與環境知覺的機能性次序。

參與式的空間能鼓勵人的參與感,環境的知覺並非是一種對環繞自我周遭之外領域的知覺,它是我們參與及進行認同的媒介,在這種環境媒介中產生了心靈、眼及手的催化力量,共同成為超越身體的知覺屬性而銜接這些力量並引出反應。任何二元論的痕跡都必須揚棄,沒有所謂的內在與外在、沒有所謂的人類與人類之外的世界,甚至在最後算計時,也沒有自我與他人。在時空環境媒介中移動,且成為時空環境媒介之一部份的、具有意識的身體,變成是人類經驗、人類世界以及人類現實等基礎的領域,在其中,識別與差異才得以處理。馬塞爾(Marcel)力勸我們不要說我有身體,而要說我是我的身體。所以,以一種近似的姿態來講,我們不能說我生活在我的環境中,而要說我是我的環境。正如身體可視為是從整體觀來探討一樣,環境也可用相同的方式來看待。因此,環境的概念一方面必須深入而同化活力軀體,另一方面要擴展以涵括社會。環境不能被客觀化,環境是一個與參與者連貫在

一起的整體，環境可予以形構而鼓勵參與或棲息，也會脅迫或壓迫人們，當設計變成具有人性時，它不只適於人體的形狀、移動與使用，而且在一種伸展、發展與完滿的弧光中與有意識的有機體共同運轉。我們在其中發展、協調並整合身體運動。

　　上述三種對空間環境的審美經驗的理論模式，第一種審美經驗的主體是與空間有隔、有距離的美的賞析，這種審美模式講究的是外觀、形式上的美感。第二、三種審美經驗的主體與空間是合一的，是內在的審美體驗，強調以身體去感受空間，突出了審美主體的身體空間。不過第二種審美經驗論只注意到主體對環境的主觀因素，而第三種則認為空間也有客觀的美感特性，足以影響主體的空間體驗。

　　前一節曾討論過善財童子的朝聖之旅是以其身體為空間移動的中心點而形成了方向、路徑和場所，並賦予這些空間以神聖性的存在意義。善財童子以身體的具體行動遊行五十三處空間，並得到存在性的體驗，這也可說是存在空間的審美經驗，誠如梅洛龐帝所說，身體是我們空間經驗的重要中心，場所的意義是在相對於身體中心位置的關係中發生。朝聖者以身體知覺體驗存在空間，並賦予詮解證道的豐富性，當身體移動時，對場所的知覺會隨著漸次的移位而有所改變，知覺聯繫的不是單純作為客觀之物、純物質性視覺的看，而是個人或集體的靈魂與多元的人文內在世界，在各種情境下以投射、移情、反應並迴照場所空間，此即是審美的凝視，且是在移動中的審美體驗，是絕對連續不可分割的知覺。不過有別於現象學的強調主體為中心的空間審美方式，《華嚴經》五十三處善知識的場所空間也以各自的場所精神召喚善財童子，亦如柏林特提出的，環境也以深具意味的方式將其自身強加於人。善財童子作為一名朝聖空間的知覺者，其身體與環境是互動而結合，由人內部的成長開始蛻變，最終是解脫身體肉身的桎梏，破繭而出與環境交融，達到深沈的物我冥合的體驗狀態，乃至消融於法界之中。

2. 動態時空系統

　　近代西方不再固守古典靜態的時空觀（如上述的第一種審美經驗模式），

而發展以經歷空間為主的「空間網構」(Space Network)的「動態時空系統」。善財童子漫長的朝聖之旅與善知識的五十三處場所空間，時間與空間就在善財童子的身體移動中連繫起來，身體是朝聖之旅的行動主體，也是現象學及後期部份美學家認為體驗存在空間的審美媒介，朝聖之旅就這個觀點來說，即是一場動態時空的存在性審美體驗。

這場動態時空的存在性審美體驗，是一套由外（無限時空）而內（游心法界）完整的哲學與動態視點的直覺觀照法；著重在運動中或穿過諸場所時，連續感知作用的總合，在時間進程中，逐步匯集，疊加增強而形成總的意象。存在性的審美體驗包括視覺、聽覺、嗅覺、觸覺，和身體移動。Moholy-Nagy認為空間是一個動力場，可被所有感覺所體驗，他提出「活動視覺」(vision in motion)的概念，空間是一連串視覺意象的綜合，是動態的理論。[120]這種動態的時空觀被詮釋為美學原則，強調時間、運動，和連續性在空間體驗的角色，空間是時空連續發展的過程，是時空結合的整體感受。場所的本質因此可視為一「連續情境」，場所設計就是在製造一特定的「連續情境」。善財童子經由身體的移動而經歷、體驗一參又一參的「連續情境」，不僅朝向可見的目標，也朝向不可見的目的地，直到生命臻於圓善的境界。這場朝聖儀式涵括的動態時空系統概念包括：

（1）管道概念

管道概念是連接人從何來，往何處去的廊道。不過善財朝聖行的管道元素，不是完全以距離量度的歐幾里德空間，而是心靈廊道，心靈廊道是當善財的心靈更淨化了，下一位善知識才會出現。例如：第一參參德雲比丘，文殊菩薩告訴善財，德雲比丘在妙峰山上，善財在妙峰山上東西南北四維上下就是遍尋不到，直至七日後，才在別峰見到德雲比丘，就是經由七日的時間反身觀照，和山的凝定不動的空間意象，讓善財迫切尋見的心沈澱安定下來，

---

[120] Laszlo Moholy-nagy，*Vision in Motion*，Chicago，1947。轉引自盧惠敏著，《中國建築時空論》頁8、頁11，詹氏書局。

才有明亮的心眼與善知識的空間相連接。

（2）伸展概念

　　人移動的伸展概念由路徑賦予相應的空間。朝聖路徑有時會成為想像的軸線，需經過穿繞整體、經過理解，才能體會隱藏在背後的次序。善財透過朝聖行而從自家伸展出去，朝聖路徑引導他延伸至更廣大的空間視域，也因為朝聖之旅，使善財得以進入華嚴的無礙法界中。

（3）切片概念

　　動態時空系統是一系列視覺切片的組合。切片概念是先採空間切斷方式，或說視覺切片法，巧用空間中每一段時間，亦即精緻時間的切斷，將空間各單位時間化。再藉觀者移動視點而將各個景物交互映射、連繫成一連串的意境。

　　善財童子透過活動視點將空間單位時間化，運動時間軸是貫穿五十三參的主線，整個空間結構是由每一段精緻時間──視覺切片──體現出來。視覺切片也可說是封閉景色的方法，在體驗中提高感物層次的每一刻視覺性，每一個空間景象因此可以從直線發展的限制下解放出來，具有獨立的價值與美感，就《華嚴經》而言，就是一即一切，一切即一，每一個獨立視覺景象與瞬間都含具無限的華嚴境界，而無限的華嚴境界也可以在剎那的空間景物中體現。視覺切片的空間切斷法，使觀者「時時刻刻」都凝住在每一瞬於我們感應次序中發生的「急迫性」。[121]視覺切片是精緻時間的捕捉，是化剎那為永恆的空間觀，是把握當下時空的審美體驗。

　　善財遊行前的序曲，也就是〈入法界品〉的本會，以及首參文殊菩薩和五十三參的部份，都涵括了動態時空系統的概念，而整個華嚴境界就是在這些元素不斷出現下，組成韻律的整體。善財童子以華嚴境界為朝聖目標，終究來說，他是運動在無限的空間和永恆的時間中。

---

[121] 葉維廉，1980，《飲之太和：葉威廉文學論文二集》頁 68，臺北：時報書系。

3. 時空一如的華嚴境界

　　善財童子藉由身體的移動，使他在空間的行動中契入時間的內在律動，在時間中體驗空間，將空間體驗時間化，時間的意象則退隱為內在的時間性，甚至身體行動的綜合時間性。這種內在的時間綜合，也就是知覺綜合，[122]善財童子就是在這種知覺的審美觀照中當下悟入存有——華嚴境界。

　　現象學認為，存有即是時間本身，空間的經驗可視為情況，其結構是深植於時間之中，雖然實質上人是生活在空間中，但心理上是活在時間向度中。時間結構可分為過去、現在、未來，彼此相互超越且有連鎖關係；然而真純的時間不局限於現今事物的時間的範疇內，必須經過一個與空間意象同時並生的「透視」過程。回顧自身「極然的曾經存在」而又同時預期以死為終極的將來中，很自然地將自己與空間環境的關係置於時間的向度之中。[123]這種回顧期待而歸結自身存在為一「時間化」的程序，經由「活動視覺－意旨－身體行動」的知覺時間綜合，才能盡窺外在世界，作最接近完整的綜悟，達物我合一的境界，是「通過處於空間，平面的知覺領域，我呈現於我的周圍環境中，我與延伸開去的其它景色共存；而這些視野角度合而形成一如音樂般的時間波浪，化為世界萬變剎那的一瞬。」[124]

　　現象學的觀點若更進一步來說，就是所謂的過去、現在、未來的時間流程，在存在者存有的體驗之中，不再是依序的時間流逝，而是一體呈現於存在者當下的空間。譬如見花開葉落的空間意象，當下體悟到花開（存有）即是春天的頓時現成（時），春的瞬刻即是花的盛開；而葉落即是秋天的當下現成，秋的剎那即是葉的散落。我們凡夫因為隔斷時間與空間，分別當下與存有，產生種種妨礙頓悟解脫的無謂價值判斷，才會覺得過去是過去的時間，現在是現在的時間，未來是未來的時間。所以會說，釋迦在「過去」修行、「現

---

[122] 梅洛龐帝著，姜志輝譯，2001，《知覺現象學》頁 239，北京：商務印書館。

[123] 徐復觀，1988，《中國藝術精神》，頁 179，臺北：學生。

[124] 梅洛龐帝著，姜志輝譯，2001，《知覺現象學》頁 330~331，北京：商務印書館。

在」證悟、「未來」說法，而善財童子是「過去」因文殊的啟蒙、「現在」參
訪某位善友、「未來」證入華嚴境界，是在時間歷程中朝聖修鍊，最終證入華
嚴境界，而華嚴境界也因此上升到無限的超越界，是永恆、不朽的，以為只
有超越經驗世界的空間才是無時間性的。其實我們生命歷程的每一秒鐘都是
「當下即存有」、「剎那即永恆」，過去既是「存有」的永恆現在，未來也是「存
有」的永恆現在，除「現在」之外別無過去、未來可言，因為所謂時間序列
上的過去與未來，都在存有的體驗中涵攝在當下。

　　善財童子朝聖活動的本質是「當下即存有」的空間性，善財依於內蘊的
「淨信」意旨，每一參於當下皆頓悟各參的存有──華嚴境界，譬如第五十參
參彌勒菩薩，彌勒菩薩彈指開樓閣之門，善財當下即開啟智門，頓悟樓閣境
界，因此彌勒菩薩從初發無上菩提心、證得慈心三昧、修諸妙行、化現各種
身、現各種神通變化……，一切彌勒菩薩修行歷程中的種種現象在樓閣中一
時頓現，超越過去、現在、未來的時間序列，而善財也在存在性的空間體驗
中當下證入所有境界，當下即是存有本身，當下即與彌勒境界一體交融，善
財以存在主體的本質直觀中召喚了樓閣境界，樓閣空間也以場所精神深化了
存在主體──善財，善財在互攝互融的冥合之境，照見自身也遍在一切樓閣之
中，現種種不可思議自在境界。

　　朝聖空間的時間體驗在存在主體的直覺觀照下得以加其深邃，時空化成
永恆，一切如如，是終極一如的永恆空間觀與時間觀。

(二) 遊的美學

　　遊，是美學上「移動」或「運動」的概念，也是中國古典美學一個極重
要的理論範疇，更是中國藝術精神所在，不僅融鑄在儒道兩家美學思想中，
在後起的禪宗美學亦有深刻而豐富的體現。《華嚴經・入法界品》其宗教文學
的妙味與高貴，就在於善財童子的「遊行」歷程，其朝聖之旅也透露出「遊」
的美學意境。

1. 出離與歸返——外遊

　　就現象學而言，遊是無可治癒的擺盪，在其自身與家之間。這種根本的決裂是無法避免與克服。遊是從熟稔的空間狀態進入異地的過程，找尋則是其動機，遊作為找尋的行動總是嘗試在找尋之後回歸。遊是企圖在出走過程中找尋真正自己的身份，由於與「家」所代表「根源」的斷裂，於是開始有失落感，並由失落感的規模決定遊可能成就的尺度。因此，遊也就成為對身份的不確定性在任何時代、任何地緣找尋歸屬感的必然過程。這種以遊作為找尋身份過程的脈絡，最早出現在創世紀中，亞當與夏娃的被放逐是為其離開伊甸園的旅遊開始，關鍵不在接受懲罰，而是在透過此救贖性的行動，遊行世間，找尋他們真正的身份，作為取代神性的智慧啟蒙及其身為人的宿命的展開，因此，人的定位是透過尋找的遊行歷程才能出現。[125]

　　遊可分為外遊和內遊，尋找自我真正的身份而從自家出離、遠行，這是外遊。就佛學而言，外遊除了消解自我的煩惱、尋找真正清明的自我，還包括行化。佛教中的遊行一詞源於印度原始佛教時期，是遊方行化之意，也就是遍歷修行、說法行化之意。從《阿含經》可看出，佛陀鼓勵弟子遊行的目的是希望出家僧侶能獨立自主，先「遊」於寂靜的荒野，獨自依止正法修「行」，後隨緣「遊行」教化眾生。[126]發展到中國後來的禪宗，將之稱為「行腳」、「遊方」或「參學」[127]。

---

[125] 顏忠賢，1998，《不在場——顏忠賢空間學論文集》，頁47，臺北：萬象圖書。

[126] 遊行指「自修」，《中阿含經》：「尊者釋家子婆咎……白曰：『世尊，我晝夜不眠，精勤行道，志行常定住道品法，世尊，如是，我長安隱無有所乏。』世尊復念：『此族姓子，遊行安樂，我今寧可為彼說法。』」（大正一，頁535下）又遊行指「化他」，《中阿含經》：「尊者舍梨子……白曰：『世尊，……我欲遊行人間。』世尊告曰：『……汝去隨所欲，諸未度者當令得度……』」（大正一，頁452中、下）

[127] 禪林中稱雲遊四海的僧眾為「江湖」。唐代江西有馬祖道一，湖南有石頭希遷，當時天下僧眾多以參遊二師門下為要，故依地名而稱參學僧眾為江湖僧、江湖眾，略稱江湖。此外，因參遊的僧眾多為行腳於三江五湖，周遊天下者，因此也稱為江湖。又雲水僧舉行的節制安居，亦略稱為江湖。（《佛光大辭典》三，頁2474）

關於外遊，禪宗美學是用「遊方」、「遊踐」、「遊履」等用詞來揭示，行腳僧雲遊四方，無一定的居所，或為尋訪名師、或為參禪訪道，往來於天地之間而悟到自身最真實的存在，攀登精神的高峰。善財童子參學、遊方，與行腳僧雲遊的過程是相同的，透過跋山涉水磨礪身體的空間，這同時也是精神遊歷、心靈陶冶的過程。當萬緣放下，心無掛礙，即有證悟自性的可能。朝聖者心靈經歷長期磨礪之後，最終達到心無掛礙、空徹澄明的心境，而有悟的開啟與自性的體證，它是內在心靈的朝聖。

行萬里路的外遊方式，蘊含了遊的豐富美學內容，對於建構、培養和完善審美主體的心理結構和智能結構，提高和增強審美能力等方面具有重要意義。雲遊而悟的過程也正是審美主體產生審美感悟、徹見美的本源的過程。

2. 精神的自由解放——內遊

內遊[128]是心靈的覽觀與體驗，通過審美主體的絕慮息妄，保持玲瓏澄澈之心去玄覽物象，在靜穆的默游內觀中參悟宇宙的微旨，與宇宙的真諦妙然契合，達到審美的極境。以下從幾方面談游的美學意義：

（1）游的條件

莊子有著名的心齋、坐忘[129]，著眼於心的空明、虛靜、澄澈，心空才能不被外緣流轉，因而開拓出一片空明、虛靜的晶瑩朗潤的心靈世界，才能有游心開展。進行遊學參訪的善財童子，其質地是被讚譽為「其心清淨，猶如虛空」，是心地澄明、空如太虛的不著、不染，這種心地是藝術精神的主體，是美的觀照得以成立的根據，也是游的條件。

（2）游的審美特徵

---

[128] 「游」與「遊」古字相通（詳見頁 115），內心的遊履，一般常用「游」字，單獨使用並指內心遊履時，本文也用「游」字，餘皆用「遊」字，。

[129] 《莊子‧人間世》：「若一志，無聽之以耳而聽之以心，無聽之以心而聽之以氣。聽止於耳，心止於符。氣也者，虛而待物者也。唯道集虛。虛者，心齋也。」《莊子‧大宗師》：「墮肢體，黜聰明，離形去知，同於大通，此謂坐忘。」（王先謙，1988，《莊子集解》頁 35-頁 36、頁 68-頁 69，臺北：文津。）

　　游是一種精神漫遊，在空明虛靜的心態下游心內運，是心靈自由的想像活動，精神優游馳騁，超越了現實的時空，在遼闊的精神想像世界中遨遊與觀照，突出了審美想像這種超然象外，心靈深處無限自由的游動。想像構成了身體的空間經驗，而身體經驗了空間的存在，就像旅遊經驗一樣，想像的旅遊可無遠弗屆，而身體的遊行則受限於時空。身體是想像的居所，也是實踐的主體。[130]

　　游不僅是審美想像活動，更是審美體驗活動，善財童子的審美活動是審美的體驗活動。體驗一詞不是一般認識論意義上的經驗或心理學上的意識，而是具有本體論意義的，源於個體生命深層的對人生的深切領悟。善財每參訪一參，就是整個生命投入該參的空間環境和善知識的境界中，每一參的體驗都是與其自身生命整體相聯，以內在的生命體驗感應自然萬物、場所空間以及善知識的蓬勃生命，整個身心沈潛在宇宙萬物的深層之中，在生命深邃的審美體驗中，感悟宇宙大化的生命節奏與奧祕。

（3）游的審美活動本質

　　游的審美活動最本質之處是精神的自由感、解放感與愉悅感。胡塞爾指出，想像具有「非現實性」、「不執態」、「不設定」等特性[131]，這正體現了自由的特徵，它超越了現實性、有限性、設定性，也超越了時空的束縛與凝固性。康德認為，「美是一種離開任何利害關心的愉悅之對象。」[132]無目的性和無利害關心是審美判斷的特性，所以審美體驗就是從現實的實用觀點中得到解脫，沒有慾望的束縛，也沒有分解性的知識活動，是精神上得到了自由解放，是藝術性的滿足，也是美的觀照、美的體驗，因而海德格說：「心境愈是自由，愈能得到美的享受。」[133]善財童子是泯除雜染慾望、消解所知障，以存在的體驗領悟每一參的場所空間和善友的境界，這種無我的觀照方式能直

---

[130] 吳治平，1998，《超空間——混沌現象中的空間機會》頁 47-頁 48，臺北：創興出版社。

[131] 倪梁康，《現象學及其效應——胡塞爾與當代德國哲學》頁 64，北京：三聯書局。

[132] 牟宗三譯註，1992，《康德判斷力之批判》（上冊）頁 174，臺北：學生。

[133] 徐復觀，1988，《中國藝術精神》頁 60，臺北：學生。

觀對象本質，並與對象消融為一，解放向無限之境，其精神自由的廣度與深度無法揣測，他參訪第五參解脫長者時，「心恆普入平等境界」[134]，平等境界是無對立、無執任何一方的絕對自由狀態，善財的心恆常處在這種廣大、普遍、絕對自由的境界，而且願心的想像力無限——「願身周遍一切剎網，一切法界普入其身。」[135]這種無盡高廣的自由心境，正是游的高度發展，審美活動的本質。善財的遊行是參參都朝向了真、善、美、聖的存在體驗。

（4）游作為審美的生存方式

以游的精神處世、入世、存世，可以使在世的生活藝術化、審美化，最終達到自由化。優游的人生態度和審美的生存方式，體現於眾多禪林大師的日常生活中，這是一種隨緣自適、任運自在的審美人生態度。這種審美的生存方式體現出自由自覺的生命活動與人性完滿的實現過程，是最高的人生境界，是審美的人生境界。游是不沾、不著、無執、無念，只有這樣才合於禪[136]、乃至大乘佛教的美學情調，也是游的最高的審美境界。

3. 大乘佛教的美學情調——遊戲三昧

遊，本作游，《說文》：「游，旌旗之流也。」段注：「旗之游如水之流，故得偁流也。……又引伸為出游、嬉游，俗作遊。」《廣雅·釋詁三》：「遊，戲也。」旌旗所垂之旒隨風飄盪而無所繫縛，故引申為遊戲。

有學者將儀式定義為遊戲[137]，范德雷認為遊戲是為規則所範限的一種遊

---

[134] 《華嚴經·入法界品》，大正十，頁338下。

[135] 大正十，頁338下。

[136] 皮朝綱、劉方著，〈「游」：禪宗美學的重要範疇〉，《天府新論》1997.1，頁58-頁60。

[137] 英文的 game 除了作為娛樂式的遊玩之外，還有作為戲局比賽的意思，甚至作為希臘羅馬的鬥技場競賽會之意。在維根斯坦的《語言遊戲》中，他指出沒有支持與確保個別遊戲之有效性的高層規則體系。這意味了兩件事：首先就通常的字義而言，遊戲只是遊戲，遊戲並不從屬於某個終極目的。其次，有比遊戲更嚴肅的東西存在：即遊戲所連結的存在狀況。是故，我們歸屬於某個遊戲的狀況，必須在其法則的基礎上解釋。而維根斯坦正在以此遊戲的運作理論來描述經驗世界的語言。他認為語言並不是成品，而是在不同的實踐範域和經驗場域裡，滿足不同功能的表達組

戲，郎內在《人的遊戲》中隱約觸及遊戲之較深的宗教意義：「在一切遊戲的根柢與花果中，有個神聖的祕密：亦即人類一種可見的姿態形式表現出他對另一生命的希望。從事遊戲就是把自己投入一種魔術，使自己扮演完全不同的人，先行占取未來，證明不舒適的事實世界是個假相。」[138]正如儀式，遊戲在一個獨立的領域中活動，與日常生活保持一段距離。它們針對艱苦的事實世界，創造了一個「假裝」的世界。但是遊戲者非常認真地對待他的遊戲世界。遊戲者非常清楚遊戲的不同性質，但是卻以一種出奇的能量投入其中，遊戲之時的「假裝」並不影響參與者的認真態度。遊戲世界擁有自己的時間空間，遊戲場所或舞臺是「圈起來的」，就像聖殿中的「聖地」，畫出某種神聖場所是一切神聖行徑的首要特質。禮儀與遊戲一樣，都呈現特有的風貌：混合了非功能的無目的性與精細的訓練。[139]

　　善財童子的朝聖儀式也具有遊戲的特性：1)朝聖的時空都在善友主體意向性的聖化下，成為聖地。2)善財以出奇的能量，認真地投入「遊戲」的世界。3)遊戲的非功能的無目的性，在善財的朝聖儀式中以無執、無住呈現。大乘佛教以無執、無住取代一般遊戲中的無目的性、無關心[140]，佛教是具有存在覺悟的目的與對眾生的關懷，在此同時，心是不被遮蔽的，而是「無住生心」。

群——這種語言遊戲的場域各有不規則，而且時時更新。（Marco Diani & Catherine Ingraham,王志弘譯,1989,〈啟迪計劃——重構建築理論〉，收於《空間的文化形式與社會理論讀本》頁498。）

[138] B.Battershaw 與 E.Quinn 合譯《人在遊戲》（1967）頁 65, 轉引自 Louis Dupré 著，傅佩榮譯,1988,《人的宗教向度》頁 163-164，臺北：幼獅。

[139] 另一項連繫宗教與遊戲形態的特色是「戲劇構作」，它為一個不完美的世界以及迷亂的生命形態，帶來一種暫時的與有限的完美。遊戲所要求的秩序是絕對的與卓越的。但人在儀式中不能像在遊戲時一樣放鬆，因畏懼聖界而無法摒除焦慮的張力，這是真實競賽中所沒有的。遊戲者蠻不在乎，甚至遺忘實在界的存在，宗教人則始終覺察實在界的存在。儀式將存在之重要時刻化為戲劇，並藉此為整體生命帶來結構。某些事件被標舉出來稱為符號，以便將存在安排為一個可理解的與有秩序的綜合體。（Louis Dupré 著，傅佩榮譯,1988,《人的宗教向度》頁 165、頁 168，臺北：幼獅。）

[140] 這也就是康德認為的「無目的性」和「無利害關心」是審美判斷的特性。（牟宗三譯,1992,《康德判斷力之批判》，頁 40-52，臺北：學生。）

　　不過，動態性的儀式空間更具有的是如《說文》的話解「遊」字訓詁的「如水之流」的流動性和無所繫縛。而無所繫縛的遊戲性質，在佛學的調適而上遂下，有了深化「遊戲」的語彙——「遊戲三昧」。

　　遊戲三昧的「遊戲」，也是取具體遊戲中所呈現的自由、放鬆、無目的性、專心、認真等的意義。因為只有在遊戲中，主體的精神世界才會擺脫人生在世的種種束縛，專注投入對象之中，達到無執、無住的快樂滿足，獲得精神上的大自由、大解脫，這也正是遊的本質特徵。而遊戲的本質也正是藝術的精神，人性的特徵。

　　華嚴舉菩薩有十種遊戲[141]，這十種遊戲意謂自在、無礙，並含有遊化、遊行之意。善財童子的參學，經文也以「遊行」一詞表示：

> 爾時善財童子正念菩薩所言不虛法門，……常不離佛法勢力，為諸
> 如來之所護持，其心悉與一切佛等，……己身容受一切法界，如是
> 念已，漸漸「遊行」，經十二年。[142]

　　這段經文顯示，善財的身體雖在移動，但心靈是安住在正法之中，可說是邊「遊」邊修「行」，是動中修行，在時間不斷的流逝中，道業仍是不斷的增長。善財參訪解脫長者是遊行了十二年才到長者的聚落，澄觀疏「十二」是十二因緣，之所以用「遊行」二字，表示善財「不住十二緣故，若不住緣

---

[141] 《華嚴經‧入法界品》：「佛子！菩薩摩訶薩有十種遊戲，何等為十？所謂：以眾生身作剎身而亦不壞眾生身，是菩薩遊戲；以剎身作眾生身而亦不壞於剎身，是菩薩遊戲。於佛身示現聲聞、獨覺身，而不損減如來身，是菩薩遊戲；於聲聞、獨覺身示現如來身，而不增長聲聞獨覺身，是菩薩遊戲。於菩薩行身示現成正覺身，而亦不斷菩薩行身，是菩薩遊戲；於成正覺身示現修菩薩行身，而亦不減成菩提身，是菩薩遊戲。於涅槃界示現生死身而不著生死，是菩薩遊戲；於生死界示現涅槃，亦不究竟入於涅槃，是菩薩遊戲。入於三昧而示現行住坐臥一切業，亦不捨三昧正受，是菩薩遊戲；在一佛所聞法受持，其身不動，而以三昧力於不可說諸佛會中各各現身，亦不分身、亦不起定而聞法受持，相續不斷，如是念念於一一三昧身，各出生不可說不可說三昧身，如是次第一切諸劫猶可窮盡，而菩薩三昧身不可窮盡，是菩薩遊戲。」（大正十，頁295上、下）

[142] 《華嚴經‧入法界品》，大正十，頁338下。

則得解脫。」[143]不住才能遊,不住之後才能見「自在遊戲」[144]的解脫長者,換句話說,要見到深得自在遊戲的善知識,參學者必須具有無住的心,以無住的心遊行參學,才能與場所空間和善友的境界交融無礙,而與「自在遊戲」的解脫長者也才能共感共應。

第二章曾論到,禪的美學情調是「遊戲三昧」,三昧指三摩地,即禪定的異稱,是心專注於一境。遊戲三昧猶如無心的遊戲,心無牽掛、任運自如、自在戲樂,也就是證至空無所得者,進退自由自在,毫無拘束。遊戲三昧的美學情調是審美觀照的強度化,除了具有精神上的大自由、大解脫和觀照過程的無我、無知、無住等的審美活動,另具有三昧的定境,這種定境是物我合一的大美境界,是與天地萬物相通的藝術共感[145],是心地由淨化、昇華、超越而移向藝術精神的清淨聖地。大乘佛教的三昧定境不是只在靜中,動中亦然,《金剛經》云:「應無所住而生其心。」[146]無住生心是禪宗的基本信念,也是善財童子參學的心,意指心念的生起,不住染於任何對象,無住的心因而能與萬物同心,自由無礙融入一切場所、一切境界。

遊戲三昧作為最高的審美境界與自由境界,必須與真空冥契,又須入諸世間,我們稱為「智遊」[147]。沒有智慧做基底的遊戲活動,雖可將事物變成

---

[143] 澄觀,《大方廣佛華嚴經疏》,大正三五,頁 927 下。

[144] 《華嚴經‧入法界品》,大正十,頁 340 上。

[145] 藝術共感在康德的審美判斷也有相同的觀念:在審美判斷處,茲必須伴隨之一「要求於主觀的普遍性」之要求。也就是說,審美判斷必須含有一種「對一切人有效」的要求。(牟宗三譯註,1992,《康德判斷力之批判》頁 175,臺北:學生。)

[146] 大正八,頁 749 下。

[147] 「智遊」一詞見於華嚴二祖智儼註解《離世間品》的十種園林,他說十種園林是菩薩的「智遊境界」,並說「既外遊已,復須內安。」(《大方廣佛華嚴經搜玄分齊通智方軌》大正三五頁 84 中)宋代曹洞宗宏智正覺禪師則是大量使用「智遊」一詞。宏智正覺以「默照禪」稱名於當時與後世,他說:「道契環中有智游,言滿天下無口過。」(《宏智禪師廣錄》卷七,1992,上海古籍出版社。)「胡床一默,智游理窟」(《宏智禪師廣錄》卷九)「廓然智游,內志功勳,直下脫略去擔荷,去轉身就位。」(《宏智禪師廣錄》卷六)所謂「智游」就是主體憑藉心靈智慧作精神的自由暢遊,而此智慧非平常的智,乃是佛教的般若之智。

美的對象，卻不能上昇到有美的自覺的程度。智遊不排斥豐富的知識累積和人生體驗，因為如理的歷事練心反能增長道種智，成為深化審美體驗的資糧，所以智遊是須入諸世間，才是真契遊戲三昧。智遊在根本上是由般若之智進行精神的自由活動，般若之智是無知之智，不住不著，是具有審美性質的直觀空智，對對象不作分析的直觀活動，能洞察對象的本質，而智遊更是於直觀中契悟無上菩提，並入世間積澱了審美體驗的道種智資糧，這是真契遊戲三昧。

　　善財的朝聖儀式除了儀式本身具有遊戲的性質，儀式的過程亦以「遊」的審美體驗貫穿，在無住心的遊行參學中，直觀投入善友的生命境界及其神聖的存在空間，呈現遊戲三昧的美學情調。

(三) 場所空間與審美體驗

　　主體作為空間的存在者，並不是每個存在主體都能體驗美感，更不是都能智遊。日本京都學派第二代的西谷啟治（1900-1990）從存在主體得以呈現的基域說明「場所」，此基域是多層次的，他分別安設「意識之場」、「虛無之場」與「空之場」。[148]這三種場所關係著存在主體是否能體驗美感：

1. 意識之場

　　「意識之場」的基本結構是「主體－客體」的對偶性，作為主體存在的自我意識將事物執取為外在的客體存在，此執取的活動即是「表象」的活動，而於「意識之場」所有對象都是被表象化了的對象。西谷認為，整部西方形上學可概括為在「意識之場」上的發展。主體若恆處在這種場所之中，以主客對立的方式執取對象，就無法享受美感經驗，只能以自我的意識認識對象，對對象不能有存在的感受。

---

[148] 西谷啟治認為，從「意識之場」進入「虛無之場」，然後於「空之場」形成轉換的實踐，此即「從生死到涅槃」的轉換模型，此是作為實存詮釋與歷史詮釋的模型。有關西谷啟治的三種場所，參考自吳汝鈞，1998，《京都學派哲學七講》頁 93-144，臺北：文津；及林鎮國，1999，《空性與現代性》頁 53-55，臺北：立緒。

2. 虛無之場

　　「虛無之場」的事物不是被表象的「對象」，虛無能令事物不受時空和因果律的作用呈現，以超越感官和意識的表象作用，就其本來的狀態而呈現。虛無本身充滿負面的作用，處於虛無之場就是處於一無所有的境態下，人不能肯定任何東西，一切事物也不容許留下自身的痕跡，表象主體與被表象的客體（能表與所表）同時「脫落」，人本身的存在和萬物的存在都轉成一個問號，虛無即呈現。對西谷來說，不論主體或事物，虛無之場都是回歸其自身真實的必經過程或契機，虛無能引領人達到大疑的階段；但要衝破大疑達到大悟的階段不是虛無能做到的，此場所是消極、過渡的階段，它只提供一種條件、機緣，讓事物形式地、外在地披露其本來面目，不能內在地安頓主體和客體。虛無的體驗是完成「實存轉換」所不可免的關鍵。

　　西谷啟治安立的「虛無之場」，類似於存在哲學對人存在憂懼的情境。存在主義哲學家反省了西方長久以來主客對立的思惟方式，並受道家思想影響而認為，人被無情的投擲到這世界，人由「空無」而來，亦將向「空無」而去，知道自己的存在即是體驗危機，人的存在為憂懼所襲擊，其實是恐懼自己。海德格說：「憂懼孤立並顯示人的存在成孤獨個人。」更進而言之，人在世存有的本質就是死亡，「死亡是一種『此在』剛一存在，就需承擔的去存在方式」[149]然而海德格並未提供如何學習面對死亡的各種極限境況。[150]

　　面對死亡的逼迫，中國哲人是將自我投入生生不息的宇宙生命中，分享其中的永恆和寧靜，從而「安時而處順，哀樂不能入也」（《莊子·大宗師》）儒家也認為，只當求知生，不必求知死：「存，吾順事；沒，吾寧也。」（《正蒙·乾稱》）。人生被轉化成宇宙本體論意義上的「在」（sein）或「有」，對時間的憂患就被超脫了，中國人終究能如此曠達地面臨死，欣然開朗地享受

---

[149] 海德格著，陳嘉映、王慶節譯，1989，《存在與時間》頁305，臺北：唐山。

[150] 雷登·貝克等著，葉玄譯，1983，《存在主義與心理分析》頁33、頁36、頁57、頁58，臺北：巨流圖書公司。

此刻的生，而不是從將來的死亡中把握「此在」。這是如費爾巴哈所說：「東方人能更多的見到統一，見到永恆的一致性而忽略差異，而不是像西方人那樣更多地見到差異、多樣性而忽略了統一。」[151]

禪宗以參破時間、方位、因果去破除我執，使主體進入無意識狀態，自在而無執、無住地超越生滅和輪迴。超越者是在瞬間的具體時空中把握住永恆，禪宗的永恆是無時間性的。禪宗從感性時空的山水自然中去把握永恆，非但沒有捨棄感性自然，倒是將對於時間的精神恐懼最終消融於自然，消融於空間的純粹經驗世界之中。因為它微妙地表達了時間空間化的過程，和空間吸收無限時間的深長意味。[152]

《華嚴經》面對死亡的存在感受，不是憂懼，而是積極面對，乃至以死亡為修行法門，第九參勝熱婆羅門以跳入刀山火海之中脫落主體的一切，使主體在一無所有的狀態下，非關本性的一切都化為虛無，主體終而回歸真實的本來面目，也因此而躍入所謂的「空之場」。

3. 空之場

在「空的場所」中，事物是就其物自身的身份而呈現，每個個體都朗朗獨現，這種境界肯定不是一般感性直覺的境界，而是「智的直覺」[153]。照康德的說法，感性直覺每人皆具備，但「智的直覺」只有上帝具有。依佛教所說，人有感性的直覺，也可透過艱苦的修行達到「智的直覺」，照見事物真如的狀態。運用感性直覺只能了解現象界的事物，對於空的真理的層面，我們必須透過「智的直覺」來把握。虛無之場的事物雖然也是就其本來的狀態呈

---

[151] 〈黑格爾哲學批判〉，1962，《費爾巴哈哲學著作選集》上卷，頁45，三聯書店。

[152] 肖馳，1986，《中國詩歌美學》，頁251-256，北京大學出版社。

[153] 智的直覺是牟宗三所提出的，他認為，佛教所說的實相般若所觀照的那個實相如相，這種觀照在康德就叫智的直覺，智的直覺就是純粹由智所發的直覺，照基督教傳統講，只有上帝有智的直覺，上帝是神心，神心等於無限心，而人心是有限心，所以有範疇的決定。但佛教講般若智就是無限心，從般若發的那個直覺直接看到的，就是實相。（牟宗三主講，盧雪崑整理，1997，《四因說演講錄》，頁191-頁192，臺北：鵝湖。牟宗三著，1971，《智的直覺與中國哲學》，臺灣商務印書館。）

現，但它只有反面的涵義。而空的場所卻有肯定、積極的意義，如此事物才能得到本質的充實。

　　直覺是審美體驗的知，是存在主體不作知識、慾望的活動，在孤立化、集中化的過程中洞察對象的內部，直觀其本質，並非停留在對象的表象上。嘉斯東‧巴喜拉（Gaston Bachelard）在其《空間詩學》中認為人類的心靈結構可用以當作是審美分析的一個模式。這種以人類心靈結構來作為審美分析之基礎的想法是有明顯的直覺訴求（intuitive appeal）[154]。審美體驗以心靈為媒介，是心靈的直覺反映。

　　智遊的審美觀照就是在空之場中以睿智的直覺使物自身朗朗呈現，並能充實事物的存在本質。而一般的審美觀照是感性的直覺，感性的審美體驗是短暫的，瞬間而來，瞬間而逝；智遊的審美體驗則是恆常的。審美體驗的久暫不同，是因為審美主體的精神修養有異。一般以感性直覺為審美觀照的主體，都是以具體的藝術對象為其界域，在此界域之內有精神上的自由和安頓；一旦離開此一界域而與危慄萬變的世界相接，便會震撼動搖，其精神上的自由、安頓即歸於破壞。以般若之智的直覺為審美觀照的主體，是就整個人的精神修養以成就整個人生、人格的境界，在此境界之內，精神所含的不僅是某一特定、具體的藝術對象，而是涵融全體法界而加以藝術化。[155]而這樣的境界即是真善美合一的境界，事物如其所如的存在，而非現象之物的存在，此即是「真」（真如），智遊的精神主體其道德修養和審美體驗是即善即美，所以智遊的空之場也就是即真即善即美的境界。[156]

　　般若的審美直觀透過艱苦的修行是可以達到的，西谷啟治提出「復位」的方法。他認為，意識的基本構造是主客的二元對立，人在意識之場往往將事物對象化、客體化，以表象的方式表現出來，再進一步執取這些表象，而

---

[154] 1969，The poetics of Space。轉引自伯拉瑟（S.C.Bourassa）等著，黃士哲編譯，1993，《景觀‧美學‧設計》頁 34，臺北：美鐘出版社。

[155] 徐復觀，1988，《中國藝術精神》頁 129，臺北：學生。

[156] 可參考牟宗三譯註，1992，《康德判斷力之批判》上冊，頁 82-91，臺北：學生。

對立的意識會障礙我們對真理的認識，對事物有不正確的理解，須突破這種
對立的關係。在主客二元對立突破後，人從意識中解放出來，這時虛無就會
乘虛而入。在虛無的場所中事物會受到虛無的排斥、否定，便成負面的東西
而從人的主體割裂開來，這也是錯誤的。西谷提出，事物要回復它們的凝聚
能力，令自己回歸向自己，重新復位到自己的特性中，回到原先空無自性的
位置，使主客同一，統一是一種復位的方法。經過復位的實踐工夫，從對事
物的種種虛妄執著中回轉，回復到事物的空的位置，而復位的位置與原來空
的位置並無分別，只是此層經歷過意識的執著與虛無的破壞，不會再受這些
影響而起妄執。[157]

　　經過復位工夫修養的主體，其生命境界恆處於空之場，一切現象在其般
若之智的直觀中就有本質，本質即是一種現象，一切二元對立、主客體分離
都在意向性結構中得到統一，意識與意識對象成為一種對應的、互為前提的
先驗構造。這是一種物我整一的存在狀態。因此，經過復位工夫修養的存在
主體，一切經驗世界變動不居的現象，在他的存在空間都是本質的存在，他
都是以般若之智的直觀去領悟、把握、體驗，他與對象融攝為一體，是法界
與心靈合一，是萬化冥合的境界，藝術精神是由其生命直接流出，是直上直
下地成就全面藝術化的美感空間。

　　現象作為本質的存在，就西谷啟治而言，是有一種力的關係。在西谷的
空之場，事物都感受到一種力，這種力將事物凝聚起來，以致構成回互相入
的關係。但這種力不是強制將事物聚合在一起，在這種力底下的回互系統中，
每一事物都以其存有的姿態涵攝其他一切事物的全體，不是涵攝其中一部
份，而每一件事物仍保有自己的整全性，不會被其它事物所吞噬，事物之間
有著不即不離、互相切入、具足一切的關係。因為在空的場所中，事物的實
體性或自性都被剝落，當事物從實體性或自性中解放出來，就以真如的姿態
呈現，事物間沒有實體與實體的對礙，就能產生回互相入的關係，達到圓融

---

[157] 吳汝均，1998，《京都學派哲學七講》，頁 133-135，臺北：文津。

無礙的境界。

西谷的空之場是沿襲日本京都學派創始人西田幾多郎[158]的「無之場所」或「絕對無的場所」的說法。而西田幾多郎的「無之場所」受到華嚴思想的影響,他認為,「無之場所」能含攝一切、包容一切,不能以物理的角度理解,它是精神性的、意識的空間,不能成為被我認識或被處理的對象,是超越主客二元關係的絕對境界,一切事物在此場所以最完滿的姿態呈現,這種姿態就是自己原本的真正面目,而不是以「對象」或「現象」的姿態呈現。「對象」和「現象」是相對於我們感官而立的,無之場所是超越感官、超越時間和空間的限制,使事物如其所如的呈現,沒有互相妨礙的關係,反而是互為圓融無礙,這就是華嚴宗所說的「四法界」中的最高境界──事事無礙。

《華嚴經》中大量鋪陳的奇妙幻現的神變境界,以西田的「無之場所」和西谷的「空之場」來說明即不難理解,由空無的場所為本而展開的神變之場,一切事物都是互相攝入、法爾如是的呈現,般若之智的直觀則是體驗華嚴圓融無礙法界的審美方式。

(四) 小結

就參訪者而言,「體驗」是參訪者與場所聯結的方式,空間體驗蘊涵著參訪者的思想與情感,和學習的意涵。體驗一個綜合的空間並能完整的理解而納入記憶之中,這不是各個視野的機械的拼湊,而是完整形成的「場」。對於「場」的感知和記憶是完形的,脫離個別感覺形象的心理形象。人的場所是

---

[158] 當代日本哲學家西田幾多郎(1870-1945)以西方哲學、印度中觀學的「空」觀念、中國禪的「無」觀念,與華嚴的「無礙」觀念,獨創其成一家之言的「場所哲學」,強調絕對矛盾的自我同一。以華嚴「無礙」等的思想觀念創立「場所哲學」,其「場所」概念有邏輯、存有論與實存的三種用法:1)指可供邏輯運作的結構基盤,使矛盾的主謂關係獲得統一。2)指世界「絕對呈現」的統攝原理。3)最重要的用法稱為是指實存層面與宗教層面上體證的「絕對」之處或「絕對」本身自我實現之處。(吳汝均,1982,《佛學研究方法論》頁 141,臺灣:學生。吳汝鈞,1998,《京都學派哲學七講》頁 24-頁 39,臺北:文津。林鎮國,1999,《空性與現代性》頁 52-頁 56,臺北:立緒)

主體意向的集中表現形式，主體環境就是被體驗的空間，通過參訪者意識的「現象學還原」，則能達到本質的直觀，因為意識與意識的對象緊密相關，人面對了他的對象，就面對了自身，人在面對了他人的世界時，也就面對了他人的意識，是主、客體合一交融的存在。

善財童子朝聖的五十三處場所，是各參善知識心靈悟境的外化形式，華嚴悟境的神聖空間只有在般若空智的本質直觀中才能被體驗。善財依於內蘊的淨信意旨步上朝聖之路，在身體的具體行動中體驗神聖空間，時間與空間當下是一如的，是清淨心一體契入善友的空間境界之中，般若空智遊戲於神妙幻現的華嚴境界──空之場。善財的朝聖儀式是「當下即存有」，化剎那成永恆的神聖性空間的存在體驗，是具有神秘經驗性質的遊履，是智游體悟的心靈妙境。

第五章　五十三參的場所精神

　　「空間」與「場所」在一般運用上可以相互取代，有些學者將兩者作了相對的區分[1]，人文主義地理學則認為，場所是行動和意向的中心，通過主體意識的聚焦，客體環境含具主體意義，使原本空洞、中性、抽象的空間轉化為具有實存意義的深層結構的存有空間。在主體意識聚焦的場所，我存在其中、我是場所的中心、場所呈顯我的心境與意向，所以，不同的場所有其各自的「場所精神」。

　　「場所精神」（genius loci）源自古羅馬人的信仰，他們認為每一種獨立的本體都有自己的靈魂（genius）或守護神靈（guaraian spirit）。這種靈魂賦予人和場所生命，同時決定了他們的特性和本質，因此就場所而言，即有所謂的「場所精神」（場所靈魂）。場所精神是以物質存在為空間的基礎，它是內在物性所呈顯出的東西，發乎內而形於外，使場所具有它的內在品質，使空間擁有精神性格。[2]

　　在地理學上最密切連接空間的是地名，因為地名是以場所的特性而命的名，被「命名」的場所即是被召喚的物，我們可藉海德格對「物」的詮釋加

---

[1] 雷夫（Edward Relph）：「空間是場所的背景，空間的意義是由特定場所而來的。」（高野岳彥、阿部隆、石山美也子譯，Edward Relph 著，《場所の現象學》頁 13。）諾伯舒茲（Christian Norberg-schulz）：「場所是具有清晰特性的空間。」（Christian Norberg-schulz 著，施植明譯，1986，《場所精神——邁向建築現象學》頁5，臺北：尚林。）中村雄二郎：「場所是具有濃密意味的空間。」（中村雄二郎，1989，《場所トポス》頁3，日本東京都：弘文堂。）總言之，「空間」是指模糊、空曠的背景，「場所」則是具有清晰特性與濃密意義的環境。

[2] Christian Norberg-schulz 著，施植明譯，1977，《場所精神——邁向建築現象學》，頁18，臺北：尚林。

以深刻地理解:「被『命名』的物也即被『召喚』的物,把天、地、人、神四方聚集於自身,而成統一的四重整體稱為『世界』。」[3]海德格以壺為例,「壺所具有的特性,在於傾倒時所具有的傾倒天賦……,天地存於壺的壺性中。」[4]壺集結天與地而具有傾倒的特性,橋集結大地成為河流所環繞的地景,人以語言命名事物時,它們都是被召喚的物,集結成「世界」而顯露真理,塑造一物意謂著履行真理。善財參訪的五十三處場所包含著所有使場所意義明確化的「物」,因而被「命名」為該地名,經文藉由場所和空間主體的「命名」,召喚出各參的場所精神,暗喻各參隱蔽的真理。

　　五十三參每一參的空間主體都是其場所精神的根源,每一參的場所空間都是一個隱喻,暗喻著存在事物的真理和善知識的精神。五十三處場所精神在善知識的修持品格、人名、地名,和空間環境等的四重結構下透顯出來,形成各參特殊的場所精神及修行寄位的高下差別。本章以「場所精神」為探討主軸,掘發五十三處場所的義蘊與空間美學意涵。若就空間形式原理來看,五十三參各參皆是不可思議的華嚴十玄門境界,之所以展開為五十三參,就是略舉五十三處場所說明佛境界在不同層面的展現,譬如山之場,凡夫只當是座山,而《華嚴經》則將山之場的佛境界呈展出來。文分五節,首先總論五十三位善知識,其次以歸類方式,將五十三處場所分為自然之場、建築之場、神變之場,於各節中一一耙梳各參的場所精神。另外,崇善寺壁畫[5]對善財童子五十三參有許多創發,本章擷取精采部分,附圖說明。

---

[3] 海德格著、孫周興譯,《走向語言之途》頁11,時報。

[4] 陳伯沖,《建築形式論——邁向圖像思維》頁180-頁181,臺北:田園城市。

[5] 崇善寺壁畫的相關資料,詳見第六章第二節「壁畫」之部分。

一、總論五十三參善知識

　　善財童子為了追尋真理而走訪善知識，也就是所謂的「訪師學道」。自古佛教僧侶行腳雲遊，參訪善知識，藉以增長自己的見解，究明迷悟、實妄等的生死大事，如隋代的法真禪師參訪六十餘位善知識，善知識是參訪歷程中的首要元素。

　　依《入法界品》記載，善財「願見文殊師利、及見三千大千世界微塵數諸善知識，悉皆親近，恭敬承事，受行其教。」[6]菩薩發大心，親近的善知識何止五十三，而是三千大千世界微塵數諸善知識，《入法界品》所說的五十三參只是略舉。經云善財遍參一百一十城的善知識及其法門，經過一百一十由旬、一百一十餘城。「一百一十」[7]這一數目與華藏莊嚴世界海[8]所有世界種共「一百一十」相合，意味善財等於參訪了華藏世界（也就等於一切世界）的一切善知識。

　　善知識[9]（kalyäna-mitra）義指正直、有德行，能教示佛法正道之人，又

---

[6] 大正十，頁 439 中。

[7] 李通玄對於「一百一十」解釋為，五位中有五十個所修因果，五位五十重因果上各自具有進修的因果，分為一百，都不離根本三世諸佛恆常法界體中的十波羅蜜，為一百一十。也就是說，五十善知識中一中有二，五十位中有百，通遍法界中本來就是常行十波羅蜜，才形成一百一十。（《新華嚴經論》，大正三六，頁 951 下）

[8] 華藏莊嚴世界海是住於華臺上，這與印度的神話有關，《外道小乘涅槃論》：「從那羅延天臍中，生大蓮華，從蓮華生梵天祖公。」（大正三二，頁 157 上。）這是印度教的創造神話，認為人類之祖大梵天王是坐在蓮華上，世界依梵天而成立，華藏世界就是適應這世俗信仰而形成，而蓮華化生也成為大乘佛教的一般信仰。（印順，1994，《初期大乘佛教之起源與展展》頁 1032，臺北：正聞）

[9] 《華嚴探玄記》認為善知識有八意：軌範、勝行之緣、破見慢、離細魔、寄成行、寄顯位、顯深廣、顯緣起。（大正三五，頁 454 下）

稱為善友、親友、勝友、知識。五十三位善知識的身份略列如下[10]：

(一) 出家眾六位

1. 比丘：第一、二、三、六、十一參。
2. 比丘尼：第二十四參。

(二) 在家眾二十五位

1. 仁慈的國王：第十七參。
2. 法官：第二十三參。
3. 醫師：第四、十六參。
4. 製香師：第二十一參。
5. 航海家：第二十二參。
6. 語言學家（童子）：第四十四參。
7. 數學家（童子）：第十二參。
8. 童子：第四十三、五十參。
9. 童女：第十、五十參。
10. 優婆塞：第十四參。
11. 優婆夷：第七、十三、十九、四十五參。
12. 長者、居士：第五、十五、二十六、四十六至四十八參。
13. 佛妃（釋家族的少女）：第四十參。
14. 佛母：第四十一參。

---

[10] 分類參考澄觀，《華嚴經疏鈔・入法界品》大正三五，頁 907-963；木村清孝著，李惠英譯，1996，《中國華嚴思想史》頁 16-21，臺北：東大；印順，1989，《印度佛教思想史》頁 102，臺北：正聞。

(三) 方便示現的外道與反道[11]有六位

1. 殘酷嚴刑的國王：第十八參。

2. 愛欲的淫女：第二十五參。

3. 服樹皮衣的外道仙人：第八參。

4. 外道：第二十參。

5. 五熱炙身的苦行婆羅門：第九參。

6. 婆羅門：第四十九參。

(四) 菩薩鬼神十七位

1. 夜叉：第三十一至三十九參。

2. 地神：第三十參。

3. 大天神：第二十九參。

4. 天女：第四十二參。

5. 菩薩：第二十七、二十八、五十一、五十二、五十三參。

善財童子參訪的善知識分佈於各種地位和職業，其中表現出幾點特徵：

1. 善財參學的對象遍及各年齡層，有老、有少、有青壯年，甚至有比善財年幼的小朋友，善財不因其年幼而輕慢，而是平等、相互尊重，並虛心領教。

2. 參訪涵蓋高低階級，身份地位高的國王是善知識，地位卑下的奴隸[12]也是善知識。

3. 參學不限於佛教內部人士，婆羅門、外道、仙人等鬼神也是善知識，打破了教內、外的分立。雖然善知識都猶如神一般的神聖而清淨，不過泰半

---

[11] 反道行中有顯著的貪、瞋、癡表徵，分別對應為淫女、嚴酷的國王、苦行婆羅門。

[12] 彌伽是德拉維達人，德拉維達人是具有大半被阿利安民族所征服的印度先住民族血統，一般來說，恐怕是被當作奴隸，處於社會最下層的階級。另外，船師是屬奴隸階層的人所從事的職業。（木村清孝著，李惠英譯，1996，《中國華嚴思想史》頁 19-20，臺北：東大）

都是人而非神。

4. 在印度和早期社會，女性的地位相對卑賤，而善財參學對象有二十位是女性，泯除了男尊女卑的性別歧視。

5. 反道行的善知識（包括示現殘殺、淫欲的非道）善財也恭敬請益，破除了善惡的表面對立。方東美先生認為，善財特別接觸如魔鬼般在罪惡世界裡具有很大力量的人，是為了讓他了解現實世界的一切差別。善財在上求菩提之後，當他從上層世界下來時，下層世界裡的黑暗、罪惡、痛苦、煩惱要他運用上迴向時的智慧來照耀，才能對下層世界用下迴向的方式，一層層的去經歷。[13]

6. 最特殊的是，善財參訪的出家眾只有六位。就佛教而言，出家眾是弘法利生的導師，而五十三參中參訪出家眾的比率如此低，因為出家人要表現嚴謹拔俗的清淨形象，有些場合不能去，有些人不能接觸，有些事不可以做；而大乘菩薩能以不同身份普入各階層，從事不同事業，以不同方便普化人間。相較之下，出家眾對普化人間是有所不足的。善財鮮少參訪出家眾，反而是向林林總總的善知識參學，就是為了要突顯大乘佛教的入世精神。

在大乘求圓滿智慧的精神下，參學的對象不是選擇表面的好壞，不同的生命表徵其實都有其值得參學之處。日本華嚴學者中村元即說：「不管是從什麼樣的人那裡，也可以學得道理。」[14]孔子也有類似的見解：「三人行必有我師焉！擇其善者而從之，其不善者而改之。」（《論語・述而》）韓愈也說：「聖人無常師」（〈師說〉）唯有超越社會地位、身份和價值觀，才能體會大乘佛教真理無所不在的精神。

雖然善財參訪的善知識遍及各種身分地位，不過就華嚴義學而言，善財參訪的五十三參善知識都是無有退轉、證入圓融法界的法身大士，圓融表示

---

[13] 方東美，1986，《華嚴宗哲學》上冊，頁 42-48，臺北：黎明。

[14] 尾山雄一監修，1994，《さとりの遍歷》上，頁 15，東京：中央公論社。

理本圓具，一即一切。而五十三參善知識也是祇園會[15]中安住於「如來師子頻申廣大三昧」的菩薩所示現[16]，並「寄位」[17]在各種層次的菩薩階位上。就圓教而言，十信滿心證入圓融法界就位位相攝相收，所以住、行、向、地每一位都具足一切位，都是成等正覺的佛；但在未徹證佛果前，不礙開展成寄一一位的行布等級儼然。換言之，若就內證上來說，立四十二位並不是切要的，只要窮盡一位便成正覺；但就示他而言，則須藉由寄託漸教的階位而在其中展現圓融的道理。所以善財參訪的五十三位菩薩都是秉持華嚴圓教深意而寄託在漸教修行位次的菩薩，以大慈悲願心，示現與眾生平等之相而行方便度化之事。

　　《瑜伽師地論》：「菩薩求正法時，當於何求？當於五明處求。」[18]五十三位善知識的修行歷程可以透過五明學習而來。游祥洲在〈五十三參與人間佛教〉中認為，五十三參的重要理念是「五明並重、內外兼學的智慧觀」[19]，不過善財的參訪行程中以「內明」的學習佔最多數，每一處參學所得皆溶解

---

[15] 祇園會是指《入法界品》的本會，詳見第一章。

[16] 經云：「此逝多林一切菩薩，為欲成熟諸眾生故，……或時示現無量化身雲，或現其身獨一無侶，所謂或現沙門身，或現婆羅門身，或現苦行身，或現充盛身，或現醫王身，或現商主身，或現淨命身，或現伎樂身，或現奉事諸天身，或現工巧技術身，往詣一切村營城邑，王都聚落諸眾生所。」澄觀對此段經文註疏：「此中多同善財所見，故知善財諸友即此會之菩薩。」於《鈔》中更詳細註解經文所說的種種身：「獨一無侶即德雲等；二沙門即海雲、善住等；三婆羅門即最寂靜等；四苦行即勝樂等；五充盛即善見、休捨等；六醫王即普眼彌伽等；七商主即無上勝等；八淨命亦婆羅門，義當不動、具足等；八伎樂者，義當婆須等；九奉事天身即大天；十工巧技術即自在主童子等。故皆同也。」

[17] 法藏認為，別教若說位階有三，寄位、報位（證位）、行位（菩薩行位，就因果合說總有四十三位，即十住、十行、十迴向、十地、等覺、妙覺、佛果。僅立二位，自分勝進，在自己的份上更進步。信滿成佛，即是在十信滿心，勝進分上，得一切位及佛地，而此是寄託終教的立場而言，就相上而言。就內證的立場來說，證初住最重要。）（法藏，《華嚴一乘教義分齊章》，大正四十五，頁 489 中、下）

[18] 五明分別是：一、聲明，明言語文字者。二、工巧明，明一切工藝技術算曆等者。三、醫方明，明醫術者。四、因明，明考定正邪，詮考真偽之理法者，所謂論理學也。五、內明，明自家之宗旨者。（大正三十，頁 500 下。）

[19] 游祥洲，1998，〈五十三參與人間佛教（上）〉，《法音》總第 164 期頁 4。

進自己的生命之中。善知識所得的法門分開來說各得法界的一體，所以都說「我唯知此一法門」；如一切修學縱貫融通，那就深入法界、趣入佛地。

二、清遠超俗的自然之場

善財參訪的善知識有十一位在大自然之中。自然常給予人們啟示，本身沉默不語、大美無言，卻通過山水、天空、黑暗和光明這些基本形象向人們說話，我們不能將自然當作是靜止狀態，其實自然界的每樣東西都是互相聯繫、交織、轉化和生發的。自然的審美化是人與自然的重要聯結之維，不過自然美不是一個簡單的美學問題，它是生命與世界、有限與無限的把握和超越的哲學問題。善財參訪深居於自然之中的善知識，他們在自然之場體悟「山水是道」[20]的場所精神，並啟發訪詣的參學者。

(一) 山

在地理學上，山之場是廣大地景中能明顯表達出存有的結構，山屬於大地卻聳向蒼穹，山是天和地兩種基本元素的結合所在，因而成為中心，由此而展開宇宙軸線，是由一宇宙區域穿梭至另一處的點。[21]由於山的空間結構，山之場透顯出「上升」的場所精神，登高山則興發昇華的感覺。孟子言：「孔子登東山而小魯，登太山而小天下」[22]（《孟子‧盡心上》），居高臨下，整個世界都為之開放。以山之場作為善知識的場所有四：第一、九、二十、二十七參，這四座山都具有「上升」的場所精神，並分別展現出山之場的不同面相。

---

[20] 晉宋‧孫綽，〈遊天台山賦〉，《昭明文選》頁223，臺北：河洛圖書出版。

[21] Christian Norberg-schulz 著，施植明譯，1986，《場所精神——邁向建築現象學》頁24，臺北：尚林。

[22] 宋‧朱熹集註，蔣伯潛廣解，《四書讀本‧孟子》頁326。

1.妙峰高山——第一參

　　善財童子首參，文殊菩薩引薦住在山之巔的德雲比丘。在朝聖之旅中，經文何以首參安排登高山、參學出家比丘？

（1）登高的淨化作用

　　在東方文化中，山可以遠離塵囂，是修道人適合居住的場所，白雲繚繞、拔地通天、幽深僻靜、脫俗超塵。山，具有淨化人心的作用，它與人們的關係沒有功利性的抵觸和衝撞，是超然的，席勒在《美育書簡》中談到，大自然的山水能令人「卸下了人身上一切關係的枷鎖，擺脫一切身體的、還是道德的強制力量。」[23]山，總能以自身所具有的靜穆、壯闊、莊嚴、神奇的天然情態，使人忘卻人為所形成的矛盾和紛擾；走入山林，就是回歸自然、純淨、充滿生機的人性，喚醒人心本來擁有感受純樸印象的靈敏性。

　　首參走入山林，從山之場的意象來看，似指修道之路即是上升之路，應以淨化心靈為首；且以象徵清淨的比丘為參訪對象，在在暗示求道須以清淨為要。但「童子」即已象徵善財具有純淨心靈，「其心清淨，猶如虛空」[24]，所以對於山之場作為洗滌心靈的意象，只能作為初步的解說，並不足以說明文殊指示善財首參登妙峰山的深層蘊意。

　　第四章曾談到，審美主體因精神修養的不同而有美感境界的久暫差別，同樣的，一般藝術家在面對山之場特有的內在精神，能激發心靈深處的悸動，一旦離開了山的場域，投入紛亂的人世，心中的震撼也隨之遠去；必須經常不斷思考、感受這類最單純的自然印象，才能使靈魂保持純潔和活潑地去感受塵世中的美。善財童子雖有清淨心，但此心是素樸的形式，未經雕鑿而投入紅塵，仍有迷失的可能。而山是具有止靜的性格，首參以山之場的寂靜氣氛，象徵善財在踽踽獨行的「上升」過程中，令心止息無念；而山頂象徵相

[23]　〔德〕席勒著，徐醇譯，1987，《美育書簡》頁196，臺北：丹青。

[24]　《華嚴經・入法界品》，大正十，頁332下。

狀的盡頭[25]，當善財登上妙高峰頭，即意味著其內心此時已空無一物。在妄
想不生而心如明鏡時，「正慧現前」[26]位不退，此刻境界就如同徐復觀先生形
容莊子的藝術生命是徹上徹下地成就其整體人生、宇宙的恆常藝術境界，此
時對於美的感受不是短暫地安頓，而是涵融整個世界，並將之加以藝術化。
善財上升至山頂，不只淨化了心靈，且貞定了清淨心，成就徹上徹下的藝術
生命。

聖恩寺《善財五十三參圖讚》第一參德雲比丘

---

[25] 李通玄：「山頂，至相盡處也。善財童子至妙峰山，亦同此也。....以昇山頂像從十信有為信心昇
此十住，空慧現前，一切心境都無所得。」（李通玄，《決疑論》卷一下，大正三六，頁 1016 上。）

[26] 李通玄對於「登妙峰山」註疏云：「以艮為山，艮為止，以約止心無念，妄想不生，正慧現前。」
（《新華嚴經論》，大正三六，頁 954 中。）

（2）別峰的另有天地

①忘的遊履

貞定了清淨心的善財，當他登至山頂時，卻四處不見德雲比丘的蹤跡，直至第七日走向別峰，才發現別峰另有天地，比丘在別峰徐步經行。何以「七日既云尋不見，一朝何故卻相逢？」[27]佛國禪師在此關卡反詰，因為這是具有時間上的神聖因素，澄觀認為：「為經七日，忘所住位，方為得旨。」[28]善財的心雖已貞定，但卻有執法之心，善教者欲空其執法之心，忘卻所證住位，因而七日隱蔽，迨善財忘所住位，無所住地遊履，善知識方現身說法。

妙峰山頂象徵佛性，佛性高妙如藏身在雲霧間的山頂般地不可思議，佛性的高妙無法言說，不容許商量，只能以心印心，方能體會；若強要言說，須落下一層才能敘話。善財登上象徵佛性不思議的妙峰山頂後，若不能忘懷山頂的清淨高妙，滯留於高高在上的清淨心體，則不能開展出妙有；必須落下一層，走向別峰由體起用，才能定慧自在。

②定慧自在

走向別峰是另一番新天地的開展，因為妙高峰象徵定體，別峰象徵慧用：

> 自住之山，初止心不亂，有定可依。別山徐步經行，是寂用自在，
> 是無定亂，可依之定方成定也。此定出過攝念息心修定，方入佛解
> 脫智慧光明之中。[29]

以「自住之山」象徵德雲比丘心靜如山，意涵「妙峰山」為體、寂靜；以「別山」經行教化善財，意指別山為用、自在。有體有用，臨境不亂，有

---

[27] 佛國禪師「德雲常在妙高峰，行繞峰頭不定蹤；七日既云尋不見，一朝何故卻相逢？發心住處師緣合，普見門中佛境容。回首夕陽坡下望，白雲青嶂萬千重。」（《文殊指南圖讚》，大正四五，頁 793 中）

[28] 澄觀《疏》，大正三五，頁 922 下。

[29] 李通玄，《決疑論》卷一之下，大正三六，頁 1016 下。

定可依，是寂用自在、由定起慧的德行。深居於山中的德雲比丘，其生命展現出「動中有靜，靜中有動」[30]定慧一如的境界，以其清淨定心所觀之境，無處不是莊嚴的佛境界，這是涵融整個世界成為藝術化的世界。

善財首參登妙峰山頂，經歷了忘所住位而走向別山，於別山見到德雲比丘，比丘開示普見境界。由妙峰山到別山的種種，是讓善財學習山之場定慧自在的恆常藝術化境界。

2. 刀山火海——第九參

第九參呈現的山之場迥異於第一參的高山靈秀，而是「四面火聚，猶如大山。中有刀山，高峻無極。」[31]令人喪膽的刀山火海，是第九參勝熱婆羅門的修行場所。

善財童子參訪勝熱婆羅門時，只見他登上銳利似劍的刀山，縱身躍入猶如大山般的火海；並明善財若能上此刀山，投身火聚，即可獲得清淨菩薩行。五熱熾身是印度苦行之一[32]，無益苦行一向被佛教認為是外道的修法，非佛教的行門，善財因而心生懷疑[33]，若勝熱婆羅門並非善知識而是魔所使，修此苦行而奪去生命，豈不枉死此處？

(1)勇氣與力量的山之場

①斷惑的刀山

要登上令人怖畏的刀山且投身入火是需要很大的勇氣和力量，李通玄長者：「刀山是法王子住中力波羅蜜，智慧為體，成修行者達生死苦難，但見法界性解脫，須得無有怖畏，堪力用自在。」[34]勝熱婆羅門寄位第九「王子住」

---

[30] 山邊習學，昭和 50 年（1975），《華嚴經の世界——人生修行の旅》頁 46，日本：世界聖典刊行協會。

[31] 《華嚴經·入法界品》，大正十，頁 346 上。

[32] 五熱是指四面火聚之外，加上烈日當空。

[33] 所謂「人身難，離諸難難」，善財「非惜身命，恐失道緣」。或有一說，「以顯法故。……為後代之軌，令審察故。」（澄觀《疏》，大正三五，頁 932 中）善財生疑是示現凡情凡見。

[34] 李通玄，《新華嚴經論》，大正三六，頁 964 中。

[35]，在十波羅蜜中修持力波羅蜜，刀山正是作為修持勇氣和力量的方便法，以此破怖畏之心；刀象徵「斷」[36]之德，一切煩惱因登刀山而斷除。以力作為波羅蜜，就是以力獲得解脫，所以力波羅蜜中包含智慧；若不以智慧為體，刀山只是鍛煉勇氣的場所，澄觀註：「中刀山者，無分別智最居中道，無不割故。高而無上，難可登故。」[37]刀山位在火聚中央，象徵無分別智是難以體悟的中道，必須通過熊熊火聚並攀上刀山才能證得，意指煩惱火需要很大的勇氣和力量才能轉成智慧火。

　　此圖為崇善寺壁畫，描繪善財童子參勝熱婆羅門的局部。後方為刀山，勝熱婆羅門躍身於火海之中，善財不知勝熱婆羅門是正？是邪？雙手雖合掌，但以轉身欲逃之模樣，表現內心之憂懼，甚是有趣。勝熱婆羅門躍身的動作、火焰的熊熊燃燒，以及善財欲逃的模樣，整個構圖充分表現出時間的動態連續性。

②智光的火海

　　刀山四面火聚圍繞，火象徵四義：一、燒煩惱薪；二、破無明暗；三、

---

[35] 王子住是「從法王教，生於正解，當紹佛位故。」澄觀《疏》，大正三五，頁 931 下。

[36] 澄觀《疏》：「刀是斷德，無不割故。」大正三五，頁 932 上。

[37] 澄觀《疏》，大正三五，頁 932 上。

成熟善根;四、照現證理。[38]投身入火,煩惱障盡,證得真理[39]。《大智度論》:「般若波羅蜜,譬如大火聚,四邊不可取。」[40]「遠離於四句,四句即四邊;取則燒人,離則成智。」[41]般若就像智慧大火,四面形容執著,執著經智慧大火即燒盡;若不執取,則能成就般若智慧。

勝熱婆羅門其名與場所特性相呼應,「勝熱」指戰勝煩惱熱,「婆羅門」表清淨,象徵他從刀山火海中去煩惱熱,既不因刀山之鋒利而怯懦,也不因登上刀山證般若智而執於空;更不因投身火海滯於有而不能超離。[42]所以,既不住於無分別智,也不滯於有,以無所執心深入此場所,鋒刃刀山與熊熊火海不再恐怖,而是燒盡煩惱、躍入智慧的力之場。

(2) 捨身試煉的光芒

當善財見到如地獄般的刀山火海所呈現的駭人景象而不願捨身之時,諸天眾[43]則言此山的深層內蘊:智慧堅利猶如刀山,火海能燒去煩惱惑轉為三昧光。[44]善財聽後心大歡喜,即登刀山自投火聚。才往下跳,未至火焰,處於虛空之中,即得菩薩善住三昧。這是因為上不依山,下不依火,毫無依憑,象徵「般若離於二邊」[45],無所住著,故證「善住」三昧。才觸火燄,又得菩薩寂靜樂神通三昧。「觸」指「親證」,意指當善財碰到大火之時,即親證清淨而大用無涯的「菩薩寂靜樂神通三昧」。這種修行法猶如火中紅蓮的意象,象徵生命經由試煉結晶出精純莊嚴的品質,在歷煉中展示生命積極而熱

---

[38] 澄觀《疏》,大正三五,頁932上。

[39] 「障盡證理」(《華嚴經探玄記》,大正三五,頁463上)。

[40] 《大智度論》第二十論,大正二五,頁190下。

[41] 澄觀《疏》,大正三五,頁932上。

[42] 澄觀《疏》,大正三五,頁932上。

[43] 勸說善財共十三類:梵天、諸魔、自在天王、化樂天王、兜率天王、三十三天並其眷屬、龍王、夜叉王、乾闥婆王、阿修羅王、迦樓羅王、緊那羅王、欲界諸天。(《華嚴經·入法界品》,大正十,頁347上、中、下。)

[44] 澄觀《疏》,大正三五,頁932上。

[45] 澄觀《疏》,大正三五,頁932上。

烈追求終極光明的精神力量，讓靈魂與肉體同時歷煉，獲得精神與肉體的新生。

　　勝熱婆羅門以身教代替言教，並讓受教者親自操作、親身體驗。山邊學習認為，這是一場捨身的試煉，是很深的體驗。[46]所謂大死之後必有大生，人如果克服了死亡的恐怖，就能超越自我的極限；死亡的恐懼是言教無法解決、理性思維無法克服，只有親身經歷並超越它，才能躍入另一番境界。善財經歷這場捨身的試煉後，過去的生命隨著死亡經驗而離他遠去，並獲得了嶄新的生命。存在主義認為，人必須面對死亡才會覺悟人生的意義；佛陀也是面對了生老病死之後才有所覺悟。

　　地獄般刀山火海的試煉，讓參學者面對了自己深沉而幽微的惑障，若以勇氣和智慧全身投入此山之場，即能在浴火中享受重生的喜悅、千刀萬剮中擁有智慧的利刃。此參以刀山火海穿透參學者內心幽微之處，衝破深沈而幽微的恐怖之後，綻放出人性深處不可限量的勇氣與智慧的光芒。

3. 黑夜深山——第二十參

　　善財於日落時分進入第二十參——遍行外道所居之城，但在城中遍尋不到善知識，直到中夜，見城東「善德山」靈氣盎然、光明閃耀：

> 善財童子於中夜時，見此山頂草樹巖巘，光明照耀如日初出。[47]

　　善財經歷一參一參的心性修養，經文至此參又安排善財登山，是象徵上升到「行」位[48]的極至，在空間形象上以太陽行至盡頭的「日落」和山之「頂峰」作為「位極」[49]的表法，意指善財日落入城並登上山頂，即入「行」位

---

[46] 山邊學習，昭和五十年（1975），《華嚴經の世界》，頁146-頁151，日本：世界聖典刊行協會。

[47] 大正十，頁360上。

[48] 第二十參屬五位修行法的十行。

[49] 澄觀《疏》，大正三五，頁937上。

的圓滿。但是深夜登山並不容易,有:無法看清路上險阻的困難、黑暗的蕭森、身體的疲憊、野獸的攻擊……,種種黑夜深山的恐怖與危險都等著善財一一克服。而白日的青山與黑夜的深山是截然不同的感受,這黑夜登山的險峻正是此參以山之場的「負面」意象,象徵對善財進行身心靈的教化與考驗,一旦克服並登上山頂,就是一番脫胎換骨,證得這一階段的位極,黑暗不再是可怕的,而是帶著召喚的姿態。黑夜深山成就了智慧的資糧,充實了生命的智慧。

　　善德山以其名象徵居住此山的善知識德行如同大山般的高偉,並因遍行外道身在此山中而使此山光耀如日。人因山而靈秀,山也因人而聞名,善德山上威光赫赫,是以此表徵遍行外道在此山中。遍行外道以外道身份出現,顧名思義此善知識是遍一切外道之行,所有外道所做的事他都歡喜去做;並居於歡喜出生種種事的「都薩羅城」[50],以所居之地的「城名」與善知識的「姓名」相呼應,突顯善知識與場所的緊扣相連。遍行外道成就「至一切處菩薩行」,所成就法門也相應其名,是遍一切處示現外道身和佛教身以度化眾生,就佛教而言,他所證得的法門不只是正面的佛教法門,也包括負面的外道[51]法門,是融合了正、負面的法門,故證十行「位極」。

　　遍行外道因為具足了正、負面的法門,所以此參安排善財在黑夜登山,以山本身所具有的正面意象,融合黑夜深山所呈現的「負面」意象,將山之場的正負意象一齊打開。

4. 巖谷林泉──第二十七參

　　善財在巖谷林泉中參訪到寄位第二十七參的觀自在菩薩:

（1）巖谷林泉的自在意境

　　觀自在菩薩是以泉流縈映、草木林立的地方為居所:

---

[50] 「都薩羅城」澄觀《疏》:「喜出生」,指「出生歡喜之事」。大正三五,頁937上。

[51] 佛經說外道有九十六種,比較著名的有六種,其他都是這六個小支派,加起來共有九十六種。

　　巖谷之中，泉流縈映，樹林蓊鬱，香草柔軟，右旋布地。種種名華，
　　周遍嚴飾，觀自在菩薩於清淨金剛寶葉石上，結跏趺坐。[52]

　　巖谷林泉乃大自然之風貌，巖谷由峻山、河流所圍繞，是具有範圍的空
間，空間成為靜態的呈現[53]，城市的喧囂不會入侵這有範圍的靜態空間。人
從塵囂走入巖谷，時空的轉換極易頓忘塵囂。而人間世種種人為事物，易使
人的心靈紛擾不寧，所謂「絲竹亂耳、案牘勞形」[54]，縱想於其間觀自在，
奈何自在不現前；即使空居靜室，恐怕亦只得一片死寂之心。然而若至山林
之間，欣賞大自然的神奇造化，山清氣爽，又見清澈見底的泉流漫漫，水面
映著清新的自然風光，花木扶疏，香草柔軟，心神開朗，頓忘人我，自在當
下體現。
　　巖谷林泉是契入觀自在意境的藝術表法，由此場所透顯主體精神的「自
在」恬適。
　　（2）自在意境化為大悲之光
　　觀自在菩薩所居之場如此清淨莊嚴，是其心靈自在清淨、身口意不為任
何拘束、大悲勇猛度化一切眾生而有此依報，此即此參的山之場——「補怛落
迦山」的意象：

　　在補怛落迦山者，此云小白華樹。山多此樹，香氣遠聞，聞見必欣，
　　是隨順義。[55]

---

[52] 《華嚴經・入法界品》，大正十，頁 733 上。

[53] Christian Norberg-schulz 著，施植明譯，1986，《場所精神——邁向建築現象學》頁 24，臺北：尚
　　林。

[54] 原文為「無絲竹之亂耳，無案牘之勞形。」（劉禹錫，〈陋室銘〉）

[55] 澄觀《疏》，大正三五，頁 940 上。

《文殊指南圖讚》善財參觀音。觀音菩薩梵名 Avalokitesuana，鳩摩羅什譯為「觀世音」，玄奘譯為「觀自在」，〈入法界品〉的經文結合「大悲」與「自在」而為「大悲觀自在」。自在觀音位居善財童子五十三參的參訪正中第二十七參，象徵慈悲的「觀音」同時是在真空妙有中「觀自在」，是善財參訪第二十七參恆住在上、下迴向中的「觀自在──觀音」的圓融精神所在。此圖除了繪一坐在泉流石上的觀自在菩薩，同時於畫面右上角繪有手持楊枝的觀音菩薩，融觀自在與觀音的兩種形象於一圖中，表現出〈入法界品〉「觀自在──觀音」的圓融精神。

補怛落迦山佈滿香氣氤氳的小白華樹，小白華樹的白色小花形象清雅可愛、香味怡人，並象徵菩薩自利利他的德行。山中各種自然的形象皆有表徵德行的意義[56]：泉流縈映象徵「慈悲瑩澈」，樹林蓊鬱是「慈心蔭密」，香草柔軟表「和言芳教，重悅人心」，右旋布地則為「眾生順化，布慈悲地，令有所歸」。巖谷中的一切自然景象都象徵著菩薩慈悲利眾的意義，而巖谷是在險峻高山中的低陷處，本身就是難入的險道，菩薩將之轉化為世外桃源，象徵令眾生離苦得樂，所以是「就物利生，不就自報，就眾生界穢境而居巖谷。」[57]菩薩一點一滴累積德行而成觀自在道場：

---

[56] 「泉流縈映……右旋布地」的註解皆引自李通玄，《新華嚴經論》，大正三六，頁 982 上。
[57] 李通玄，《新華嚴經論》，大正三六，頁 982。

> 海上有山多聖賢，眾寶所成極清淨。……
> 勇猛丈夫觀自在，為利眾生住此山。[58]

　　補怛落迦山是海上仙山，象徵生死海中的大船[59]。眾生於生死海中不得出離，觀自在菩薩猶如海中大船，隨順眾生根機和境遇，神形自在攝利眾生。大悲、平等、自在、普現，清涼觀自在化作大悲觀世音，是從上迴向的寂滅自了漢，轉變為下迴向的菩薩大悲情，《四十華嚴》就此名為「大悲」—「觀自在」：

> 能於一切眾生中　平等大悲同一味
> 一智同緣普救護　種種苦難皆消滅……
> 聖者菩薩大名聞　號曰大悲觀自在[60]

　　「大悲」—「觀自在」的雙重意涵，除就菩薩本身而言外，就經文結構來說，也有下列三項巧妙安排：1)觀自在菩薩在善財童子五十三參當中是第二十七參的善知識，位居參訪的正中間；2)觀自在菩薩寄位「等心隨順一切眾生迴向」，澄觀疏云：「三業歸向必六通赴緣，攝利難思，名觀自在，由此能遍隨順眾生。」觀自在菩薩遍隨眾生機遇，「應以何身得度者，即現何身而為說法」[61]，觀其音聲皆得解脫，即是觀世音；若具三業攝化，即是觀自在。

---

[58] 《華嚴經・入法界品》，大正十，頁 366 下。

[59] 澄觀《疏》：「大悲隨順入生死海」大正三五，頁 939 下。。

[60] 《華嚴經・入法界品》，大正十，頁 734 下。

[61] 「應以何身得度」包括了：佛身，宰官身，長者身，婦女身，乃至童男童女身，人、非人等身……共三十五應，詳見於《法華經・普門品》。另見《楞嚴經》：「……金剛三昧，與佛如來，同慈力故，令我身成三十二應，入諸國土。」（大正十九，頁 128 中）而清涼大師的《華嚴經疏》云：「三十五應乃是此中或現色身及說法耳。又三十五者略舉大綱，萬類殊形豈當局定。」（大正三五，頁 940 中。）又《四十華嚴》亦有類似說法：「……我以此菩薩大悲行門，平等教化一切眾生。……隨所應化而為利益：或以布施攝取眾生；或以愛語攝取眾生……；或為說法，或現神變……；或為化現種種色相……。同類之形，與其共居而成熟之。」（大正十，頁 733 中）

⁶² 3）經文科判「迴向」部份，佛以「膝輪」放光，膝輪是人上下運動的樞紐，表示上下迴向的樞紐。⁶³這位居參訪正中並寄位「等心隨順一切眾生迴向」，突顯了「觀自在──觀音」的轉折。亦可說，觀自在菩薩之所以安排為第二十七位善知識和第七迴向，正因他象徵了上下迴向的樞紐，並且相當戲劇性的呈顯這樞紐。而《華嚴經》的藝術境界也在善財童子參訪至觀自在菩薩時，達到一個高峰！

（3）小結

慈悲圓滿的觀音菩薩，於五十三參只列為第七迴向菩薩，並非等覺、妙覺的圓滿菩薩，這是因為觀音菩薩具足了上迴向與下迴向的轉折特質：上求佛道與下化眾生，由「大悲觀自在」具體而圓融地展現出來。「觀自在──觀音」是空有、性相、體用、真俗不二的悲智圓融，深刻地體現華嚴的精髓。觀自在菩薩因其同體大悲，故就眾生而居巖谷；並以其清涼自在，展現出巖谷林泉的依報環境，此山之場成為空有自在、性相圓融的場所。

（二）水

善財童子接受山之場的洗禮之後，第二參來到了海邊。從山的巍然不動，到海的流淌不息，場所的轉換，令善財在心境及人格上進行另一番的激盪。誠如孔子所謂「知者樂水，仁者樂山。知者動，仁者靜。知者樂，仁者壽。」（《論語・雍也》）山巒的靜態與仁者堅穩守一的情操，流水的動態與智者綿延不斷的思緒，常會作為對應相稱的比照關係。若說山之場是培養仁者的悲心，水之場則是培育智者的慧力。雖然「知者樂水，仁者樂山」是中國儒家的山水美學觀，而民族的藝術文化會影響審美感受並具有特定的具體內容⁶⁴，這種特殊的審美內容並不一定相應於佛經的意涵；不過，就經典具有開

---

⁶² 楊政河，1987，《華嚴哲學研究》，頁199，臺北：慧炬。

⁶³ 方東美，1986，《華嚴宗哲學》上冊，頁265、頁266，臺北：黎明。

⁶⁴ 譬如中國人見竹菊則想見其正直高廉，外國人對竹菊的美感就不一定有這種內容。

放性的詮釋角度來說，如此詮解亦有其成立之處；況且，儒者對水之動相的審美感受，在此亦暗合了本經的安排。

以水之場作為居所的有：第二、十二、二十二參，這三參的場所都具有「知」的特色，呈現出「智慧海」的場所精神。

1. 海中湧蓮——第二參

寄位治地住的海雲比丘住在海門國有十二年之久，他常觀大海，並思惟大海的種種特性，如：廣大無量、甚深難測、為各類眾生的住所……等等，就在他不斷思惟大海的各種境界，海中忽然湧出蓮華，蓮上有佛結跏趺坐，為海雲比丘摩頂說經，海雲心華開敷，證普眼法門。

海雲觀海的審美意象相當豐富，下分三方面論述：

（1）大海與心海的同形同構

在山水審美中，倘若停留在山水景觀的形態、色彩、氣味等外在感受上，所得到的只是物質性美感；反之，若是捕捉心物之間的寄托興合，並著眼於山水審美中的人格自賞，則會變得深沉豐富。海雲觀海，不滯於海之場的外在感受上，而是返觀自我心海的深廣，當他捕捉到心物之間的寄托興合，海上即以蓮華湧出，暗喻海雲心華開敷。

就完形心理學派而言，心物之間是具有同形同構的關係。因為人是藉助自己的感官和心智來認識事物的，人們對於客體的知覺是對象刺激力與大腦生理力互相作用而產生的場效應，知覺經驗的樣式與刺激物的樣式之間具有同形關係。而事物的結構與人的心智結構同構，亦即是客觀外在的自然物象的次序同主觀內在的心靈世界的次序，在形式結構上有一種對應相稱的關係。這種同構同形關係就是通過自然景物與人的精神在某一方面或某些方面的同一性，而使人與自然產生一種精神契應，因而物性中有人性的內容、事物有心智本身的烙印。中國所謂的「比德」的審美方式，心物之間正是同形同構的關係。[65]

---

[65] 任仲倫，《遊山玩水——中國山水審美文化》頁 117-頁 118，地景。

海之場以自身充滿不同形態的品德魅力[66]，使海雲比丘在觀賞中得到內在心理上的「同形同構」，從而得到契應和感發的精神效應，精神在自然身上認識到、並通過自然，感到被召喚而返回身。[67]當海雲比丘形構了海的品德之時，海之場以現蓮回應海雲心蓮的開敷，正是這種同形同構關係構成人格外在比托的邏輯前提。

同形同構的山水審美是把人的審美意向性的自我觀照、人自己的形象投射到自然景物之中，但這或許並非自然本身所具有的品德，自然本身的品德，須以虛靜心方能深體自然之場的內蘊。

此圖為崇善寺壁畫，善財參海雲比丘局部。經中大海湧蓮之蓮座下，描述百萬阿修羅王執持蓮莖，此圖以兩位阿修羅王執持蓮莖為代表，其中一位面露吃重樣，另一位則是寬言慰喻狀，兩人表情之豐富，是少見的作品。此處構圖類似準提菩薩像中龍王手扶蓮莖的圖像。

（2）空心靜觀

自然物象豐富多樣，景象萬千，魏晉山水畫家宗炳認為，山水的魅力不僅僅在「比德」上，而是在於它能「暢神」[68]。當我們以超越世俗之上的虛

---

[66] 澄觀認為經中海雲思惟的十種大海境界是託事表法，表智海十義，如十地所說，但海雲思惟的十種大海境界是表悲海，與十地小異。海之十德為：利益心、大悲心、安樂心、安住心、憐愍心、攝受心、守護心、同己心、師心、導師心。（大正三五，頁 925 上。）

[67] 任仲倫，《遊山玩水——中國山水審美文化》頁 130，地景。

[68] 宗炳，〈畫山水序〉，載於張彥遠，1971，《歷代名畫記》頁 150，臺北：廣文。

靜心對山水，此時的山水也以其純淨之姿進入虛靜心，而與人的生命融為一體，人與自然才能深刻的達到相化而相忘。[69]既不拘泥於自然山水的外在形態，也不受圍於人文理性的制約，自由自在地領受一種生機盎然的身心舒展清逸的精神狀態，這種審美境界可以充份澄懷暢神，也是最能體現山水審美的價值。[70]

　　海雲比丘寄位「治地住」，治地住是「常隨空心，淨治八萬四千法門，清淨潔白，治心地故。」[71]海雲比丘對於人的所有煩惱，其心皆已降伏清淨，常以清淨的空靈之心觀照外境，外境如如映射，自我的形象並不涉入，當心和境在交融中相諧相忘，「離相忘求」[72]而達到人與自然生命的神遇跡化，觀照主體超越自身存在的有限時空，在追求自然生命和自然意境的感悟中，發現人生和生命的健全形態，表現為靈魂的震動、精神的昇華和心靈的淨化，這便是純粹的審美經驗。

（3）證智慧海

　　海雲比丘的空靈之心，因水之場而透入內在生命、心華開敷，並證得相應於如濤濤海水般筆墨難盡的「普眼法門」[73]。心理學家榮格以其臨床經驗認為，水若就物質層面來講，是生命的源泉；若就象徵層面來說，意味著無意識的內在生命，一種本質的祕密。[74]中國古代留傳「伯牙學琴」的故事，即是緣於聽海而領悟音樂的真諦。[75]海之場，以其相應於「知」而成為海雲

---

[69] 徐復觀，1988，《中國藝術精神》，頁 236，臺北：學生。

[70] 任仲倫，《遊山玩水──中國山水審美文化》頁 99，地景。

[71] 澄觀《鈔》，大正三六，頁 667 下。

[72] 澄觀就經文，海雲思惟大海而於海中湧蓮見佛，乃是「忘詮求旨」，於鈔中註「忘詮求旨」云：「離相忘求，故得見佛。」（大正三六，頁 668 中）

[73] 普眼法門是以「大海量墨、須彌聚筆書寫」一義一句，都無寫得少分，邊論寫得盡。

[74] 榮格著，楊儒賓譯，1995，《東洋冥想的心理學》頁 204-頁 206，臺北：商鼎。

[75] 公元前六世紀，伯牙學琴于成連先生，三年不成，成連云：「吾師方子春今在東海中，能移人情。」乃與伯牙俱往，至蓬萊山，留伯牙曰：「子居習之，吾將迎之。」刺船而去，旬時不返。伯牙延望無人，但聞海水洞湧，山林杳冥，愴然嘆曰：「先生移我情矣。」乃援琴而歌，曰作《水仙》之操，

比丘的修觀法門，或說，海雲比丘因住在海門國[76]，海之場「喚醒了」海雲主體的內在生命，他雖是觀照自然世界的大海，但他更深入自我內在的心海，所謂：「以深觀心海法海，則心華行華自然敷榮，無漏性德，無不備故。」[77]心海從此打開，觸目所及不再限於一花、一草、一塵境，而是「分明普眼照乾坤」：

> 一入多門又到門，分明普眼照乾坤。
> 十年觀海深深趣，千載聞經品品存。
> 白浪湧花成異瑞，紅蓮現佛獨稱尊。
> 須彌聚筆休云寫，萬頃滄波欲斷魂。[78]

　　樓閣城門外海岸上住的海雲比丘消泯了外在的大海與內在的心海之別，並將心海轉化為智慧海，佛國禪師以「白浪湧花成異瑞，紅蓮現佛獨稱尊」，描寫識浪「轉識成智」，眼根翻轉出美好的根性，呈現清淨根性的審美意境。

2. 河渚戲沙——第十二參

　　善財童子第十二參是參訪與善財年紀相仿的自在主童子，當善財見到他時，自在主童子正與一萬名童子在河渚的沙灘上玩堆沙的遊戲。

（1）河水的流動

　　此參寄位第二「饒益行」，十波羅蜜中修持戒波羅蜜，以童子的身份出場，是因童子「戒淨無染」[79]。自在主童子領著上萬名兒童在四面洪流的沙洲上

曲終，成連回，剌船迎之而還。伯牙遂為天下之妙矣。（〔宋〕吳淑，〔元〕蘇應龍輯，《事類賦》三十卷，卷十一〈琴〉頁 295，「若夫水仙之引」此句的注引《樂府題解》的內容。北京圖書館古籍出版編輯部編，北京：書目文獻出版社，1988。）

[76] 海門國是位於南海口，「表觀心海深廣，為治心地之門。」（澄觀《疏》，大正三五，頁 924 下。）

[77] 澄觀《疏》，大正三五，頁 925 上。

[78] 《文殊指南圖讚》，大正四五，頁 793 下。

[79] 李通玄，《新華嚴經論》，大正三六，頁 968 上。

玩，象徵自在主童子能持淨戒，在三世輪迴的生死愛河中不漂溺；另又象徵居中的善知識具有無量福河，常流不止。[80]海水與河水雖然同樣是水流聚集的場所，不過二者的意象不同：大海的廣闊猶如空間的敞開，河水的流動則如時間的流逝[81]。時間流動的意象有別於以大海為意象的另外兩參，是貫穿此參童子在河渚戲沙的軸線。

（2）堆沙的創意

此參除了水的境相，另有一意象——在沙洲上聚沙為戲。沙洲是河流中的泥沙一粒一粒逐漸累積而成，童子聚沙也就象徵自在主童子所擁有的福德海是在時間流中一點一滴累積持戒的功德而成的。[82]沙可塑造出各種造型，但在時間的生住異滅下所展現的成住壞空，沙子則可象徵時間的累積和流逝，沙漏即是一種度量時間的方式。河中沙洲展現出流變的情態，構成時間流，時間的流動有計數的概念，而自在主童子在沙洲上對於沙粒的數量皆能算知，乃至十方國土的距離多少，他都能計算出來，是因持戒累積恆沙功德而證得「一切工巧大神通智光明法門」。

從美學的角度來看，沙的可塑性很大，可以任意創造出各種形象，在日本園林設計中，常以沙子營造禪境。廣闊的白沙使人產生很多聯想，聯想起水墨畫和書法上未曾觸及的白色區域，聯想起音樂，聯想起舞蹈……。日本庭園中的沙子，通常被認為是描寫虛空，但這不是空無一物的空，而是佛家的空，是表現「有」的空，但表現了那些「有」？所有的解釋可以都是答案，也可以都不是答案，因為這個空間不是外在的空間，而是內心的空間，每個人可以有不同的體會，它是一個謎題，是「視覺的公案」。[83]

（3）小結

自在主童子與上萬名童子河渚戲沙，每位童子在時間之流所創造的沙聚

---

[80] 澄觀《疏》，大正三五，頁934上。

[81] 面對河水滔滔，孔子不禁說到：「逝者如斯夫！不捨晝夜。」（《論語・子罕》）

[82] 澄觀《疏》：「恆沙功德，由戒積集。」大正三五，頁934上。

[83] 鈴木大拙著、劉大悲譯，1982，《禪與藝術》頁112-125，臺北：天華。

就是一個世界，這個世界雖然在生住異滅下會成住壞空，但他們創造了自己的「有」，也賦予它廣大的想像空間。

3. 大悲智海——第二十二參

善財通往第二十二參善知識住處的道路，或高或低，或平坦或險阻，或乾淨或污穢，或曲折或平直，這多樣的道路象徵修行之路是有各種類型，有平直通往彼岸之路，也有險峻、曲折而難以渡岸之路，這是藉由空間意象暗喻此參善知識通達各種修持法。善財未見善知識就先經歷各種類型的路徑，象徵善財要進入此參需修持「迴向眾生」的方法，若欲作眾生的嚮導，需先了解人生道路的諸般樣態。

（1）海岸樓閣的居所

此參善知識住在樓閣城門外的海岸上，善知識以海岸為居所，象徵擅於海上之事。海邊低窪且潮濕，當地人多居住在樓閣上，因而其城以「樓閣」命名，樓閣具有重檐的形式，象徵居住其間的善知識具有重重的差別智，這是以居住場所的空間形式象徵十迴向和融萬法，總別、同異重重。[84]

（2）動中求靜的海師

善財參訪婆施羅船師時，只見百千商人及無量大眾圍繞著他，船師告知大眾海上行船的方法、船之堅脆好壞、水之大小深淺、風之順逆強弱，以及海中的寶藏和所在，並以行動帶領大眾獲得珍寶，平安返回家園。船師[85]象徵「渡」，婆施羅指「自在」[86]，意指婆施羅船師善於自在運度眾生脫離生死海，並對佛法海自在通達，為眾生的嚮導。

在生死海中有許多困難，也有許多寶藏，要獲得一切寶藏，就必須深入生死海。小乘怖畏生死苦海，只願脫離生死海後住於寂靜，不願再涉入苦難

---

84 李通玄，《新華嚴經論》，大正三六，頁 977 上。

85 李通玄：「師以大慈悲為戒體，常處生死海往來渡眾生故。」（《新華嚴經論》，大正三六，頁977 上。）

86 李通玄：「明於生死海而得自在，此為十迴向中以能入生死海行大慈悲。……此十迴向以真入俗處，生死海主導眾生成慈悲行以為戒體。」（《新華嚴經論》，大正三六，頁 977 上）

的生死海，因而不能獲得發起大乘菩提心的妙寶；婆施羅船師已離生死海，但發大願入生死海救渡大眾，使生死海轉化成大悲海，又帶領大眾獲得寶物，象徵帶眾生入於一切智海。海之場，由令人怖畏的生死海轉換為大悲海、一切智海，場所的轉化關鍵在於船師修大悲幢行。因為大悲，所以不畏生死苦海；因為深入生死苦海，故能獲得大乘菩提心的妙寶。

（3）小結

此參不同於第二參的海之場，第二參的善知識是以觀海為修持方式，大海所展現的面相是以自然之姿揉合神變的幻化，展現出海之場的美感；此參則將大海比喻為生死苦海，海上所起的波浪意味著變化萬端的人生問題[87]，只有豐富的海上知識與不捨眾生的大悲，才能轉化海之場的負面意象，船師是以度眾為修持方式，較第二參更凸顯利他的意象。大海即是一個道場，船師在人生大海的航路上，進入任何境界都如同進入波濤洶湧的大海中，而他卻能安然自在、動中求靜，此參海之場在船師的導航下，呈現出知性與慈悲的光明。

水之場的三參善知識都是每個階段的第二位，分別是第二住、第二行、第二迴向，在十波羅蜜中都是修戒波羅蜜，水之場與戒的結合，似乎意味著：1）主體在面對各種如流水般變動不停的境界時，須有戒為法則，才能有所把持。2）水的動相猶如人思惟時的動轉，而持戒就要像流水般的靈活而恰當地隨順各種境界思惟自己的應對恰當與否。3）這三參對於水的意象都賦予了智慧之意，水之具有智慧之意亦如《華嚴經》的「海印三昧」，而水之場的三位善知識都是持守戒律，與佛教所言修持戒、定，而後才有慧的說法一致。

(三) 虛空

虛空[88]之場出現的善知識，除了第三參的善住比丘，還有許多善知識都

---

[87] 山邊學習，昭和五十年（1975），《華嚴經の世界》，頁321，日本：世界聖典刊行協會。

[88] 虛空指的是離開地面的空中，非指東、西方所探討的「空間」範疇，所以本文將「虛空」歸為自然之場。

能在虛空中來往無礙,但因其他善知識在虛空中是以表現神通的廣大境界為主,並不以虛空為所住的場所,所以本文將該類型歸為「幻現奇妙的神變之場」,於第四節討論;此處「虛空」只指第三參。

(1)虛空聯結山水之場

　　第三參的善知識善住比丘是住在前往楞伽山的路上,此山在海中央,四面無路可通,除非有神通的人,否則無法前往,故稱「楞伽」,梵義「難往」。此參的場所融合一、二參的山水之場,並以「難往」之處寄位「修行住」,象徵善住比丘除了具備自然山水陶養的心性,且證入智慧大海,絕四句,離分別之道。[89]虛空之場連結山水之場並不是實有的、有障礙的連接,而是真空妙有、無礙的聯結。

　　此圖為崇善寺壁畫,善財參善住比丘局部。此圖洋溢著劇場藝術的表達方式:善住比丘同時長帶飛舞與手摩日月,象徵空有自在的境界;比丘後方繪有諸龍,以具象之雷公雷母的擊鼓鑼代表諸大龍王震雷激電;善財後方奏樂者的形象,將獨角緊那羅、六臂阿修羅的特徵合體[90],這二種角色會集於一身,是藝術上寫意精神的精鍊表現。

---

[89] 澄觀《疏》:「表修行之住是入智海,絕四句,離分別之道。」(大正三五,頁925下。)其中所謂「絕四句」是指思考萬法是否存在的基本命題——「有、無」——的邏輯有四種狀況:有、無、亦有亦無、非有非無,「絕四句」就是要超越思考的邏輯。

[90] 經中言善住比丘手摩日月,諸大龍王震雷激電,緊那羅王拊擊眾樂,諸羅剎王其形可怖,阿修羅王……。其中,緊那羅王為擊樂者,而緊那羅本為天帝的樂神,其形似人、五官端正、頭上長有獨角,並非畫中六臂凶惡貌;其六臂凶惡貌應是取自有些阿修羅有三頭六臂、憤怒裸形之狀。

（2）繽紛生動的空之場

善財求覓善住比丘時，於虛空中見善住比丘來往經行，比丘四周有各式花朵從天而降，天樂縈繞，並有雲彩、寶衣⋯⋯等眾寶佈滿，這是眾神恭敬善住比丘的供養，諸神的供養使虛空不是空蕩的空間，而是充滿樂聲、色彩的繽紛世界。善住比丘於虛空中也有戲劇性的表現，或行或住，或隱或顯，或現一身或現多身，或以手摩觸日月，或現其身高至梵宮，或化為雲煙彌覆十方，或瞬間到達不可說佛剎微塵數世界⋯⋯，善住比丘身形的變化，使寂靜的虛空充滿了動態的美感，這繽紛生動的虛空之場在敦煌壁畫中的供養天有相當精采的表現（詳見第六章第五節）。虛空之場所呈現的開闊、空蕩，表現在審美品味上，展現的便是高度的自由，是真空妙有的藝術意象。

（3）心如虛空

善住比丘身住於虛空之中，象徵觀法如虛空[91]。他並不是死寂不動的定在虛空之場，而是來去自在、變化自如，這不僅是觀外境如空花水月，更是因於善住比丘心如虛空，心不住於任何處所，不著靜亦不動亂，不留滯於染淨二障[92]，故其名為「善住」。因為萬法沒有剎那的暫住，而緣起的空性則是從來不變，本來如此。若能與空性相應或證入，也就獲得一種超時間的現覺。[93]此參善知識名為「善住」，並以虛空為場所，意味著安心的最好方式就是無住，以無所住而生的心是如虛空般無一物能滯礙的住，所以善住比丘猶如飛鳥，上天下地速疾成就，並能隨意化現莊嚴物，於一剎那頃供養不可說微塵數的諸佛場所，因而證得「普速疾供養諸佛成就眾生無礙解脫門」。

（4）戒的自由

善住比丘於虛空之場之所以能來往無礙，是因於持戒，「得無礙解脫，皆由持別解脫戒為依地故，非戒不能修治心故。」[94]修治心地的基礎工夫是持

---

[91] 澄觀《疏》：「表此住中，觀一切法，如虛空無處所。」（大正三五，頁 925 下。）

[92] 李通玄，《新華嚴經論》，大正三六，頁 958 中。

[93] 印順，1989，《華雨香雲》（妙雲集‧下編之十）頁 169-頁 170，臺北：正聞出版社。

[94] 澄觀《疏》，大正三五，頁 926 中。

戒，清淨律儀能使心地清淨，達到無礙解脫的境地，日本華嚴學者山邊學習即言：自由無障礙的境地是理想的宗教境界，而戒的世界是現實的宗教生活；然而要有自由天地的人，必須在我們的世界與戒的現實宗教中相連。[95]於虛空之場展現出高度自由的善住比丘，示現戒是他的基礎工夫。

（5）小結

此參的場所是在海中之山的虛空，融合了一、二參的場所精神，並具有虛空之場自由無礙的精神，這三參有其共同的特徵，但也有不同之處：1)第一參與此參同樣是供佛，但第三參除供佛外，並成就眾生，意味著寄位愈後面的善知識其空間內容愈開闊、愈豐富。2)第二參與此參同是持戒，並以大海為思維境界，此參是隨順一切境界皆觀察之，較之第二參的思維境界更細微、更精緻。3)這三參都是以比丘的身份出現，且都以自然之場為空間處所，表示初修道者要清淨心靈也需藉助自然之場。有了解脫三界的出離心[96]，再以解脫心返照世間境，才能在塵勞的翻騰中始終保有一顆清淨的心，「一切眾塵勞，無不恆清淨」[97]。第四參不再是僧人，而是俗人居住市肆，在意境上則有另一番的轉折。[98]

（四）樹林

> 林乃樹林的古名。林中有路。
> 這些路多半突然斷絕在杳無人跡處。
> 這些路叫作林中路。
> 每人各奔前程，但卻在同一林中。

---

[95] 山邊學習，《華嚴經の世界》，頁76-77。

[96] 李通玄：「入十住中得出三界解脫心，還以比丘表之。」（《新華嚴經論》，大正三六，頁95下。）

[97] 李通玄，《解迷顯智成悲十明論》，大正四五，頁733上。

[98] 李通玄：「意明先修出三界解脫方修世法住於生死故。」（《新華嚴經論》，大正三六，頁958下。）

> 常常看來彷彿彼此相類。
>
> 然而只是看來彷彿如此而已。
>
> 林業工和擴林工識得這些路。
>
> 他們懂得什麼叫作在林中路上。[99]

　　樹林[100]中有許多小路，不識路的人常迷失在樹林之中，只有熟悉樹林的人才能走上正路。海德格以林中路比喻道（存有），只有瞭解道（存有）的人才能分別正道與歧道。善財參訪的善知識以樹林為場所者也有類似的空間意象，林之場因為他們的存在而成為無有歧路，且是通往真理的場所。林之場有三：第八、十一、二十三參。

1. 蒼郁仙林——第八參

　　第八參善財來到有海潮的國家，這是象徵善知識住在生死海，大悲救渡眾生而無有失時，猶如大海潮般不失時。[101]此參善知識名為毗目瞿沙仙人，此名意指他善於安慰眾生，令人不憂不懼。[102]

（1）仙人之林

　　善財在林中見到仙人，這是座蒼郁的樹林，有著濃蔭的大樹、相續成熟的果樹、花朵盛開的華樹、常出好香的沉水香樹、清幽的蓮華池……。在地理學上，樹林是有界線的森林，森林大多充滿奇怪和恐嚇力量的蠻荒地，樹林則是可以被理解，並具有積極的意義，西方以界定的小樹林或花園象徵是天堂，在中世紀的繪畫中，天堂被描繪成充滿「生命之樹」的完美庭園，樹林中為人所熟悉的元素被集結在一起；果樹、花和溫順的水，水被構築，被

---

[99]　馬丁・海德格，孫周興譯，1994，《林中路》，頁 1，臺北：時報文化。

[100]　樹林或許具有人為因素所構築而成，但這類的樹林較之人為意象濃厚的園林更接近自然，因為設計者的理念是希望保有自然的環境。

[101]　李通玄，《新華嚴經論》，大正三六，頁 961 下。

[102]　「常出增上無怖畏聲，安眾生故。」澄觀《疏》，大正三五，頁 931 上。

賦予精確的定義。[103]仙人所居的樹林就像是座天堂，有果樹、花和溫順的水，不僅落英繽紛，而且瀰漫濃郁的香味。這座樹林除了形似天堂般的仙境，李通玄並認為有象徵意義：「林樹莊嚴，明蔭覆利物。池沼蓮華莊嚴，明慈悲處世而無染行。」[104]樹林是仙人的依報，依報莊嚴是源於仙人慈悲利物而不染著所成就的。

善財見到仙人之時，毘目瞿沙仙人在栴檀樹下敷草而坐，有萬名跟隨者或穿鹿皮、或著樹皮、或編草為衣服，這是以外道身分度化外道，有如野人的行徑，是身體空間與自然空間融合的表徵，以此示現「少欲知足」的意象[105]。仙人以自然無染而住於樹林，表示主體仙人的智淨如林，也表示客體林之場是清淨如仙，總體而言，這座林之場展現主體清淨的仙人之林。

（2）時空無礙

仙人執善財手，善財即見其身往十方十佛剎微塵數世界，經不可說微塵數劫，並得三昧；仙人放善財手，善財則見其身還在本處。雖然善財在仙人的加持力下身遍十方，但在空間上卻是「不移本處而遍十方」[106]；時間上也是「念劫圓融」[107]。除因圓教善友的法門加持力外，主要是仙人具有「能照之智作用，無盡之寂照」[108]，故能普照十方，令心障淨智明，而達到近遠無礙，長短自在，時間和空間圓滿寂照。

---

[103] Eliade，op.cit.頁 100 轉引自 Christian Norberg-schulz 著，施植明譯，《場所精神——邁向建築現象學》頁 24，臺北：尚林。

[104] 李通玄，《新華嚴經論》，大正三六，頁 963 下。

[105] 李通玄，《新華嚴經論》，大正三六，頁 963 中。

[106] 澄觀《疏》，大正三五，頁 931 下。

[107] 澄觀《疏》，大正三五，頁 505 上。

[108] 李通玄，《新華嚴經論》，大正三六，頁 966 下。

此圖為崇善寺壁畫，善財於樹林
參毘目瞿沙仙人局部。仙人執善財手
，善財即見自身往十方十佛剎微塵數
世界。圖以善知識和善財周身現數道
光，光中各有坐佛，象徵已至佛國淨
土。

（3）小結

此參的林之場有如天堂般的仙境，花木繁盛、池沼莊嚴，以及主體本身
的清淨莊嚴，仙人並以神通變化帶領善財體證近遠無礙、長短自在的境界。

2. 重生之林──第十一參

善財遊行於城邑聚落、村鄰市肆、川原山谷，一切地方求覓善見比丘。
善財在各式的空間場所尋找善知識，這是表徵此參的善知識「隨緣造修，無
不在故。」[109]有緣之處，善見比丘無不現身前往。

（1）重生的樹林

善財見到善見比丘時，只見比丘在林中經行，古德認為樹林中的林木蒼
蒼、根莖枝葉和花朵果實非常豐盛，如此富裕的空間意象暗喻善見比丘善行
豐饒，與環境相輝映，在此環境的眾生都可受到善見比丘的庇蔭，[110]有如西

---

[109] 澄觀《疏》，大正三五，頁 931 中。

[110] 李通玄：「行廣多如林覆蔭，根莖枝葉花果明齊，俗行如是故。」（《新華嚴經論》，大正三六，
頁 966 下）。此外李通玄在《略釋新華嚴經修行次第決疑論》亦言：「林者，以明行能蔭覆眾多
故。」（大正三六，頁 1017 中）

方的天堂，是個花木繁盛的安樂場所。比丘在林中往返經行，因為比丘無所不在，所以「往返」有生死涅槃的意涵[111]，意指比丘於往返之間，救度眾生返回涅槃境界。從眾生界至涅槃界，比丘以樹林作為空間轉換的場所，樹林之所以作為空間轉換的場所，因為樹具有「新生」的意象，樹每年都重新扮演著非常創造性的過程，樹由地面升起而聳向天際使天和地相結合，這種種特性在原始宗教中，樹即宇宙，樹使得宇宙再生，同時總括了宇宙。[112]善見比丘在林間往返，象徵帶領眾生脫離人間，進入另一個宇宙──涅槃境界，擁有全新的生命。

　　善見比丘於林中經行時，無數諸神在側，他的一念就可展現出佛境界的空間，「一念中一切十方皆悉現前，……一念中不可說不可說佛剎皆悉嚴淨……」[113]這種幻化神變而富裕的空間，在西方就是天堂，是神才擁有的力量。這座樹林與第八參的林之場同樣具有西方天堂的意象，所不同的是，第八參的林之場是與人間隔絕的天堂，是清淨的仙人之林；此參的林之場則是在比丘的往返經行中，帶領眾生由生死人間進入涅槃境界的重生之林。

　　（2）身如華樹

　　　善見比丘是位美貌的少年，具有佛三十二相的十六種。經文對善見比丘的形容也配合場所以樹作比喻：「其身殊妙，……上下端直，如尼俱陀樹」，尼俱陀樹「其枝橫布，與上聳相稱。非如建木，一向直聳；非如傍覆，一向娑婆，故云上下端直。」[114]以巨樹的旺盛生機及其著根於大地深土中且向無限的天空伸展的形象，象徵善見比丘能溝通天地上下層，也就是能連繫涅槃與娑婆世界，將塵世轉化為淨土。而比丘身體的空間與所居空間都具有樹的

---

[111] 李通玄：「度眾生令至涅槃。」（《新華嚴經論》，大正三六，頁 966 下。）

[112] Eliade，op.cit.頁 100 轉引自施植明譯，Christian Norberg-schulz 著，《場所精神──邁向建築現象學》頁 24，臺北：尚林。

[113] 《華嚴經‧入法界品》，大正十，頁 350 上。

[114] 澄觀《鈔》，大正三六，頁 674 下。

意象，這是暗喻主客渾融的境界。比丘對於任何境界「心無所動」[115]，經行時，心不浮沈、不遲不速、動靜一如，靜不忘失觀照的工夫、動也不離開寂靜的境界，是止觀雙運而無心寂照，[116]善見比丘與外境遮照同時，他的身體空間與所居空間自然化為一體，呈互融之境。《華嚴經・離世間品》有段偈語以樹象徵修道者，最能表現善見比丘身如華樹的德行：

> 智慧以為身，方便為枝幹，五度為繁密，定葉神通華，一切智為果，
> 最上力為鳥，垂陰覆三界。[117]

（3）小結

從善見比丘身體的空間到他經行往返的樹林之場，都以樹為意象，暗喻善見比丘心境如如平等，在任何境界都能遮照互融，於林中則能蔭覆眾生至涅槃境界，具有重生的天堂意象。

3. 無憂之林──第三十三參

第三十三參的善知識也以樹林為居所，是寄位第三「等一切佛」迴向的無上勝長者，他住在無憂林，無憂林位在可樂城城東的大莊嚴幢，此林所在城市及其方位，都具有象徵意義。

（1）悅樂之城與無上勝長者

此參善知識寄位等一切佛迴向，表其等同一切如來能迴向佛道，無人更勝於他，故其名為無上勝，長者心地清淨無有分別，對於事物無有愛憎，因而心得自在，歡喜悅樂[118]，並以所住之城──可樂城──呼應長者心境的悅樂。

---

[115] 《華嚴經・入法界品》，大正十，頁349下。

[116] 澄觀《鈔》：「雙運即為雙照，無心即為雙遮，遮照同時，互融平等，即是如如平等之境。」（大正三六，頁674下）

[117] 大正十，頁314上。

[118] 澄觀《疏》：「由等佛迴向，不見美惡，皆得清淨，歡喜悅樂。」大正三五頁938中。

（2）無憂之林

無上勝長者最善於理斷人間事務，當善財見到長者時，有無量百千人圍繞著長者，請他排難解紛。長者住在無憂林，無憂林是自在悅樂的林之場，悅樂之場的善知識卻直接面對人間的黑暗和爭訟，所做之事與所居空間呈現對反的意象，這是以對反的意象烘托長者出入世間的慈悲與自在無礙，因為：1)林之場具有廣蔭眾生的意象[119]；2)無憂林位於可樂城的城東，東方是日出之處，意指「啟明」。二者連結則象徵無上勝長者可以將眾人從黑暗、紛爭中帶領出來，走向自在悅樂的境地。3)無上勝長者寄位第三迴向，在十波羅蜜中修持「忍辱」波羅蜜，因而他能在無量百千人爭訟的林之場安忍一切境界，安詳自在，是故此參的林之場具有鬧中求靜的意象。

（3）小結

此參與十一參的林之場是不同的意象：十一參從林之場到善知識心念的境界，都展現出天堂般的清淨意象，沒有一絲人間的黑暗。此參的林之場，就樹林及其所在城市的名稱思維其空間，都似描述快樂無憂的天堂般境域，但在林中卻有一群人圍著無上勝長者訴說人間的醜惡。第十一參是不沾染人間黑暗的林之場，雖然清淨無染，卻不及吵鬧無休的林之場，這意味著能自由無礙地出入人間與天堂兩種背反的空間，是更高的層次。

(五) 小結

十一處自然之場的自然的意義，以一種與人類相關的新方式結合在一起，像語言元素被組合成一種新的複雜的意義，啟發了自然的蘊意以及人在整體中的角色。總的來說，自然之場有幾點意義：

1. 從空間的觀點而言，人需要一種包被，因此人在自然中便企圖定居於

---

[119] 除了十一參已說明過，李通玄長者在此參也註解：「林者，以此長者行遍十方隨形而廣蔭群品，以行廣多覆蔭故為林；亦以化他令無憂故，為無憂林。」（《新華嚴經論》，大正三六頁 978 下。）

能夠提供一個界定的空間場所。[120]但是十一位善知識不是在包被的空間，而是以天地為居所，無論是山中、水邊、或林間，雖有特定的場所，但都是敞開的空間，沒有內外的阻隔，也沒有可入不可入的分別，甚至於第三參的善住比丘是住於虛空中，無所依憑的置身於天地之間，這是不同於一般人所需要的空間，因為他們是無執的存在。

2. 從空間特性的觀點而言，自然場所包含許多有意義的物，如岩石、樹木、火和水，皆能表達一種「邀請」、「參與」，現身同我們溝通。[121]在吠陀時代的亞利安人認為自然界的物是神聖的，並將祭壇安排在自然之場的某株巨木下、某湖岸邊，或某塊岩石旁⋯⋯，宗教儀式就在這樣的地方舉行，因為他們認為自然之物都具有神聖性。[122]善財參訪的四種自然之場，因為物所展現的意義，使居於場所中的人領悟真理：1)山的寂靜不動、高瞻遠矚，使走入山之場的人體會止靜的定力與高遠的識見。2)海的動態境相，令觀海者獲得大海般流淌無窮的智慧。3)虛空之場的空而不空，使心如虛空、自在無礙。4)濃蔭的樹林則似走進有如天堂般的清淨無憂。

3. 人與場所之間的心物關係，除了場所傳遞的訊息影響主體，環境也因主體心靈的不同而呈現不同的空間境相，也就是完型心理學家所謂的「同形同構」：1)海雲比丘當他心華開敷時，大海相應其心而湧現蓮華，華上並有佛坐其中，大海的自然面相因為海雲比丘主體心靈的轉變而呈現幻化的神變現象。2)善住比丘心如虛空，因而相應於、並能置身於虛空之場。3)善見比丘身如華樹，樹象徵德行的生命，寶樹行列則代表林林總總的德行生命的繁茂，身體的空間亦如所居的空間，心境一如。

4. 在同一類自然之場中，後一處場所較前一處場所更接近人間：1)在山

---

[120] Christian Norberg-schulz 著，施植明譯，1986，《場所精神——邁向建築現象學》頁171，臺北：尚林。

[121] 同上。

[122] 約瑟夫坎伯（J.Campbell）著，李子寧譯，1997，《神話的智慧》（上）頁157-頁59，臺北：立緒。

之場中，第一處在不食人間煙火的高山上，最後一處則在就物利生的巖谷林泉。2)海之場的第一處是神變的海中湧蓮，最後一處則是從眾生的生死苦海轉化為大悲海、一切智海。3)林之場中，第一處是有著天堂意象的清淨樹林，最後一處則是將爭訟之林轉化為可樂之林。這些空間特徵，意味《華嚴經》重視人間和清淨的涅槃境界的相即關係。

5. 自然之場的十一種空間境相，彰顯出「一花一世界，一葉一如來」的奧妙和修行的形上意義。在表現上，或以刀山＊海的強烈意象來象徵修持需有堅強的勇氣和毅力；或以柔軟的水來象徵智慧和心靈需有柔和的善巧；聖山、聖樹代表朝天之旅；上升與飛翔於虛空中，表示離地而自由的運動，不再受到限制，「上行」式的結構動勢，象徵經歷是不斷的向上超越的精神實質。總之，自然之場的空間意象暗示了修行的方式是多元的，或須剛強如刀，或須柔軟如水，或須積極向上，或須自由飛翔。

三、崇高莊嚴的建築之場

善財童子參訪中有十三位善知識在建築之場，建築物是具有結構，同時能使意義具體化，這些意義和結構反映出設計者（即善知識）對存在情境的理解，將這些意義「詮釋」成人為的造型就是建築物。透過建築物，具有獨特場所精神的建築之場被創造出來，建築之場變成一個小宇宙，「構築」了一個世界。[123]善財在建築之場參訪的善知識是利用建築物的特質形成場所精神，善知識利用建築之場「詮釋」法意，並使建築之場變成非常有意義，顯出莊嚴崇高的意象。十三位善知識棲居的建築之場分六類：

---

[123] Christian Norberg-schulz 著，施植明譯，1986，《場所精神──邁向建築現象學》頁 58，臺北：尚林。

（一）城市

　　城市[124]是大範圍的建築之場，建築的基本行為是建造者須了解場所的使命，使場所精神具體化。城市有很多可見度高的符號，最重要的，城市本身就是個符號，象徵著超越性和人造的秩序，相對於大自然無為而無不為的力量，城市是參與主體賦予意義的場所。城市具有公共性，又為公眾生活所體驗，是公共性和集體性質使城市的歷史與記憶呈現出來，並成為具有精神的地方。城市整體上超過個人能及的範圍，在城市空間棲居，實際上是一種集體棲居，人與人之間的交往和文化的發展變得頻繁、快速，並能感受到城市空間的豐富性。以城市為教化場所的善知識有四：第四、十四、十六、十八參。

1. 商場市集——第四參

　　善財參訪三位居住在自然之場的善知識後，第四參來到人潮洶湧的都會尋找彌伽居士。彌伽意指「能伏」，出世間智恆現前，世間智也具足，真俗二智皆已證得，能伏邪見異論，故名「能伏」[125]。住在「達里鼻荼」國的「自在城」，國名及城名意指彌伽大士破除謬解邪見，自在圓滿。[126]

　　（1）慾望、誘惑的空間意象

　　善財見到彌伽居士時，他正在熙熙攘攘的市集中。市集是以城市的綜合性、複雜性作背景，市集可說是城市的縮影，由市集的空間可以體驗城市的空間。羅蘭巴特（Barthes，1986）對都市的分析說到：在任何文化裡，我們

---

[124] 「城市」此一概念可有許多不同定義，所有定義的唯一共通點是：城市是個（至少相對而言）密集的「聚落」。若以純粹經濟的觀點定義，城市則是一個居民主要是依賴工業及商業——而非農業——為生的聚落。（韋伯著，康樂、簡惠美譯，1993，《非正當性的支配——城市的類型學》頁 1-3，臺北：遠流。）

[125] 澄觀《疏》，大正三五，頁 927 中。

[126] 澄觀《疏》：「達里鼻荼」意指「消融，謂從聖教生，消謬解故。城名自在，於三世佛法了知修息，得圓滿故。」（大正三五，頁 926 下。）

面臨的城市是隱喻的無盡鍊結，其中的符旨總是在退卻或自身成為一個象徵。運用在城市閱讀時，他提出和傳統都市規劃的研究與調查不同的角度，稱之為「情慾」的向度。城市的情欲乃是由都市論述中無盡的隱喻性裡抽引出來的軸線。[127]羅蘭巴特以「情慾」的向度勾勒城市意象，此外，他並認為城市是社會活動交換的地方，而且，城市總是被認為是顛覆性力量、決裂的力量，以及遊戲的力量作用和相遇的空間。[128]總歸來說，相對於自然之場的城市，是個充滿欲望、誘惑和人為力量作用的空間。

（2）宗教儀式淨化市集

彌伽居士坐在說法師子座上，有一萬人圍繞著他，他從口中放出種種光，口中放光是象徵教化之光[129]，遇到此光的眾生就會到彌伽所在之處，彌伽即為演說輪字莊嚴法門，這法門能知三千大千世界所有語言。在地理學上，一個典型的市集地是由多種活動整合而成，但是，其中只有一種具有高度吸引人的特質，亦即宗教性的活動，在活動中可看出宗廟之神在世俗上主宰著這個地區，這種活動的作用，可把市集的戲劇性轉化為一個封閉空間。[130]彌伽居士在市集中扮演了主導空間情境的角色，有如地理學上所說的「宗廟之神」，市集原本是一個沒有私密而開敞的公共空間，彌伽大士以市集為教化之場，教導來此場所的大眾語言陀羅尼，使以商業活動為性質的市集，轉換成具有宗教儀式淨化作用的封閉性之神聖空間。

（3）真俗自在

彌伽所修的輪字莊嚴法門，「依毘盧遮那經第五別有字輪品云，是遍一切處法門，謂菩薩若住此字輪法門，始從初發妙菩提心乃至成佛，於是中間所

---

[127] 顏忠賢，1996，《影像地誌學——邁向電影空間理論的建構》，頁 159，臺北：萬象圖書。

[128] 同前註，頁 160。

[129] 李通玄，《略釋新華嚴經修行次第決疑論》，大正三六，頁 1026 下-1027 上。

[130] 李鐵男，1992，《建築現象學導論》頁 178，臺北：桂冠。

有一切自利利他種種事業皆得成就。」[131]輪字是會轉的字，也就是由基本的字母轉出無量無邊的字，因此修輪字法門能總持一切語言，由總持一切語言文字，進而總持一切眾生心念。心念是透過語言文字表達出來的，要了解眾生心念就要以語言文字為媒介，深入不同的語言文字就能打開不同的心靈境界。

　　善財參訪的前三位善知識是在自然之場成就眾生，或在山頂、或在海邊、或在虛空，皆非世俗社會；彌伽大士則將成就眾生落實於人間，除了以市集為教化之場，所證法門也表現出真俗圓融的特色。輪字法門能無障礙地知悉眾生心念，進而無障礙地依眾生心念契理契機施教，相對於前三參法門的偏真不俗——第一參證入佛境界、第二參遍知一切法、第三參以供佛而成就眾生[132]，彌伽大士所證的輪字法門是貼近於眾生的，在貼近眾生之中又能令眾生超脫於世俗之外，法門能俗卻又能俗而不俗，展現出真俗自在圓融的特色。

　　從另一個角度來講，自然之場的絕塵超俗有助於清淨和收攝置身其間者的身心；而彌伽大士在物慾橫流的商場，不但無助於淨化身心，反有勾動慾望的誘惑。要在俗世間而超然於世俗之外並不容易，何況彌伽是在爾虞我詐的市集中，空間本身並非清淨之處。而彌伽「處煩闠而不亂」[133]，乃至轉市集為神聖空間，凸顯了空間主體的高明和自在。

　　從空間主體來談，一、二、三參是山、水、虛空三種自然之場，以比丘為空間主體，意指「先修出世，方學世間，自在無業，不染著世間故。」[134]象徵在求道的路上，若未曾經歷山的凝「定」、水的「慧」流、虛空的「無住」，作為空間主體的我，投入世間勢必迷失於紅塵之中；若先在自然之場的場所

---

[131] 澄觀《疏》：「輪有多義：一約字相，楞伽中云，字輪圓滿，猶如象跡等。二約所詮，盡理圓備，如輪滿足。三約妙用，謂妙音陀羅尼有轉授義、減惑義，如法輪等。……所謂字輪者，從此輪轉而生諸字，輪是生義。」（大正三五，頁926下）。

[132] 第一參的法門是「憶念一切諸佛境界智慧光明普見法門」，第二參的法門是「普眼法門」，第三參的法門是「普疾速供養諸佛成就眾生無礙解脫門」。

[133] 李通玄，《新華嚴經論》，大正三六，頁958下。

[134] 同上。

精神洗鍊下，得到出世的菩提心，獲得同於十方諸佛法身根本智，再入俗世，則能真俗自在。

（4）小結

善財前三參在遠離塵囂的自然之場，善知識以比丘為代表，表示「入十住中得出三界解脫心」[135]。第四參回歸人間，來到彌伽之所，是俗人的市集，象徵已修出三界解脫法，方修世法，住於生死。而彌伽大士因為具有處世不染的定慧，消融真與俗，且通達世俗語言，真俗二智自在完備，故能身處俗世、自在無礙。以城市為居所的善知識，都豁顯了這種精神。

2. 市中廣場——第十四參

善財第十四參在大興城內見到明智居士，善知識在市中四衢道的七寶台上，坐在無數寶莊嚴的法座上。

（1）廣場是城市的留白

明智居士設立的寶台寶座是在城內四條道路的交會處，道路交會處所構成的空間往往形成廣場，廣場是回家的路徑、繞行的道路、眾人集合聚會之處……，廣場在都市中顯然是扮演中心的角色，因為都市主要的元素是中心和路徑，街道是路徑，廣場則是中心。[136]作為城市中心的廣場是城市中的留白，容納一切參與、互動和賦予意義，在密集的都市迷宮與耀眼無垠的天空之間，形成一個富有意義的轉換。明智居士在此進行教化工作，具有地處城市中心、四通八達的優越性，而城市中恣意的情慾和喧擾也不會入侵這留白的空間[137]，城市的情慾向度就此轉換為神聖向度，因為廣場的空間轉換，使這個城市的一方空間呈現清淨之美。

（2）座椅空間成為廣場的焦點

---

[135] 同上。

[136] Christian Norberg-schulz 著，施植明譯，1986，《場所精神——邁向建築現象學》頁 197，臺北：尚林。

[137] 澄觀《疏》：「處喧不撓，無不通故。」（大正三五，頁 934 中。）

　　廣場中有座七寶裝飾的高台，高台上有張寶座，明智居士坐於其上進行教化工作。七寶象徵七覺支[138]，明智居士坐於其上，象徵以覺悟的高台為基礎而進行教化說法的工作。這張寶座及其所形成的空間美妙莊嚴，在視覺莊嚴上，座體以清淨的摩尼寶珠做成，摩尼寶珠意指如意寶珠；椅腳用金剛般堅固的帝青寶為材質，金剛象徵智慧[139]，帝青寶是青色寶中最尊貴的寶石[140]；整張椅子有各式各樣的寶物交絡校飾，物交絡校飾象徵眾善奉行；椅上並敷有天寶布，布是象徵柔軟、柔和，意指說法柔軟、柔和；座椅周邊圍繞著閻浮檀金作帳頂的大寶網，並有各式樣的花朵繽紛落下。閻浮檀金是最高貴的金，網是象徵攝眾，意指以高貴耀眼的法來網羅大眾。明智居士坐在此寶座，象徵他具有如寶物般莊嚴的德行，並以清澈的智慧，契理契機地柔和說法，高貴的教法網羅了聽法大眾。

　　座椅空間除了視覺和觸覺的莊嚴，並有聽覺和嗅覺的莊嚴：空氣中瀰漫著眾妙香氣、美妙過於天樂的音樂，鵝王羽翩的扇子搖動著。座椅的空間在色、聲、香、觸等四塵的烘托下成為廣場的焦點，經過廣場者必為莊嚴的座椅空間吸引而滿心悅樂，無量眾生聞之，從種種世界、國土、城邑等處來此方所。明智居士為吸引大眾至此聽法，莊嚴寶座使座椅空間成為廣場的焦點，達到廣招信眾的作用。

（3）諸寶從空而下的動態莊嚴

　　形形色色的眾生至此方所，愛欲不同而各有請求，明智居士繫念廣場中一切眾生所欲，仰視虛空，於剎那間一切諸寶悉從空下，滿足一切眾生之所

---

[138] 七覺支又名七覺分，分別為：一，擇法覺支，以智慧簡擇法之真偽。二，精進覺支，以勇猛之心離邪行行真法。三，喜覺支，心得善法即生歡喜。四，輕安覺支，止觀及法界次第名為除覺分，斷除身心麤重，使身心輕利安適。五，念覺支，常明記定慧而不忘，使之均等。六，定覺支，使心住於一境而不散亂。七，行捨覺支，捨諸妄謬，捨一切法，平心坦懷，更不追憶，是行蘊所攝之捨之心所，故名行捨。（丁福保，《佛學大辭典》）

[139] 「金剛」以其堅固能斷難斷之物，象徵智慧能斷難斷之惑。

[140] 「帝青寶」可能是指因陀羅尼羅（梵 indra-nila），此寶譯作帝釋青。《慧苑音義》卷下以其為青色寶中之最尊，故稱為青王。（《佛光大辭典》七，頁 6738 下-頁 6739 上）

愛欲，靡不周瞻。這是明智居士所行法門，因其常行空觀，觀照法空門，了解萬法緣生緣滅的理則，於是一切明智自然現前，所有善根福報皆在其中。[141]當眾生心願已滿，明智居士即如應說法，使眾生了知緣起的道理，緣聚緣滅，眾生聞法後，緣已滅盡即還歸本處。

在地理學上，城市本身有吸引力，藉著大型和嚴肅的儀式和節目活動而獲得力量和顯著的關注。古代的首都為高階層的祭儀中心，輝煌的建築物加強了神聖的佈景，儀式舉行時則吸引大量的世俗人參與活動。[142]明智居士莊嚴的座椅空間使廣場成為神聖空間，在神變的法會活動儀式舉行下，吸引大量世人的參與，使城市因而獲得顯赫的關注。

（4）小結

都市廣場的場所精神係由廣場中將意義具體化的建物所構成。明智居士以莊嚴的座椅空間將廣場的場所精神具體化為神聖空間，並使城市的一方空間呈現清淨之美，形成「座椅→廣場→城市」小空間至大空間的層層淨化、層層聖化的進程。

3. 崇峻高城——第十六參

第十六參善財來到藤根國參訪普眼長者，藤根國是取藤根深入於地的穿達特性和上發華苗之意，由此象徵此參善知識證得般若甚深如藤根深固，並發華苗生後得智，此智觀世出世法皆透徹源底如藤根之穿達。[143]

（1）聚落圍繞的崇峻高城

普眼長者所居之城有百千聚落於周匝圍繞[144]，並且雉堞崇峻[145]，表示「此

---

[141] 李通玄：「表精進心無屈撓行，常行空觀以除煩惱，得無上智心，一切依、正、法、報、人天善根，總在其中。」（《新華嚴經論》，大正三六，頁 969 中。）

[142] 顏忠賢，1997，《影像地誌學——邁向電影空間理論的建構》頁 160，臺北：萬象圖書。

[143] 李通玄，《新華嚴經論》，大正三六，頁 971 上。澄觀《疏》：「藤根深入於地上發華苗。表善現行般若證深能生後得。後得隨物而轉。故 取類於藤。」大正三五，頁 935 中。

[144] 澄觀認為，這是象徵「眷屬般若」，有五種般若，其中眷屬般若是「與慧同時諸心心所」。（澄觀《疏》，大正三五，頁 935 中。）

善知識住第六行中智慧重重無盡，尊高難入。」[146]穿過高聳的聚落，城內衢路寬平，象徵居此城的善知識「般若智慧當無涯際，世及出世智無不周。」故此參善知識名為「普眼」，表示「世及出世無不遍知」[147]，城名「普門」：「實相般若無所不通故。」[148]從城名、城市結構到善知識之名，一一顯示此參善知識證得甚深般若波羅蜜，觀照般若無所不見。

　　此城為雉堞崇峻的聚落所圍繞，雄偉的聚落有如西方莊嚴宏偉的城牆和城門，以堅實的厚牆使內部空間封裹起來，但它沒有禁錮感，而是一種保護性的形式，並界定其內為神聖空間，與外界隔絕和抵禦各種侵襲；這種防禦之事除了保障市民不受外敵侵擾，也保護死者靈魂。中古歐洲的僧侶把城牆奉為神聖，能把魔鬼、疾病和死亡驅逐離去，消滅混亂的威脅。[149]普眼長者智慧重重無盡，尊高難入，在雉堞崇峻的聚落圍繞下所形成的內部空間，成為外界無法入侵並保護市民身、心靈的神聖空間。

（2）醫藥莊嚴的空間

　　普眼長者對一切病人皆能救療，治癒後以香湯沐浴其身，並供給名貴上好的衣服、種種莊嚴、飲食及財寶，令其充足無所乏短，然後各為如應說法。世間病症可歸為二種：身病和心病，長者如大藥王，先除身病，後治心病，令眾生身心病除，心境俱空，而後能入佛智，安住平等寂滅之樂。長者又善知和合一切諸香要法，並持香普見、供養諸佛，其願皆圓滿。空間的神聖化是以祭祀為中心，並以這中心的祭祀主體之身心為出發點，向外部空間的擴散和普化，此神聖性歷程所及的空間，均屬神聖空間。[150]普眼長者以醫藥、

---

[145] 澄觀《疏》：「最高曰雉，雉重曰堞，城高曰崇，難昇曰峻」（大正三五，頁 935 中。）

[146] 李通玄，《新華嚴經論》，大正三六，頁 971 上。

[147] 李通玄，《新華嚴經論》，大正三六，頁 971 上。

[148] 澄觀《疏》，大正三五，頁 935 中。

[149] Eliade, The Sacred and the profane, p49。轉引自 Yi-Fu Tuan 著，潘貴成譯，1998，《經驗透視中的空間和地方》，頁 166-頁 167，臺北：國立編譯館。

[150] 潘朝陽著，2001，《出離與歸返：淨土空間論》頁 44，臺北：臺灣師範大學地理學系。

衣服、飲食、財寶救施病人，並為他們開示宗教法意，驅逐了身病和心病，整座聚落以普眼長者為中心點，擴散其神聖性的歷程因而解除了聚落內混亂的威脅，使聚落空間轉化為香光莊嚴、病除寂滅的神聖空間。

（3）小結

十方眾生只要前來普眼長者的居所，暫得值遇即能消滅一切煩惱，長者在一一香中出無量香，使此城在雉堞崇峻的聚落圍繞下，城的內在與外在區別非常明顯，城內是保護眾生並能心想事成的神聖空間，由外到內顯示由一個地方到另一個地方的可能性。

4. 藝術之城——第十八參

善財到了第十八位善知識所住的妙光城時，猶問眾人：「妙光城在何處？」這是善財「以觀照之力，智悲齊等，猶不自識」[151]，當眾人言：「此城即是。」善財歡喜，即「入法樂」[152]。

（1）寶石打造的城市

妙光城由金、銀、琉璃、玻璃、真珠、硨磲、瑪瑙七寶所成。城內有七重眾寶圍繞的深池子，底布金沙，八功德水[153]盈滿其中，各種蓮華遍布其上，寶多羅樹七重行列，摩尼妙寶間錯莊嚴的七種金剛垣牆圍繞，無數寶網、寶帳處處建立寶蓋幢旛，並有各種寶物所成的樓閣。這是座珠玉寶石打造而成的城市，但是此城並非僅有珠光寶氣的一面，而是處處充滿法意，如嚴飾之物皆以「七」為單位，象徵此城是大光王修持七菩提行所成就的果報，並因修持八正道分成就八功德水，防護身口意造業而形成金剛垣牆。[154]大光王以慈宮、智殿、觀樓、種種智閣成就此城，善財見城中上妙境界不但不起愛著

---

[151] 李通玄，《新華嚴經論》，大正三六，頁 972 中。

[152] 李通玄，《新華嚴經論》，大正三六，頁 972 中。

[153] 《稱讚淨土佛攝受經》：「一者澄淨、二者清冷、三者甘美、四者輕軟、五者潤澤、六者安和、七者飲時除飢渴等無量過患、八者飲已定能長養諸根四大增益。」（大正十二，頁 348 下）

[154] 李通玄，《新華嚴經論》，大正三六，頁 972 中。

之心，並且透過這些藝術表法一心思惟究竟之法。妙光城的深層結構是蘊含在寶石打造的富麗堂皇之下，因為此城並非人人皆見其為珠玉寶石，而是隨眾生心現不同境相：若心地清淨，或大光王修菩薩行時所曾攝受，則見此城眾寶嚴淨；否則見此城為穢土，或見此城其量狹小，土沙為地，地多瓦石高下不平，所以此城的珠光寶氣是建立在心清淨的深層內蘊中，只有心地清淨之人才能見其富麗堂皇。

（2）四衢道上攝化眾生

　　此城就面積而言約有十由旬，十由旬相當於一百七十里，經云城內有十億衢道，一一道間有無量萬億眾生於中止住。一百七十里大的小城豈能容納十億衢道上的無量萬億眾生？經文在此是運用「小中現大的藝術形式」[155]，妙光城象徵根本智，十億衢道象徵差別智，根本智為體，差別智為用，「十」象徵圓滿[156]，猶如芥子納須彌，「一即十故，體用徹也。」[157]表示大光王由根本智開出圓滿差別智，攝化十方無量萬億眾生。在教化空間上，大光王坐在四衢道中的如意摩尼寶蓮華藏廣大莊嚴師子座上，四衢能通南北東西百千道路，大光王坐於四衢當中，象徵他以四無量、四攝法攝受來自十方的一切眾生。[158]座位以蓮華象徵無垢，置於四衢道中意指隨意接引眾生皆令無垢無染。[159]王於蓮華座上結跏趺坐，表徵「智悲二業交徹自在」[160]。於王座前四衢道側悉置無量無邊各式寶物、衣服、飲食、湯藥一切資生之具，並有善解眾生

---

[155] 詳見第三章第二節。

[156] 澄觀《疏》：「十由旬者，欲明圓滿，……此中事物皆應圓融表法，如理思之。」（大正三五，頁936上。）

[157] 李通玄，《新華嚴經論》，大正三六，頁972下。

[158] 李通玄，《新華嚴經論》，大正三六，頁972下。澄觀《疏》，大正三五，頁936中

[159] 座之一切皆有法意：紺琉璃寶的座足象徵「智隨萬行明淨無障」，金繒之帳「表智隨慈含育眾生」，寶網「以約妙說教網報生」，天衣以為茵蓐者「以智無依為座體，茵蓐者，有文綵蓐也，以智無依，具足四無礙辯之文章引接眾生故。」李通玄，《新華嚴經論》，大正三六，頁972下-頁973上。

[160] 李通玄，《新華嚴經論》，大正三六，頁973上。

心的菩薩予以給施。大光王以財、法、無畏三施遍攝一切眾生,猶如巨大的
光明照澈一切,故其名為大光,表徵「慈定之智無不該故,廣大願中皆徹照
故。」[161]

　　(3)大慈三昧消泯空間距離

　　大光王證得菩薩大慈為首隨順世間三昧門,當大光王入三昧,此城內外
六種震動,所有報嚴、寶地、宮殿咸出妙音,並向大光王曲躬敬禮。河海騰
溢、泉涌歸王,蟲魚鳥獸、山原草木低首敬禮。天龍八部無不頂敬,夜叉羅
剎咸起慈心,有情無情乃至毒惡眾生,皆生歡喜發起善根。大光王攝化十方
無邊境界及上界天王、人天六道,無不遍攝,在十行中是人王攝化的境界。[162]

　　空間是「講話」的、是充滿了含意,在動物的行為中已證實空間是具有
含意的,每種動物都有一個「逃跑距離」、「臨界距離」、「進攻距離」,每種動
物與別種動物相處是處於一個(對牠來說)相當重要的「氣泡」中,而這種
氣泡的大小已得到很精確的測定。[163]大光王是將這些氣泡點破,因為大慈,
所以不需要任何距離,就像《列子》書中描述一位喜愛鷗鳥的小孩,每天都
到海上與上百隻鷗鳥一起遊戲,有天他父親要他抓隻鷗鳥回去,隔日,鷗鳥
只在天空飛舞而不下來[164],因為鷗鳥感受到小孩的「進攻距離」,所以牠們不
敢再接近小孩;而大光王不僅沒有「進攻距離」,並入大慈為首的三昧大定,
有情無情同入此三昧大定,物我無二無別,這是蓮華藏世界中的境界,是智
境,也是藝術的化境,非情識所為。大光王以智歸情,以物心為心,令有情
眾生獲得無情草木之報,以智迴轉。[165]

　　(4)小結

---

[161] 澄觀《疏》,大正三五,頁936上。

[162] 李通玄,《新華嚴經論》,大正三六,頁973下。

[163] G・勃羅德彭特等著,樂民成等譯,《符號・象徵與建築》頁45,北京:中國建築工業

[164] 《列子・黃帝篇》第十一則故事。

[165] 「正以定示,顯定業用,情與非情咸成勝益者,謂同體大慈,物我無二。」(澄觀《疏》,大正
三五,頁936中。)李通玄,《新華嚴經論》,大正三六,頁973下。

善財參訪的大光王是寄位十行中的第八難得行，以願波羅蜜為主，智從悲而起行用，對治智悲不自在障，得大自在。[166]寄位第八行的大光王因而能將城中有情無情自在點化，同入無二無別的藝術化境，使這座由珠玉寶石砌成的城市，從形式到內容來看，不啻是座藝術之城。

這四參居住在城市之中的善知識，雖有不同的城市意象，但都將城市的雜染轉化為神聖空間，成為人與神聖空間的互動關係。白居易在〈中隱〉一詩中提出，「大隱」隱朝市，「中隱」留司官，「小隱」隱丘樊。[167]大隱的關鍵在於心造其境，心無繫縛，雖以城市為居所，但於境不著境，心定神閒，不必身處山林就能逍遙自在。四位善知識都是大隱於市，隱於市不是為了仕途之便，而是為了接近大眾、度化眾生，若居於與世隔絕的山林之中，欲度眾生也鮮有眾生可度，所以，以城市為居所較之以山林為居所的善知識更彰顯了「懷道利生」[168]的悲心、處俗自在的逍遙。

(二) 園林

園林[169]的時空表現，既要滿足人們的流動觀賞，又要滿足人們的靜觀細玩，所以需要足夠的空間延伸與間隔以產生遊趣。在善財童子五十三參當中，有三位善知識是住在園林中，分別為：第七參「普莊嚴園」的休捨優婆夷；第二十四參「日光園」的師子頻申比丘尼；以及第三十九參「嵐毗尼園」的妙德圓滿神。其中「普莊嚴園」和「日光園」的空間佈局極為類似，只是在

---

[166] 李通玄，《新華嚴經論》，大正三六，頁 973 中。

[167] 白居易〈中隱〉：「大隱住朝市，小隱入丘樊。丘樊太冷落，朝市太囂喧。不如作中隱，隱在留司官。似出復似處，非忙亦非閒。不勞心與力，又免飢與寒。……」（清聖祖御定，1986，《全唐詩》（七），卷四四五，頁 4991，上海：古籍出版社。）白氏對隱逸文化已偷偷置換，把具超越精神價值的隱逸文化，俗化為解決生計與保命存身的現實策略，違背了隱逸的旨趣。

[168] 李通玄，《新華嚴經論》，大正三六，頁 969 中。

[169] 「園林」在古今中外根據不同性質、規模雖有不同稱呼，但都具有一共同的特點：在一定的範圍內，利用並改造天然山水地貌，或者人為開闢山水地貌，結合植物的栽植和建築的佈置，構成一個供人們觀賞、遊憩、居住的環境。（杜汝儉、李恩山、劉管平合編，1987，《園林建築設計》頁 1，臺北：明文書局。）

形象運用上略有出入,「普莊嚴園」如其名呈現出淨土般極盡質量的境象;「日光園」的環境佈局則雖較之簡單自然,但不失華嚴富麗莊嚴的特性。這兩座園林由於空間結構的相類,本文合併處理,至於「嵐毗尼園」則獨立討論。

1.「普莊嚴園」和「日光園」

下就兩座園林在「形象的運用」、「感官的審美設計」及「以園林之空間美感達到教化作用」三方面作一比較分析:

(1)形象的運用

園林中「形象的運用」,是指以視覺形象(如:色彩、形狀)、聽覺形象(如:鳥語、音樂)、嗅覺形象(如:花香、檀香)、觸覺形象(如:柔軟的地面)等五官具體的對象而營造出空間特有形象氛圍,並在基礎的感受性上,開展出高層次的心靈感悟,達到身心靈的淨化作用。兩座園林在形象運用上的巧妙如下:

①植被

植物是園林環境中的重要要素,「普莊嚴園」和「日光園」分別各栽植了八種植物,植物的形象在色彩、形狀、氣味上可構成多種多樣的園林空間,形成園林幽雅閑靜的寧謐氣氛,因而園林的佈局常以植被創造空間美感。

②水體

園林常有水池,靜謐的水池能倒影萬象,使園林景致盡收水面,微風吹拂,靜中有動,富有生氣,是以「普莊嚴園」和「日光園」皆設有水景此一形象。「普莊嚴園」的水景皆為靜水,浴池和陂池(蓄水池)以種種珍寶襯托水的清美;而「日光園」的水景除了靜態的呈現,並有動態的泉流,水形多變,水聲悅耳,生機盎然。

③池面點綴物

兩座園林皆以蓮華豐富水景,「普莊嚴園」的蓮華是一切妙寶所成,莊嚴富麗,摩尼華光四射;「日光園」的蓮華則呈現自然之美,是青、紅、黃、白等色的蓮華敷布水面。「普莊嚴園」在靜水中栽植蓮華,能加強和豐富靜態的美感,而「日光園」並在流動的泉流中以華襯水,更形成動中求靜、動靜互

襯的意境。

④建築的佈置

植物與建築結合能突顯建築的主題，就像紅花配綠葉，更能襯顯花的嬌豔。兩座園林在泉流綠樹間皆有樓閣宮殿座落，使固定不變的建物變得生動活潑，富有變化。植物因宮殿樓閣而更形莊重典雅；樓閣宮殿也因華樹而柔和了建物的剛硬冰冷，植物與建築兩種形象的搭配可謂相得益彰。

⑤寶座的設計

兩座園林皆設置了寶座，「普莊嚴園」的座椅是設計在宮殿中，不同材質、珠寶裝飾的蓮華座周迴布列在宮殿中。「日光園」則將師子座設於大樹之下，每一株樹都有不同莊嚴具裝飾的師子之座，二者的結合使寶座更形清涼莊嚴。

⑥特異景觀

兩座園林並運用了種種莊嚴具，包括視覺形象的帳、網、瓔珞、鬘帶、光明，聽覺形象的寶鈴，嗅覺形象的熏香，和觸覺形象的大地上覆蓋了柔軟妙好的迦陵陀衣（鳥羽所編織的地毯），使空間環境更加多樣而富變化，滿足不同感覺的審美情調。

⑦形象關係錯綜複雜

空間形象間的關係錯綜複雜，一種形象既可為主景，亦可作為其它形象的襯托，例如「普莊嚴園」若以「莊嚴幢宮殿」為主景，花草樹木、泉流水池皆為襯托此一宮殿的背景；反之，若以陂池為觀賞的主景，樓閣宮殿、繁華綠樹則成了水中倒影，但若無這些背景的襯托，陂池只是一灘死水，不是生動有趣的水景。而華嚴境界中的園林特別強調主伴圓明，任一形象皆可作為主景，也可作為相伴的背景，交相輝映，主伴自在。

（2）感官的審美設計

兩座園林在感官的審美設計上有其特色[170]：

---

[170] 本文在「環境設計」上的觀念，參考自艾定增、金笠銘、王安民主編，1995，《景觀園林新論》，頁 11-頁 26，北京：中國建築工業。

①涉及多種感覺

兩座園林的設計除了視覺上的多樣變化，也善於運用其他感覺襯托整體空間的美感，例如在兩座園林當中，空間環境中盈溢著鳥語天樂、潺潺水聲，一切音樂樹、寶鈴網，風動成音，使堂皇典麗的視覺之美，更營造出聽覺的饗宴，就像寺廟的梵音在寂靜的山林中顯得特別悠遠；溪流的水聲在幽谷裡聽來格外清脆，這都是以聽覺綴景的多種感覺運用。

②視距和視點多種多樣

觀景時，不僅視距因景物的遠近而有變化，視點高低也常隨地形起伏而上下，但也因此而增添動覺之美。例如在兩座園林中，若水池為近景，花草樹木為中景，透過樹葉鏤空處看到的是無邊無際的遠景，這樣的構圖創造出寧靜而豐富的空間景象。或是登上樓閣宮殿，每登高一階，視點也隨之改變。「普莊嚴園」和「日光園」皆可藉由動覺發現多種多樣的空間美感。

③富於動態變化

風濤、雨華、放光、天人乘空而下等形象富於動態變化，易形成特殊的景觀。原先放眼四望，樓閣與樹叢就如靜止的圖畫，缺乏多維度的動態變化；但當陣陣風濤形成樹海起伏、繁華天降、樂聲響起，瞬息萬變，或有天人自天而下，這種景象令人目不暇給且美不勝收。而「日光園」因善財心生恭敬，起念右繞比丘尼，時比丘尼放大光明，使園林所有形象金光閃耀，猶如金碧輝皇的殿堂，且善財及園中所有眾樹，皆右繞比丘尼，形成難思議的境象。這種多維度的動態變化，造就園林另一番的景觀。

④不同感覺形象的相互影響

環境體驗主要是以視覺為主，但也始終涉及其他感覺，空間環境中不同的感覺形象，運用在質和量上應相互配合，因為只有當它們處於最佳組合時，才會產生良好的空間美感。在「普莊嚴園」中的浴池水質清澈，周匝莊嚴，且如天栴檀的香氣氤氳，珍奇異鳥環繞池邊遊戲並發出和悅的雅音，金鈴也在微風吹拂下徐搖，在視覺、聽覺、嗅覺、觸覺等形象的協同下，經緯出浴池嚴麗而多變的空間美感。而「日光園」在不同感覺形象上的運用展現協同

之美的是其整體的空間環境：能生觸樂的柔軟大地，其上覆蓋的迦陵陀衣，蹈則足踝沒於衣中，舉則羽衣恢復原狀，樹上有無量珍鳥發出和悅的雅音，並有音樂樹、鈴網出妙音聲，繁花由空中散下，除了華香另有香王普熏一切……，「日光園」也是在視覺、聽覺、嗅覺、觸覺等形象的協同下，創造出莊嚴的園林之美。

（3）以園林之空間美感達到淨化作用

人通過多種感覺體驗藝術化的空間情境，而空間情境則會影響人格氣質的發展，所謂「與善人居，如入芝蘭之室，久而不聞其香，即與之化矣；與不善人居，如入鮑魚之肆，久而不聞其臭，亦與之化矣。」[171]普莊嚴園和日光園除以典麗的空間令遊園者潛移默化改變氣質，並以其入園條件與象徵性，使觀賞者達到深層的淨化作用：

①入園的條件

這二座園林雖是終日開放，但並不是所有人都能進入，善財是證第六住欲再進修方能入「普莊嚴園」，入園後若能見到休捨優婆夷即可入不退轉位。何以故？從美學上看，在審美境界中，主體與客體往復交流，主中有客、客中有主，物我交融之下達到主客一體的美感境界，因此，當觀者見到休捨優婆夷時，與優婆夷融合為一體，而優婆夷道德修為和心靈境界較高，定心不動，觀者倣而傚之，在主客合一之中深化心靈境界，故能臻於與休捨優婆夷同一境界的不退轉位。

至於入「日光園」則須修至第三迴向，入此園者都是「已成熟者，已調伏者，堪為法器，皆入此園，……令於阿耨都羅三藐三菩提的不退轉。」[172]遊園者的心靈境界也影響著審美境界體驗的深厚度，尤其兩座園林的審美形象具有象徵法義的意味，善體者遊園，必不空過，當能深體園中境佈置，深入物我交融的美感境界，達到深層的心靈淨化。

---

[171] 《孔子家語・六本》頁 38，世界書局，1983。

[172] 大正十，頁 364 中。

②審美形象具有象徵法義的作用

佛教一切審美形象的運用,不是為裝飾而裝飾,而是具有象徵法義的作用,藉境令觀者興發相應的淨化作用。普莊嚴園是休捨優婆夷隨眾生意樂、希望而建的,從園主名「休捨」可知,休捨意指「意樂,亦云希望,亦云滿願。」[173]休捨優婆夷因行願廣大[174]而現女居士身方便入俗,並有眾寶嚴麗的園苑為依報,其容貌端正、嚴飾莊麗,「表慈心悲愍,益物利生,調順柔和,體道無我,見者除惑。」[175]當觀者見園林形象皆廣大無礙、莊嚴無比,園主容顏美麗,因而興發效法園主之心。休捨優婆夷也令入園者證不退轉,並以端麗正報使見者在審美作用中,與美(正報莊嚴)善(慈心悲愍)的境界交融,心境合一,因而心靈淨化無垢。[176]

日光園同樣具有象徵作用,此園是勝光王捐給師子頻申比丘尼。勝光王表「智」[177],日光園以「日光」之名象徵此園以日光般的智慧令入園者破暗啟明,「表因實際勝光,令其善根遍法界之園苑故,並皆即智,故有光明。」[178]李通玄長者認為,此園以忍、智、慈為園體,園中之林表徵「慈林遍周,覆蔭廣多。」林園之美,美在觀者入園賞林之際蒙覆「慈」林的廣被。日光園主「師子頻申」,意指「慈悲適悅,行遍十方教化眾生,無有疲勞,法樂義。如人身心舒適悅樂。」[179]園主如獅子般行遍各處,以教化為樂,無有疲憊,

[173] 澄觀疏「隨眾生意樂、希望得圓滿故;亦能圓滿性相法故。以慈心方便入俗,故寄優婆夷矣。」。李通玄:「滿願,自滿本願遍化眾生。優婆夷表慈悲行也。」(《新華嚴經論・卷三十四》,大正三六,頁961下。)

[174] 「表行願廣大,盡佛界眾生界。」李通玄,《新華嚴經論》,大正三六,頁962上。

[175] 大正三五,頁935中。

[176] 「離煩惱垢,……入於無礙清淨境界。」大正十,頁343下。

[177] 「智明以願力迴向入俗行,精進和會忍智慈,總攝五位之行,總會一法界體用。」(李通玄,《新華嚴經論・卷三十四》,大正三六,頁962上。)

[178] 澄觀《疏》,大正三五,頁938中。

[179] 李通玄,《新華嚴經論・卷三十四》,大正三六,頁962上。澄觀:「舒展自在,無不至故。」(《疏》,大正三五,頁938中)

也是象徵「智」。比丘尼，出家捨棄美好的飾品是「忍」，出俗義；尼是「慈」義；比丘尼表徵「以真入俗，和融真俗、是非、染淨二見諍，成法性理智，處俗恒真無染之慈。」[180]悲心處世無染。忍、智、慈的園主，其日光園也以忍、智、慈為象徵意義。

2. 嵐毗尼園──第三十九參

　　前兩座園林為女居士和尼師的居所，雖有神變境界，但大體上是呈現世間園林的風貌；而嵐毗尼園有別於前兩座園林，造園者是女神，整座園林的出現和結構都是神變境界，因而於此另作討論。而此參的神變境界在園林中，故而不列在第四節，於此處論之。

（1）菩薩受生園林

　　嵐毗尼園「此云勝樂。……為以智慧法樂眾生故，此園林亦是如來示現下生時誕生之園。」[181]妙德圓滿女神曾發願，願菩薩來此園示現受生，經過百年，世尊從兜率天降生此林，當世尊降生此園，園林出現十種神變現象。而這十種神變現象即是嵐毗尼園的園林風貌，前七種符合園林的造景美學，後三種則完全是神變現象。這十種又可分成四類：

①地景

　　中國園林是與自然合一，園林依勢而建，地景或高或低，地質則為自然的材質，或是泥土地、或是石子地、或是木板地、或是沙地。西方園林則突出人的力量，林中土地力求平坦，或以水泥、或以瓷磚、或以石板鋪地。嵐毗尼園則接近西方的理想園林：1)園中大地忽自平坦。2)金剛為地，眾寶莊嚴，無有瓦礫荊棘。

②植被

　　西方園林中的花草均按人為的設計，圖案化的種在花壇中，樹木被修剪成方塊、圓錐、球形等幾何形狀；有的被剪成動物形狀；有的被剪成拱門、

---

[180] 李通玄，《新華嚴經論‧卷三十四》，大正三六，頁 962 上。

[181] 李通玄，《新華嚴經論‧卷三十四》，大正三六，頁 997 中。

綠牆、廊道等建築形式。嵐毗尼園中的草木則是姿態隨意的成長，並展現出林木蒼蒼、花香濃郁的自然美，接近中國的園林：3)寶多羅樹周匝行列，其根深植，至於水際。4)生眾香芽，現眾香藏。寶香為樹，扶疏蔭映。其諸香氣，皆踰天香。5)諸妙華鬘寶莊嚴具，行列分布，處處充滿。6)園中所有一切諸樹，皆自然開摩尼寶華。

③水景

在西方園林中，水被賦予整齊規正的特性，水池是規正幾何形，就是從山坡上奔瀉而下的急湍流水，也要在石渠裡循規蹈矩，沿一級一級石盤等差落下；或者通過各種機械使水噴出地面，形成整齊的噴泉。嵐毗尼園中的水景則表現出原有的自然之美，形式活潑生動，類於中國園林：7)池沼中皆自然生華，從地涌出周布水上。

④神變現象

8)林中天龍、夜叉、……一切諸王莫不來集，合掌而住。9)所有天女皆生歡喜，各各捧持諸供養具，向畢洛叉樹[182]前恭敬而立。10)十方一切諸佛臍中皆放光明，一一光中，悉現諸佛受生誕生所有神變，及一切菩薩受生功德。

前七種園林景觀是將人間的園林風貌化為神變境界，後三者則全是神變境界。

(2)菩薩誕生之園林景象

菩薩將誕生時，此園又現神變境界：1)摩耶夫人欲入嵐毗尼園時，園中普現過去所有一切諸佛入母胎時所出現的神妙莊嚴之事。2)入園後，摩耶夫人從其身出菩薩所住眾寶嚴飾的宮殿樓閣，並從其身出不可說數相好光明的菩薩，同時讚嘆如來。3)將誕生菩薩之時，忽於摩耶夫人之前出大蓮華，金剛為莖，眾寶為鬚，如意寶王以為其台，有十佛剎微塵數葉，皆以摩尼所成，寶網寶蓋以覆其上，一切天王所共執持，並降香雨，恭敬圍繞，散諸天華，出微妙音，歌讚菩薩往昔供養諸佛功德。

---

[182] 樹名，譯云高顯。佛於此降生則為高顯。

　　嵐毗尼園從人間的園林風貌變化為神變境界,「人間／神變」二元性正反事物在同一空間呈現、交替與重疊,以調和而非分立的包容性、動態地互換,呈現具有多重意義的園林。「人間／神性」複雜共存的園林環境容許二元性不同空間並存、進而轉化為一體,使整體環境在二元性正反事物中強烈結合在一起,整個環境生機地鮮活展現。

　　建築上有所謂的中介空間,中介空間是相對層次間的空間轉換介入,明確的過渡空間能讓人領悟其兩側空間所含之意義,過渡空間亦能為相互抵觸的極端提供一方共有區,使他們能再次演變為雙生現象,譬如在「人為建築體」←→「庭院」←→「自然環境」三者關係中,庭院空間是中介空間,在相對的兩端間,以既屬於「人為建築圍劃之內」而又有屬於「自然景色之外」的雙重性格,依不同內外隸屬程度之中介空間的轉換介入,造成一內外融合的建築環境。[183]建築上的中介空間是靜態的呈現,是兩處空間之間的過渡空間,有助於區別兩端空間的意義;嵐毗尼園則是在動態的時間序列上形成中介空間,在佛降生前嵐毗尼園是人間的園林,佛降生後則成為神變的境界,是「人間園林」←→「佛降生」←→「神變境界」的前後關係,在時間序列下動態的呈現,以既屬於「人間的園林」又屬於「神化的園林」的雙重性格,形成「人間／神性」複雜共存的園林環境。

　　神的居所通常是以巨大的、壓倒心靈的建築去象徵,嵐毗尼園雖為女神所居,但在空間表現上卻未以碩大的建築物來象徵神的環境,而是以二元性事物共存為複雜空間——園林——象徵神的居所,在人與神「對話」的園林空間中,容許參訪者在其場所中遊賞、體會。

　　（3）小結

　　嵐毗尼園除了地景、植被、水景符合園林美學中的地貌,其他皆為神變境界,因為妙德圓滿神建嵐毗尼園是為迎接佛的降生而設的場所,當佛在嵐毗尼園降生之時,嵐毗尼園現過去一切諸佛降生的景象。而佛是一切處一切

---

[183]　Venturi,Robbert 著,葉庭芬譯,1980,《建築中的複雜與矛盾》頁82,臺北:尚林。

時無不生,摩耶夫人示現佛菩薩降生,是約中下根眾生所見;若約上根眾生則是蓮華化身,或從空現,不從母胎;上上根眾生豁然悟道,不論如來出世,自覺聖智冥合。[184]所以,嵐毗尼園是以「十方世界塵塵中,普見如來受生境界」[185]以為園林。

在所有建築中,園林最接近自然,具有林泉山水滌除機心的作用,又在紅塵世間,不脫離人世生活,因而其空間形式具有世出世間的意味。林木深深能隔絕世俗的情欲凡囂,但又不是隱於雲深不知處的山林之中,在隔與不隔之間銜接著入世與出世的門徑。善財參訪的園林道場都是女眾所居,女眾表慈心悲愍,「普莊嚴園」為女居士道場,表徵世間朝向出世間的意象;「日光園」為尼師所居,象徵從出世間迴向世間;「嵐毗尼園」是女神為如來受生而設計的園林,此世間園林在如來降生後幻化為神變境界,象徵世出世間本為一體,世間之物也可為超世之境。三座園林巧妙地從不同的善友身分,表現出真俗圓融的菩薩用心。

三座園林皆以富貴華美為特徵,這是華嚴境界的美學性格,因為華嚴法界中的一切莊嚴「只可多不離一,不可守一以為自然」[186],所以,在華嚴境界中的園林之美,並不以簡單雅正為上,而更重在豐盛富麗,但是這些繁盛的境界是因菩薩「了法如幻」[187],因知萬法如幻,故能幻起一切法界國土莊嚴,各種莊嚴物一一無礙。

(三) 宮殿

古時不論貴賤所居之處皆稱為宮,至秦代始定為至尊所居之稱,又以殿字聯綴稱為宮殿,「宮殿」一詞自此為專用,為貴者權力的象徵。凡王者所居

---

[184] 李通玄,《新華嚴經論》,大正三六,頁 997 中。

[185] 李通玄,《新華嚴經論》,大正三六,頁 997 下。

[186] 李通玄,《新華嚴經論》,大正三六,頁 948 上。

[187] 《華嚴經》,大正十,頁 363 下。

之崇高華麗的建築皆稱為宮殿。[188]善財的朝聖行中參訪了兩位統治者的宮殿，這兩座宮殿雖是崇高華麗，卻因國王的統治方式不同而展現出截然不同的風貌。

1. 毗盧遮那藏殿——第十參

善財第十參來到師子幢王的宮殿——毗盧遮那藏殿，這是以王宮的建築形式表現華嚴的氣度和氣派，也表示第十住可以圓融前九住，且是十住的最高點，如皇宮般高偉。參訪的對象是師子幢王的女兒——慈行童女，慈行童女坐在宮殿中的龍勝栴檀足金線網天衣座上演說妙法。

（1）光明遍照的王宮

建築物常以牆、窗戶、門等暗示場所精神，窗和門因而變成裝飾主題，濃縮並形象化空間的特性。在大尺度的環境中，經常是由特殊型態的窗和門決定特性，其中窗是決定建築特性的主要因素。「毗盧遮那藏殿」意指光明遍照的宮殿，此殿在窗戶的設計上，以百千光明而為窗牖，是運用窗創造了介於外部與內部間的互動，不僅表達了建物的空間結構，同時也表達了它如何與陽光產生關聯，開口吸收、傳遞光明[189]，凸顯毗盧遮那藏殿光明遍照的特性。牆在此殿不是包被的空間，而是以閻浮檀金為垣牆，低矮的垣牆是引導空間的方向，使內部與外部結合在一起，不阻擋此殿光明遍照的特性。若是以界定性的牆為組合形態，產生的空間性質則是封閉性的、私密性的，無法彰顯此殿光明遍照的場所特性。其他如：玻璃為地、琉璃為柱、金剛為壁、寶藏摩尼鏡周匝莊嚴、無數寶網羅覆其上……，皆是以明亮剔透為特性的莊嚴物裝飾毗盧遮那藏殿。

（2）殿內的深遠意義

毗盧遮那藏殿的一一壁中、一一柱中、一一莊嚴具等等之一切事物中，

---

[188]　《儀禮·士昏》有母戒女：「夙夜無違宮室。」宮室是指所居之處。（雷從雲、陳紹棣、林秀貞著，1995，《中國宮殿史》序言第二頁，臺北：文津。）

[189]　李鐵男編，1992，《建築現象學導論》頁131，臺北：桂冠。

悉見法界一切如來從初發心、修菩薩行……，乃至示現入於涅槃，一切如來成佛過程無不鉅細靡遺地顯現。在地理學上，內部的特性意味著「深遠」意義的集結，內部所包含的事物界定了內在的目標。在各種不同層次的結構特質以及它們在造型上相互間的關係，使得個體在場所的觀點下能夠成為一個整體。[190]毗盧遮那藏殿內的事物構成「光明遍照」的整體特性，「光明遍照」在佛經上意指佛所成就的大智慧，這與殿中事物呈現與佛成道有關的內容相呼應，這些特性集結在宮殿之場有著深遠的意義。佛經所謂「光明遍照」是指在種種德行上修行圓滿，而慈行童女表「悲行遍」[191]，童子表「處世無染」[192]，師子幢王象徵「智自在」[193]，慈行童女為「智自在」的師子幢王所生，因而象徵她從智所生，大悲處世而清淨無染[194]。慈行童女寄位第十住，表示她已圓滿前九住的一切德行，因此王宮中有象徵心地晶瑩剔透的玻璃地、象徵智慧清淨而能防護的金剛壁、象徵淨行住持萬德的琉璃柱……[195]，王宮的種種莊嚴皆為慈行童女德行上圓滿成就的表法，意味著建築形式的創造，是主體存在境況的示現。慈行童女證得「般若波羅蜜普莊嚴門」，清淨的般若即為毗盧遮那藏殿之體，並以修行法界菩薩行，莊嚴成就報身功德，因此，毗盧遮那藏殿可由任一物中見法界一切事物，佛佛影現，猶如淨水普見日月星宿所有眾像。

　　（3）小結

---

[190] Christian Norberg-schulz 著，施植明譯，1986，《場所精神──邁向建築現象學》頁 69，臺北：尚林。

[191] 李通玄，《新華嚴經論》，大正三六，頁 964 下。

[192] 澄觀《疏》，大正三五，頁 932 下。

[193] 李通玄，《新華嚴經論》，大正三六，頁 964 下。

[194] 李通玄：「從智所生，悲處生死，染而與不染，習氣以盡，任運利生無染習。」《新華嚴經論》，大正三六，頁 964 下。

[195] 另如：「閻浮檀今以為垣牆者，表淨戒外嚴。百千光明而為窗牖者，以教（化）光明照俗得報也。阿僧祇摩尼而為莊校者，離垢行嚴報生。寶藏摩尼鏡周匝莊嚴者，根本智起差別智照眾生根本報生也。」（李通玄，《新華嚴經論》，大正三六，頁 965 上）

　　慈行童女證得十住圓滿之位，獲得「般若波羅蜜普莊嚴門」，並以般若為體的毗盧遮那藏殿為居所，由歷劫修行菩薩行所成就的種種福德莊嚴毗盧遮那藏殿，使此宮殿光明遍照而示現一切如來成道過程，由任一事物即可照見一切事物。

2. 地獄般的王宮——第十七參

　　第十七參的善知識是「無厭足」王，意指利益眾生無有疲厭[196]。其城名「多羅幢」，表「明淨」[197]，指此城明亮又清淨，在政治上表政治清明，無有貪官汙吏，因為無厭足王是一位勤政而以嚴刑峻法治國的國王。

（1）高偉的宮殿

　　建築語言的表述特徵是象徵，但這種象徵具有兩個層次：本能心理和文化心理，在此不討論文化心理部份。若就本能心理方面而言：高大的形象給人以崇高甚至是壓倒心靈的感受。深遠方向的形象給人深沉的感受。空間的明快多變給人以生氣勃勃的感覺，引起人們暢快的審美心理，讓人在這種空間中十分自在地活動。人的感受從生理進入心理，當他沒有進入倫理時，就直接躍向審美，這種感受就形成建築的本能心理的象徵語言。[198]無厭足王的宮殿廣大無比，這與他要樹立一權威形相有關，他是以殘暴的形相現身，威嚇統治城中的百姓，所以其宮殿也以廣大無比的建築形式表現，在審美感受上形成崇高或壓倒心靈的感受。宮殿由妙寶合成，七寶為牆，周匝圍繞，不可思議摩尼寶網羅覆其上，種種莊嚴使宮殿呈現難以思議的富麗，塑造出讓百姓可望而不可及的距離，這是以另一面相形成崇高或壓倒心靈的感受。

　　善財參訪無厭足王時，遙見他坐在那羅延金剛之座，這是以深遠的空間

[196] 李通玄：「利生無厭故因行成名。」（《新華嚴經論》，大正三六，頁 971 下）。

[197] 澄觀疏，大正三五，頁 935 下。李通玄，《新華嚴經論》，大正三六，頁 971 下。

[198] 季鐵男編，1992，《建築現象學導論》頁 113-116，臺北：桂冠。

距離給人高偉、深沈的感受。那羅延是天上力士之名，意譯為金剛或堅固[199]，象徵權威，那羅延金剛座以眾寶嚴飾，並有寶鈴恆出妙音，光明照耀十方，這是從空間的深度到座椅本身的空間，包括聲音和光線，都彰顯出威光赫奕的特徵。

（2）幻化忿怒像

無厭足王有大力勢，能摧伏他人，無能與敵，在他身旁有十萬猛將，形貌醜惡，執持器仗，攘臂瞋目，見者無不恐怖；造惡者受無量楚毒，發聲號叫，王宮猶如地獄。無厭足王以兇狠的方法懲治眾生乃至斷命，善財見之起大疑心：為何來此修學慈悲救護眾生之法？

第八參善財遇到修無益苦行的勝熱婆羅門時，同樣也質疑善知識的修行方法，是因眾天神的勸慰，才令善財全心投入勝熱婆羅門的刀山火聚。無厭足王違逆正道的行徑也有天神曉諭，言其逆行深玄難知，得道者是通於非道之行。[200]

無厭足王寄位第七無著行，無著行以出世間的清淨智慧善於出入世間作慈善主，故名無著。無厭足王證得菩薩如幻解脫，「了生如幻，故以幻化幻。」[201]王宮中受重刑的造惡眾生其實是無厭足王化現的，令眾生畏懼造作惡業會受重罰而捨離十惡業、住於十善道，究竟證入一切智地。當無厭足王懲處惡人時，其身、語、意未曾惱害於一眾生。五十三參中，只要位至第七，皆以方便波羅蜜為主，如第七參的休捨優婆夷、第二十七參的觀自在菩薩、第三十七參的開敷樹華主夜神，皆是對治處於生死中，染淨二行不自在的眾生，

---

[199] 《大般涅槃經疏》：「那羅延此翻金剛。」（大正三八，頁120下）澄觀《疏》：「那羅延此云堅固。」（大正三五，頁537下）

[200] 梁朝《攝論》戒學中說明菩薩有逆行殺等，生無量福，得無上菩提，可是這必須是大菩薩才能做此事。原因有二：一、實行；二、變化。一、實行者，了知前人必定作無間罪，無別方便，令離此惡，唯有斷命才能令他不作；或知前人若捨命後必生善道，故菩薩自念：我行殺已，必墮地獄為彼受苦，彼雖現受輕苦，必得樂果。二、變化者，即無厭足王所化現。（澄觀《疏》，大正三五，頁935下、頁936上）。

[201] 澄觀《疏》，大正三五，頁936上。

令之住於生死中而生大智大悲，任運自在。[202]

（3）小結

此參利用建築的象徵性語言，以高偉的宮殿塑造高高在上的無厭足王令人畏懼的形相，並以善知識現忿怒像，打破一般以為菩薩慈悲度眾就是慈眉善目救人的形式，真正的慈悲是可以以忿怒像現身、甚至以殺人的方式表現。此參從負面形象凸顯菩薩以何種形相現身，是很活潑、靈活、自由的。

（四）自宅

在五十三參當中，有四位善知識以最平凡的場所——家——為道場，家雖然是最平凡的地方，卻也是每個人最初的出發點和最親密的地方。家不同於其他任何場所，它是一個不可取代而具有個人特殊意義的中心。以下從四位善知識的家，探討其個別特殊的場所精神。

1. 忍德具足之家——第十三參

第十三參寄位十行中的第三行，十波羅蜜中修忍辱波羅蜜。此參善知識是具足優婆夷，優婆夷是梵語 Upā 的音譯，義指受三歸五戒而具清淨信心的在家女子。

（1）忍辱柔和的優婆夷

優婆夷名為具足，這是以德立名，「表優婆夷以住忍波羅蜜中具十波羅蜜。」[203]菩薩成佛必須具備十波羅蜜，具足優婆夷內心能安忍一切侮辱、迫害、苦痛，乃至安住於無生法理而不動心，證無生法忍，並以方便善巧、願、智、力，布施物資予所需大眾，她以安忍的心實踐了十波羅蜜；反過來說，諸波羅蜜也須以安忍的心才能成就，因此「忍辱」的圓滿成就（即波羅蜜）即具足了其餘的九波羅蜜，故而此善知識才名為「具足」優婆夷。具足優婆

---

[202] 澄觀《疏》，大正三五，頁 936 上。李通玄，《新華嚴經論》，大正三六，頁 971 下。

[203] 李通玄，《新華嚴經論》，大正三六，頁 968 下。

夷以女人的身分表示行持忍辱波羅蜜是柔和[204]的修持方式，柔和忍辱的心可以防止一切瞋恚的害毒，並能柔和善順地濟度眾生，優婆夷因此獲得正報端正可喜[205]。而其衣著是樸素的，無任何瓔珞的裝飾，這是捨棄外在的華麗裝飾以明忍狀。[206]優婆夷坐在「以忍為座體」[207]的寶座上，有十千童女圍繞，這是表示「萬行具備。」[208]童女個個妙寶莊嚴猶如天上采女，與素樸的具足優婆夷形成對比，她們聲音美妙，身出妙香，眾生遇香皆得不退轉，這是以眷屬明「萬行皆順忍故。」[209]

（2）城中之家

優婆夷住在「海住」城，意指近海而住，以此象徵其心如海，故能含眾德如海。[210]若從其修忍辱行而言其象徵意義，意指安住於忍，故能如海包含。[211]修持忍辱波羅蜜的具足優婆夷將家宅設於城中，此「城」具象徵義：「以忍防護身口意業，不令高慢，名之為城。」[212]座落在防衛身口意造業的城中之宅，表徵忍辱行是嚴以律己而非嚴以律人，因而此宅不在城外，而居城中。[213]優婆夷的宅第廣博嚴麗，眾寶垣牆周匝圍繞，四面有寶莊嚴門，她的住家之

---

[204] 澄觀《疏》：「忍辱柔和故寄女人。」（大正三五，頁 934 上。）李通玄：「以明忍辱慈悲柔和行周。」《略釋新華嚴經修行次第決疑論‧卷三之上》，大正三六，頁 1032 下。「總明忍辱柔軟和悅之行，以女表之。」

[205] 澄觀《疏》：「忍之報故。」（大正三五，頁 934 上。）李通玄：「以忍報嚴。」《略釋新華嚴經修行次第決疑論‧卷三之上》，大正三六，頁 1032 中。

[206] 澄觀《疏》，大正三五，頁 934 上。李通玄：「忍華飾故。」《略釋新華嚴經修行次第決疑論‧卷三之上》，大正三六，頁 1032 中。

[207] 李通玄，《略釋新華嚴經修行次第決疑論‧卷三之上》，大正三六，頁 1032 中。

[208] 李通玄，《新華嚴經論》，大正三六，頁 968 下。

[209] 澄觀《疏》，大正三五，頁 934 上。

[210] 李通玄，《新華嚴經論》，大正三六，頁 968 下；《決疑論》，大正三六，頁 1032 中。

[211] 澄觀《疏》大正三五，頁 934 上。

[212] 李通玄，《決疑論》，大正三六，頁 1032 中。

[213] 李通玄：「以明忍行內嚴，不居其外，故在城中。」《決疑論》，大正三六，頁 1032 下

所以富貴嚴麗，也緊扣著她具有忍辱之心，故而「感招無量功德莊嚴。」[214]其宅四面各有一門，無量眾生從四門而入，這是象徵具足優婆夷「忍施仁慈廣大，以四攝法、四無量心無限也。」[215]

在地理學上，家是人們最親切的場所，它的空間位置及階層回應了社會性的需求，家提供庇護功能，象徵接納與歸屬，令著根者獲得安穩，並提供中心的根基，使主體人能從這個空間中心出行外界且返回內面，是人積存動力的來源，人立定腳跟在這個點上，才能發動全方位的運動。所以，家是移動中的停頓，停頓可使該定點變成感覺價值的中心。[216]具足優婆夷以家為修持和度眾的中心，就是將家當作走向世界的出發點，在家中精進修行，回歸潔淨清明的本來面目，並將家的庇護功能擴及群眾，使家也成為度眾的中心，所以弱者可以在她的宅第中得到親切和護育的關愛，因為家這個空間具有使病人和傷者在熱心照料下獲得痊癒的功能。Washburn 和 De Vote 在研究初民社會時注意到，所有人類社會都有一個基地，弱者留在那裡，適宜者則出外採集、狩獵和戰爭。[217]對家的永恆的愛，至少部份原因是親切和護育的經驗結果，而具足優婆夷忍慈廣大，以四攝法和四無量心[218]將家的有限格局開展為無限空間，使家這個空間不再僅是個人的庇獲所，而是互相交流、獲得永恆關愛的處所。具足忍慈的優婆夷使個人化的家宅擴展為無限可能的宗教性神聖空間，也使強者可以在她的宅第中獲得無限的精神力量，再走向世界。

（3）小器皿的無盡緣起

優婆夷座前置有一小器，小器皿是優婆夷攝受眾生的方便法，小器能隨眾生欲樂出生一切，因「以忍為體，無行不具足。」[219]亦如優婆夷以安忍故，

[214] 李通玄，《決疑論》，大正三六，頁 1032 中。

[215] 李通玄，《決疑論》，大正三六，頁 1032 下。

[216] 季鐵男編，1992，《建築現象學導論》頁 113-116，臺北：桂冠。

[217] Yi-Fu Tuan 著，潘桂成譯，1998，《經驗透視中的空間和地方》頁 130-131，臺北：國立編譯館。

[218] 四攝法指布施，愛語，利行，同事。四無量心指慈悲喜捨。

[219] 李通玄，《新華嚴經論》，大正三六，頁 969 上。

具足十波羅蜜。又「忍器遍容一切德故。」[220]忍必謙卑，卑而不可逾，故小而容大。[221]小器而能容大，進言之是因器皿內空，空能容納一切，「內空外假為器，忍能包含無外，故隨出無盡。」[222]器雖小但因空故而能容大[223]。此器在事法界中雖為物質之具，但在華嚴境界中它是互攝互融的性起之具，優婆夷「以法界施智入因陀羅門」[224]的唯心變現下，小器皿量雖小而含融無盡。[225]「即一小器融同法界無盡緣起故，用無不應，應無不益，而其法界體無增減。」[226]以稱性之具故，小器皿能生出無窮無盡的上妙資具，而這些資具無有窮盡也不減少，因為就法界體而言無有增減，大眾所食、所得的纖毫物資，也就相當於法界之量，「原來不減毫末，以一微塵許之食即法界量，無裡外中邊限所礙故。」[227]

（4）飲食是悟道的契機

無邊大眾從各處來到優婆夷的住所，具足優婆夷隨眾生根器差別於小器皿中不斷湧現美味飲食、衣服、臥具……等的資生之具，小器皿湧現的飲食不僅是天廚妙味，且是悟道的契機，聲聞、獨覺食之證聲聞辟支佛果，住最後身；一生所繫菩薩[228]食之證佛果。小器湧現上妙美味而能令食者悟道，有如《維摩詰經·香積佛品》的故事：維摩詰居士以神通力至飯香四溢的香積佛國取飯供養大眾，聲聞見飯少而食者多，心想這飯量勢必不夠大眾食用，

---

[220] 澄觀《疏》，大正三五頁 934 上。《疏》中「卑而不可踰」，出自《周易·謙卦·象傳》：「謙尊而光，卑而不可踰，君子之終也。」

[221] 澄觀《鈔》，大正三六，頁 675 中。

[222] 澄觀《疏》，大正三五，頁 934 中。

[223] 澄觀《鈔》：「即假能用，即空能大，無有不成於空故，因外假而內有所用故。」（大正三六，頁 675 中。）

[224] 李通玄，《新華嚴經論》，大正三六，頁 969 上。

[225] 澄觀《疏》：「一器之中無不具故。」大正三五，頁 934 上。

[226] 澄觀《疏》，大正三五，頁 934 中。

[227] 李通玄，《新華嚴經論》，大正三六，頁 969 上。

[228] 即一生補處菩薩、等覺。

然而這香飯卻是用之不竭、源源無盡，而且食後身安快樂，維摩詰居士說香積佛國的香飯是佛的大悲心薰習而成，不可以小德小智的聲聞之心稱量如來無量福慧，否則食之不消。[229]具足優婆夷的天廚妙味是忍辱波羅蜜薰習而成的，也同樣有用之不竭、源源不盡的神妙變化，並是接引眾生入道的方式。《華嚴經》以飲食為悟道的契機，如〈淨行品〉所示：

若得美食，當願眾生，滿足其願，心無羨欲。
得不美食，當願眾生，莫不獲得，諸三昧味。
得柔軟食，當願眾生，大悲所薰，心意柔軟。
得麤澀食，當願眾生，心無染著，絕世貪愛。
若飯食時，當願眾生，禪悅為食，法喜充滿。
若受味食，當願眾生，得佛上味，甘露滿足。
飯食已訖，當願眾生，所作皆辦，具足佛法。[230]

　　菩薩以美食令眾生悟道，眾生面對美食或粗食也當正念思惟，興大乘意，如此才能與菩薩心意相通，不至於食之不消，這是大乘經典的飲食文化。

（5）小結

　　家原是放鬆身心和提供休憩的場所，優婆夷在提供休憩的自家宅第中仍精進修持、忍辱不懈，使個人化的家宅擴展成為濟度眾生等的無限可能的宗教性神聖空間，這是由場所的特性凸顯出修道人的不凡。優婆夷以一小器皿度眾，古德將之詮釋為優婆夷的忍德猶如小器皿的卑小而無自大驕慢；器皿的中空形式象徵優婆夷忍心如虛空；小器興福無盡，象徵優婆夷具足現出無有窮盡的福德莊嚴。具足優婆夷以忍辱波羅蜜為修持的主軸，修一而含攝餘九波羅蜜，是此參以一含融無盡的特色。

---

[229]「仁者可食如來甘露味飯，大悲所薰，無以限意，食之使不消也。」大正十四，頁 552 下。

[230]《華嚴經‧淨行品》，大正十，頁 71 下

2. 十層八門之家——第十五參

　　法寶髻長者的宅第在師子宮城中，其宅眾寶所成，有十層八門，善財第十五參觀察長者成就其宅舍的因果，而證得長者境界。

　　（1）由定生慧

　　法寶髻長者寄位十行中第五無癡亂行，無癡亂行是十波羅蜜中的禪定波羅蜜。長者名為法寶髻，髻是將頭髮梳理成結狀，具有統攝頭髮的功能，其名是以髮髻的形象象徵長者以禪定攝亂，定中含智而能統攝萬法[231]。長者宅位於師子宮城中，師子即獅子，這是以獅子對任何境界都無所畏懼的形象，象徵居獅子宮城之人由甚深禪定生發智慧，此智不是依他而起，是自心禪定所顯發，城名以深「宮」的空間形象象徵居此城的長者智慧是自心所生的真知灼見，並非外爍的知識，所以所說皆有把握而無所畏懼。[232]此參善知識之名、所居城名和修行寄位，皆扣著禪定波羅蜜而言，象徵善知識定中含慧、慧中常定的意象。善財於市中見法寶髻長者，「明此位不住禪，體在生死煩懣之中。」[233]長者不在家中而在鬧市，是以行動的空間象徵長者的禪定境界動靜一如，於動、於作用中具禪定寂靜，家宅雖在鬧市，卻能亂中常定、動用俱寂的攝化眾生。

　　（2）彰顯主體境界的家宅

　　善財在鬧市頂禮長者後，長者帶善財去其宅。其宅廣博，清淨光明，真金所成，白銀為牆。家是一個關懷的場所，是記憶和夢的收藏器，成功的建築物創造了一個與自我相同版本的外在世界，對自我而言，這世界就是家。[234]

---

[231] 澄觀《疏》：「綰攝諸亂，居心頂故，定含明智，如以寶名，以喻顯法。」（大正三五，頁 934下）李通玄：「髻攝法義」（《新華嚴經論》，大正三六，頁 970 下）

[232] 李通玄《決疑論》：「明此智慧不從外依他而來，以自心寂定所顯得，故名師子宮，智慧為師子。」「禪定無亂，如彼深宮，處之則所說決定，作用無畏。」大正三六，頁 1033 中。

[233] 李通玄：「明行體恒定，表處生死市攝化眾生無虧定體。明動用，俱寂性自離故。」《新華嚴經論》，大正三六，頁 970 中。

[234] Yi-Fu Tuan 著，潘桂成譯，1998，《經驗透視中的空間和地方》頁 159，臺北：國立編譯館。

家是屋主個人內心世界的外顯，華嚴思想認為「萬法唯心」，因此長者宅第之清淨廣博、真金白銀所成，自是長者修持禪定波羅蜜定體白淨無垢[235]而顯出的清淨光明之相。古德就長者家宅的建物結構和各種材質相應於何種修持，認為皆有象徵意義：

> 禪心自淨為光明，自性無垢為真金；廓徹如空無涯際，此是智者之宅舍。智眼普觀一切法，白淨無垢無中邊；諸法取捨不可得，此是智者之垣牆。了色塵境本性無，心王善治名為殿。淨智明見照世間，於法普照為樓閣。常於一切見聞中，常無取捨無傾動。一切色聲能見聞，聞中不聞為寶柱。色境自性本無性，智者以之為座體。能於十方塵勞門，坐為大智無垢染。成大智慧無所畏，此是智者師子座。善設教網漉眾生，心恒清淨香水滿。[236]

　　主體的內在修養外顯為客觀的建築物，由建築語言象徵屋主的修持境界和豐富的教養[237]，這是這參將家的休憩和庇護的功能性作用，推向主體修持境界與客體建物合而為一的更高層次，呈現主客合一的心宅美感境界。

（3）十層八門的宅第

　　法寶髻長者的宅第有十層八門，八門象徵八正道[238]，意指長者廣開八門

---

[235] 李通玄，《新華嚴經論》，大正三六，頁 970 中。

[236] 李通玄，《決疑論》，大正三六，頁 1033 中。

[237] 山邊習學：「長者有如此莊嚴的家宅意味著他有豐富的教養，以莊嚴的家宅象徵屋主的學養，這是客觀的象徵。」（昭和五十年（1975），《華嚴經の世界──人生修行の旅》頁 226，日本：世界聖典刊行協會。）

[238] 澄觀《疏》八正道：一、正見，見苦集滅道四諦之理而明之，是八正道之主體。二、正思惟，既見四諦之理，尚思惟而使真智增長。三、正語，以真智修口業不作一切非理之語。四、正業，以真智除身之一切邪業住於清淨之身業。五、正命，清淨身口意之三業，順於正法而活命。六、正精進，發用真智而強修涅槃之道。七、正念，以真智憶念正道而無邪念。八、正定，以真智入於無漏清淨之禪定也。以無漏之定為體。此八法盡離邪非，故謂之正。能到涅槃，故謂之道。總為無漏，不取有漏，是見道位之行法。（大正三五，頁 934 下）

接引眾生。而十層中每一層樓各以一種方式濟度眾生，古德認為每一樓層的
度眾內容皆有象徵法意（詳見附表[239]）。十層與十度有關，其中第一層到第四
層是食衣住行的救濟，象徵的法意分別是布施、持戒、忍辱、精進四波羅蜜；
第五層開始是從物質需求躍入精神生活的轉折，是五地菩薩修禪定波羅蜜；
第六層是六地菩薩說般若法門；第七層是七地菩薩說方便智慧；第八層是八
地不退轉菩薩和一音演說妙法的九地菩薩充滿其中；第九層是一生補處菩薩
（即十地、等覺）說妙法；第十層是佛。法寶髻長者十層大樓的前四層樓布
施民生所需，第五層至第十層則由物質的布施轉入心靈的度化。華嚴教學雖
有次第，但「畢竟無初及中、後。以此定慧總持門住智自在，非空有。」[240]十
層樓閣總攝住、行、向、地及佛果，每一層樓皆以無依無住的禪體總攝一切，
非空非有，自在無礙。

經　文	澄　觀			李　通　玄
	表十地	表十行	不表位	
最下層，施諸飲食	初地行檀	以十行即十度故，前七文顯。	菩薩以行就機，現居勝報。漸次增勝，十顯無盡。初四以物施，後後漸難。	檀度。最下重中施飲食。
第二層，施諸寶衣	二地持戒，以慚愧為衣服。			戒施為寶衣
第三層，布施一切寶莊嚴具	三地忍行，以為嚴具。			忍辱寶華瓔
第四層，施諸采女及一切上妙珍寶。	四地道品，為內眷屬，精進可珍。			慈悲精進女

---

[239] 表中「經文」欄整理自《八十華嚴》。「表十地、表十行、不表位」三欄，見於澄觀《疏》。「李通玄」之欄見於《新華嚴經論》，大正三六，頁 970 中。

[240] 李通玄，《略釋新華嚴經修行次第決疑論》，大正三六，頁 1033 下。

經　文	澄　觀			李　通　玄
	表十地	表十行	不表位	
第五層，五地菩薩雲集，演說諸法，利益世間，成就一切陀羅尼諸三昧印，……。	五地文顯。（案：意指經文明示是修禪定波羅蜜。）		集法施，前淺後深。	禪慧妙莊嚴
第六層，有菩薩成就甚深智慧，……所行無礙不住二法，……分別顯示般若波羅蜜門。	六地般若現前故。			六地菩薩於中住。
第七層，有菩薩得無響忍，以方便智，分別觀察而得出離，悉能聞持諸佛正法。	七地有殊勝行，知種種教法，故云得如響忍。		得法，初狹後廣。	七層方便處生死。
第八層，無量菩薩共集其中，皆得神通無有退墮……。	有二位：八地無功用神通，三種世間自在；九地法師，一音能演。	大願所成，神通等故。		八層無功智自在。
第九層，一生所繫諸菩薩眾於中集會。	有二位：十地、等覺，俱可為一生故。	一生所繫，力最上故。	現勝德。先因後果。	九層一生法王居。
第十層，一切如來充滿其中，從初發心至轉正法輪。	即如來地。	唯至如來，智方滿故。		十層佛果咸充滿。明第十智波羅蜜，圓會三世佛因果，一念而滿，教化眾生及入涅槃，總皆不移。

（4）小結

長者以禪體大智慧修十度八正道而得十層八門大宅的殊勝果報，善財觀果知因，即得所修之道。第十三參具足優婆夷在家中以一小鉢變幻無窮物資布施眾生，將家的封閉性擴展為具有社會價值的慈悲利他；此參長者則運用建築物自己說法，修行度眾更加深入、更徹底，福德也因此更加廣大、更殊勝。

3. 堂宇放光之家——第十九參

善財第十九位參訪的善知識是身為童女的不動優婆夷，她住在家裡受父母守護，與自家親屬等無量人演說妙法。

（1）從智起悲的素潔少女

不動優婆夷的容貌和姿色非常漂亮，無人能及，毛孔恆出妙香，但見到優婆夷的人不會生起染著心，反而是所有煩惱皆自消滅。就事法界而言，姿色美好者令眾生起染著心；華嚴法界則非如此，身不僅是菩提本，且可翻轉為化眾的因緣，佛國禪師讚不動優婆夷道：「幾生欲海澄清浪，一片心田絕點塵。」[241]身根原來是如此美好，欲海翻轉為澄清浪之後，心田絕塵，身形更現莊嚴度眾之相。

優婆夷能有如此果報，是因她在過去生中見佛現不思議境的莊嚴相時，發心修學自利利他之道，其所發之心猶如金剛般堅固，經無量劫一切煩惱不能動搖也不能毀壞她的初心，故其名為不動。其所住城也象徵此一法義，優婆夷居於安住王都，安住城象徵住於此城的優婆夷安住於實法而不動轉[242]。為了讓家人發心後也不動搖，優婆夷於一切劫修學世間、出世間種種方

---

[241] 「夷夷相好世難論，正是當年個女人。過去劫逢無垢佛，至今成得有為身。幾生欲海澄清浪，一片心田絕點塵。求法既云未休歇，朱顏應不惜青春。」（大正四五，頁797下）

[242] 澄觀《疏》：「優婆夷居王子位，智契實法，不為外緣所壞，名為安住。」（大正三五，頁936中。）

便法門，並示現為表徵慈悲的女身，度化無量劫的無量家人。[243]優婆夷所度對象雖為家人，但非個人好惡而有所取捨，是與家人有緣故度之，若他人有緣，優婆夷亦度之，故證得菩薩求一切法無厭足莊嚴門、一切平等總持門。當優婆夷示範三昧神變時，她於一種三昧門能入一萬種三昧門，是平等總持一萬三昧門，入因陀羅網教門。不動優婆夷寄位第九善法行，得說法自在，以力波羅蜜為主，對治說法不自在障，令得自在。第九行是從智起悲，象徵優婆夷以柔和慈悲的形象度眾，而這慈心柔和的態度之中有著清淨無染的智慧，能為眾說法，證善法行，故以清淨素潔的未婚少女表示。

（2）堂宇放光現智慧

　　進入不動優婆夷家中，金色的堂宇大放光芒，光明在佛教是象徵智慧，所以照到光明的人身意清涼，得大智慧，善財光明觸身即時獲得五百種三昧門。金色具有尊貴的象徵意象，不動如來的淨土是金色世界，李通玄以金色具有「光明無垢」的意象，象徵不動如來法身無垢，根本智如金石般不動而光芒萬丈。[244]不動優婆夷的家顯現出黃金般燦爛的顏色，就如同不動如來的金色世界，象徵不動優婆夷根本智如如不動而萬丈光芒。

　　許多早期的村落對空間中的方位、房屋形式、或某事或某物都賦予空間意義，以印尼 Nias 島的村莊為例，南 Nias 村是宇宙和社會次序的圖解，它位於山頂，「村」字的原意是「天空」或「世界」，酋長稱為「河的上游」，酋長的大屋位於中央主街的最上端，支配著全個聚落，進入酋長家也就走入神聖空間。街的最上端象徵河源、東方或南方、太陽、天空的生物、酋長及生命；街的下端象徵河的下游、西方或北方、水中的動物、平民和死亡。……對於沒有文字的人群，房屋不僅是居所，也是舉行儀式的地方，也是經濟活

---

[243] 李通玄：「名此女人自發心來經微塵數劫所生之中，於世五欲及以瞋恨更無所動。」《新華嚴經論》，大正三六，頁 974 上。「自發心來，於一切法無不得定，煩惱不能動故，亦令眾生心不動故。以智修慈，故示以女。」（《疏》大正三五，頁 936 中。）

[244] 李通玄：「世界名金色，以金為白，光明無垢，以表根本不動智光法身無垢故，名為金色」《決疑論》，大正三六，頁 1015 下。

動的場所。這樣一間房屋在意識溝通的效用上比儀式更重要，它對通過不同生活階段的家庭成員而言是形成系統的符號。印尼 Nisa 島的村人其地位清楚的以他房屋的位置和大小來指示，奴隸居住於宇宙村以外的田野，或村民居屋的下層，或與豬同欄。這樣一個世界不斷提醒人去警覺他在社會和宇宙中的地位。[245]

就人文地理學而言，賦予空間意義比淡化空間意義更能將各種意涵打開，而古德藉由安住城這地名的象徵意義豐富空間意涵，並且善知識的家也以放光顯示了她在城中的身份地位與品格修養，就像 Nisa 島以方位象徵階級的高低；優婆夷則以堂宇放光象徵其宅是城中的光明、太陽，她堅韌不動的道心象徵安住城的生命和河源，善知識則猶如是城中的酋長。不動優婆夷運用堂宇的金色光芒得以與參訪者的意識溝通，完成比儀式還迅捷的效用，這是善知識賦予家這種建築形式神聖的系統符號，藉此將真理之門打開，善財因而進入三昧門的堂奧。

（3）小結

不動優婆夷將住家淨化為安住城中的光明的神聖空間，這是建築上的美學淨化作用。建築本身就是一種卓越的刺激系統，它能引發一定行為的符號載體，不動優婆夷以本身所證境界令金色堂宇大放光芒，其家宅代替並完成她說法度眾的功能，引領參訪者進入真理、獲得三昧。

4. 淫欲險難之家——第二十五參

善財第二十五參參訪的是一位風姿綽約的外道淫女——婆須蜜多，她以不同於一般正統佛教而類似於密教雙身修法[246]的方式度化眾生。

---

[245] 相對於早期村落的現代空間，現代建築可能被設計成對階層次序的專注，但秩序並沒有宗教重要性，其效果就是空間意義的淡化。（Yi-Fu Tuan 著，潘桂成譯，1998，《經驗透視中的空間和地方》頁 105，臺北：國立編譯館。）

[246] 雙身修法來自印度教濕婆派的分支——性力派，濕婆在印度教中是宇宙的破壞力與再生力的神，用生殖器作表徵，該派認為宇宙萬物皆由女神性力而生，於是引生出生殖器崇拜與女神崇拜兩派。後期佛教密宗吸收了這些女神，再配以佛教義理去解釋，形成無上瑜伽密的「樂空雙運」的

（1）蘊含危險與寶藏的場所

　　婆須蜜多女是住在險難國的寶莊嚴城中，當善財在城中尋覓婆須蜜多時，淺識者以為善財是貪愛女色而來尋找此女，後經有識之士指點方知此女住在城中市廛之北的自宅中。

　　善財參訪的路線皆是往南而行，南方代表光明、事物的生長，意味善知識都能增長善財的光明與能量；但此參善知識所在位置不在南方而是在城北，北方代表黑暗、迷惑、事物的消滅，是迷惑眾生所在之處[247]，婆須蜜多女不同於其他善知識以象徵光明的南方為居所，而是居於與南方背反的北方，正與她度化眾生的方式是非道之行有著相似含義。善知識將家宅設於眾生慾望橫流的黑暗之城，是「在欲行禪，處喧常寂」[248]，並為度化世人而幻化為非道淫女，令淫欲深重者因她而得解脫，是「以欲離欲」[249]的方便度化之道，以逆向的度化方式成就廣大普賢行，能生無盡功德藏，因而居於象徵能生無盡寶藏的寶莊嚴城[250]。寶莊嚴城位於險難國，意味著要入寶山必須先度危險艱難之處，性愛在人生旅途上是極難渡過的險難，一念之差就可能萬劫不復，婆須蜜多女以度化方式及其所在之場，象徵在面臨極度的慾望之時，需要極大的勇氣和力量去突破最艱難的關卡，才能獲得寶藏。

（2）肉體空間的淨化

　　婆須蜜多是位漂亮的女子，天上人間無能與比，聲音美妙，精通一切語言，深達字義，善巧談說。婆須蜜多意指「世友，亦云天友，隨世人天方便

雙身修法。不過「樂空雙運」修持法在修持過程強調先觀空，在觀想男女之事，由母尊生出諸佛，復觀空，歸結到緣起性空、諸法皆空，同時含有以貪治貪，隨欲轉化的宗旨。（姜安，1996，《雪域中的珍寶——藏傳佛教》頁362、頁363，臺北：圓明出版社。）

[247] 李通玄：「北為坎位，是北方主黑也，是眾迷愚眾生之位。」（《新華嚴經論》，大正三六，頁980上-中。）此是李通玄以《易》解《華嚴經》的例證。

[248] 《疏》：「市者喧雜，北主於滅，自宅即空寂。」（大正三五，頁939中。）

[249] 印順認為婆須蜜多女「以欲離欲」的方便，與後起的「無上瑜伽」意趣相合。（印順，1989，《印度佛教思想史》頁397，臺北：正聞出版社。）

[250] 《疏》：「城名寶莊嚴者，逆隨世行，能生無盡功德藏故。」（大正三五，頁939中。）

化故。」[251]她已證得離貪欲際菩薩解脫,能隨人天眾生欲樂而為現身,並在親近之時令眾生分別證得十種三昧[252],並入菩薩一切智地現前無礙解脫。

西方中世紀與文藝復興時代在民間有所謂的狂歡節,狂歡節強調追求感官愉悅的滿足,歌頌肉體感官慾望的反傳統文化和大眾文化之聲。婆須蜜多女的度眾方式似是中世紀狂歡節的展現,以符合大眾文化的同事攝而違逆於正統次序的非道方式來度眾。在巴赫汀理論中,狂歡化(carnivalization)的特質並非在推翻原有的制度、摧毀原有的次序,而是呈現一種曖昧與開放、未完成的精神,追求生命的創造力,以肉體感官慾望的實現為目的。在這種特殊符號空間所建構的視覺形象中,肉體空間達成了前所未有的互動形式。[253]

婆須蜜多女的度眾方式正如巴赫汀所論的狂歡化的特質,不是對傳統度化方式的反叛或越界,而是種釋放行動,在釋放肉體感官欲望的同時,開啟了生命的創造力,開放了一切可能,婆須蜜多女在狂歡過程中將愛欲者的靈性空間釋放開來,使愛欲者身體的肉欲空間轉化為靈性空間。她與巴赫汀所言的不同之處在於,她並非以肉體感官慾望的實現為目的,而是藉由滿足肉體感官的欲望來釋放被欲望覆蓋的本具佛性,狂歡只是一種方法和工具。當善財拜謁她時,婆須蜜多女身放大光明普照宅中一切宮殿,遇斯光者身得清涼。身體就是一個轉化心靈的場所,印度教的神殿更是身體的縮影,聖殿被當作宇宙之人來崇拜,這樣的身體就是一處神聖空間,象徵朝聖的旅程的場所。

(3)染淨不二的象徵性宅第

---

[251] 澄觀《疏》,大正三五,頁 939 中。

[252] 這十種三昧及其法義分別為:暫見我得菩薩歡喜三昧,「有信者而修禪定禪悅其心。」交談得菩薩無量音聲三昧,「從定發慧了音聲無體。」執手得菩薩遍往一切佛剎三昧,「引接義。」坐其座得菩薩解脫光明,觀看得菩薩寂靜莊嚴三昧,以無相智觀照。見頻申得菩薩摧伏外道三昧,「法悅義。」見目瞬得菩薩佛境界光明三昧,「見諦入佛智境。」擁抱得菩薩攝一切眾生恆不捨離三昧,「攝受不捨眾生義。」接吻得菩薩增長一切眾生福德藏三昧,「受教說法」(上述「」中為李通玄註,《新華嚴經論》,大正三六,頁 980 中。)。

[253] 劉康,1995,《對話的喧聲——巴赫汀的文化理論述評》頁 262,臺北:麥田出版。顏忠賢,1998,《不在場——顏忠賢空間學論文集》頁 91-98,臺北:萬象圖書。

　　婆須蜜多女以狂歡的方式濟度眾生，並有無量同一行願、具足無盡福德的眷屬圍繞，不過場所不在青樓妓院，而是設在自家宅第。其宅廣博嚴麗，有眾寶而成的牆、樹、塹各十重圍繞，寶塹中香水盈滿，金沙布地，各種美麗的花朵遍覆水上。宮殿、樓閣處處分布，琉璃為地，無量珍奇寶物作為裝飾，建物上懸掛各式樣的寶鈴，風動成音，美麗的花朵不斷飄落，宮殿和樓閣充滿了沈水和栴檀的香氣，並有十大園林以為莊嚴。

　　曼陀羅[254]取法於印度壇場的形式，往往是由主尊及四周層層圍繞的眷屬所組成，表現出以中央為軸心點，放射狀向外展開的諸佛世界。[255]婆須蜜多女宅內聚集了行狂歡度化之事的無量聖者，這種以婆須蜜多女為首，無量眷屬及十重圍繞的建築形式、佈局和度化方式，類似密教雙身法的曼陀羅的構圖與意義。

　　城中宅第設有園林，這樣的宅第是一處入世又出世的場所，不脫離紅塵世間，又具有園林淨化人心的功能。婆須蜜多女在自家宅第行反道或非道的度化之事，是將家宅當作染淨真俗不二的場所，集結了具有強烈人間性象徵意義的宮殿、樓閣，和融入自然山水淨化作用的園林於家宅這一個場所中，她利用人為的建築結構形象化地景的品質，使出世的乾淨和入世的人間緊密地結合在一處，使這些有意義的特性表現出來。「凡夫染欲，二乘見欲可離，菩薩不斷貪欲而得解脫，智了性空，欲即道故。如是染而不染，方為究竟離欲之際。」[256]智了性空時，欲就是道；唯有處染而不染，才能究竟離欲。凡夫以為，世間的凡塵俗事易起種種貪瞋痴而躲入山林之中修持佛法，所謂「在山泉水清，出山泉水濁。」[257]這是因於無法真俗染淨自在，其實水無論是清

---

[254] 曼陀羅的梵語是 mandala，意譯壇、壇場、輪圓具足、聚集。印度修密法時，為防止魔眾侵入而劃圓形、方形之區域，事畢像廢；故一般以區劃圓形或方形的地域稱為曼陀羅，認為區內充滿諸佛與菩薩。後世密教認為，曼陀羅主要是聚集之意，亦即諸佛、菩薩、聖者所居處之地。

[255] 鄭鴻祺等著，1996，《密教藝術：國際學術研討會論文集（二）》頁 72、頁 73，臺北：金色蓮花。

[256] 澄觀《疏》，大正三五，頁 939 中。

[257] 杜甫，〈佳人〉，《全唐詩》（四）卷二一八 p 2287，臺北：明倫。

淨或染污,都是水,不因在山或出山而有染淨之別;若了悟佛法就在貪瞋痴中,真理則無所不在,一切唯心。小乘但求離苦,不能以同事行大慈悲入於生死海,因而無法臻於法界自在智王。此參以禪波羅蜜為體,對治出世禪,使菩薩入於生死、真俗、染淨等不自在障,行不自在而令得自在。[258]無染無著,皆隨其受欲方便,了性欲空,而得甚深三昧,入於菩薩一切智地。

(4)小結

就正統佛教觀點而言,婆須蜜多女是逆行非道,但她能令觸碰她的人經由慾望的滿足而釋放本具的佛性,這是達到深悟的境地,澄觀即云,這種救度眾生的方式「下位不能行」[259]。總之,婆須蜜多女是愛欲的淨化者,她美化並聖化了性愛。

海德格在一篇名為〈建造、住居、思考〉的文章中指出:「造成困難的居住狀態的原因,並不是在於房屋的短缺,而是在於人們不去深入思考家的問題。」[260]住家設計不是以滿足既有使用上之物性功能需求為出發點,而主要著重於存在情境之培養與性靈生活的陶冶,以深刻的空間經營達成真正的身心保育與安居的目的。因為住家能契合大自然的脈動,提升人類精神向度,消弭「無家可歸」的內在困境。[261]以家為場所的善知識,深刻經營了家的空間深度,首先是充分提供家宅基本的物質安居,包括:食物、衣服,乃至肉體慾望上的需求滿足,因而令眾生不思人間煙火,昇華了凡間的物慾和性慾,並藉由家宅的建築情境設計啟悟眾生,使眾生脫胎換骨,自然轉向追求佛道。而這四位善知識恰巧符應了家中的不同角色、身分:具足優婆夷宛若自身節儉樸素的母親,卻滿足家人飲食起居的需求;法寶髻長者像是家中的長輩,

---

[258] 李通玄,《新華嚴經論》,大正三六,頁980中、下。

[259] 澄觀《疏》,大正三五,頁939中。

[260] 海德格,〈建築·住居·思考〉 'Building Dwelling Thinking' 收錄於《詩·言·思》(*poetry, Language, Thought*,edited by Alert Hofstadter,New York,1971)頁145-頁161。原載於《建築師》第47期,1992。

[261] 李鐵男著,1993,《思考的建築》頁95,臺北:時報文化。

除了豐厚物質的資助，並注重鍛鍊後輩的精神層面；不動優婆夷則像家中的小孩，純潔而充滿理想；婆須蜜多女表徵了家中男女主人的性愛，她滿足男女的性欲，並將之昇華為道的層次。所謂食、色性也，凡夫俗子若能「以欲離欲」，即是善知識以「家」為道場的最終極的場所精神。

（五）塔

善財童子參訪第二十六參善友是在其宅中，不過經文並無說明其家宅的住居環境，而是著墨於令他悟道的佛塔，塔是這位善友場所空間中的象徵性建築語言，故以塔為此參的場所核心。

1. 以出世智入世的居士

此參善友名為鞞瑟胝羅，鞞瑟意思是「法」，胝羅指「包攝」，意指居士智慧廣大包攝十方一切法門。[262]這位智慧廣大的善知識住在善度城中，象徵他善以大智慧巧妙運用各種法門應機救度一切具有善根的眾生，究竟解脫。[263]鞞瑟胝羅居士寄位十向中的第六向，在十波羅蜜中修持般若波羅蜜，是以第六出世智慧處於世俗而慈心度眾，方便利生。與十住中第六住、十行中第六行的善知識同為居士身，象徵位居十住、十行、十向的第六位善知識，皆以出世間智慧迴向世俗，行利生之事。鞞瑟胝羅居士證得一切世界諸佛如來畢竟無有般涅槃者、無有生滅等相，因為一切諸佛、一切眾生的智慧一體不生滅。[264]

---

[262] 李通玄《新華嚴經論》：「居士名鞞瑟者，此云法。胝羅者，此云包攝。為此居士智慧廣大包攝十方一切法門。……明以第六出世智慧處俗行慈，方便利生以行成名故。」（大正三六，頁980下-頁981上。）澄觀《疏》：「鞞瑟胝羅者，此云纏裹，義當包攝。塔中包攝一切佛故。或云攝入，攝諸善根，入平等故。」（大正三五，頁939下。）

[263] 澄觀《疏》：「城名善度，無一善根不度到究竟故。」（大正三五，頁939下。）李通玄《新華嚴經論》：「城名善度者，約此居士善度眾生。」（大正三六，頁980下。）

[264] 李通玄，《新華嚴經論》，大正三六，頁981上。

2. 塔的空間藝術力量

　　鞞瑟胝羅居士是見佛塔[265]而悟道，佛塔原為供奉如來舍利的建物，也象徵佛的涅槃，此塔名為如來塔，就是暗喻居士證悟如來涅槃的真理。佛塔包攝聖人的遺骨，也具有「包攝」的意思，以西藏佛塔為例（因為此參未描述塔的形制），西藏佛塔的形制是依地、水、火、風、空等五輪之相而成，西藏著名的高僧羅桑倫巴認為，佛塔最下層的方形基底表示堅固的「地基」，象徵人生世間（土地）；其上為「水球」，象徵水階；再上為「火錐」，象徵精神之火；再上為「氣托」，象徵氣息或風；最上為波動的精神或待脫離物質世界的靈氣；以上元素都由「趣悟階路」而登達。[266]藏式佛塔包攝五大，象徵人的生命回歸宇宙的組成要素，以及人生在世動態的修行階路、層級，具有天人合一的意境。所以，佛塔的建築空間不是讓人感到被崇高的力量完全壓倒而渺小無力；也不像埃及的大金字塔，以巨大的物質力量壓倒人的精神力量；佛塔在建築上充分表現人內心的力量和人格力量的崇高。若塔的尖頂處受到一個向上飛騰的力而構成尖頂或尖塔，這建築形式給人一種向上的立感，能產生向上拉伸的力，好像連同自己的身軀都一起向上飛騰，按照格式塔心理學的說法，它產生心理學上的力，這種力猶如音樂中的「上行」。有些塔的形狀能產生向下的穩定的力，這種力猶如音樂中的「下行」[267]。塔以垂直線條和造型表達了與天空和地面的主動關係，垂直線條和宗教熱忱是相互結合

---

[265] 梵語的塔作 stupa，中國譯作窣堵波、塔婆、浮圖等等，塔由台、覆缽、平頭、竿、傘等五部份組成。在西元前三世紀，佛教徒為了紀念釋迦牟尼佛興建 stupa，將佛的舍利放在瓶中或壺中，在供入塔中。之後，塔這種建築形式流傳至各國，並在當地形成各自的風格。中國的佛塔在山水之間，臨風攬勝，綴墨題詩，具有文學詩意的特質。（張錫坤主編，1991，《佛教東方藝術》頁 261-頁 264，吉林教育。莊申編著，1988，《根源之美》頁 693-頁 69，臺北：東大。印順，1994，《初期大乘佛教之起源與開展》頁 49-頁 74、頁 1055-頁 1069，臺北：正聞）

[266] 姜安，1996，《雪域中的珍寶——藏傳佛教》頁 180，臺北：圓明出版社。

[267] 音樂的曲調都是上行與下行的運動結合而成的，音樂線條的「自然的」運動方向是向下的，而向上的運動總是蘊含著張力與活力的意味。（劉岠渭、張清治、賴德和編著，1989，《音樂與人生》頁 36，臺北：國立空中大學。）

的。[268]不論上行或下行的垂直線條，皆具有動態的包攝歷程，所以佛塔的建築空間對鞞瑟胝羅居士而言，具有包攝、涅槃、修證等攝心安住、回歸宇宙、啟示真理的意義。

3. 不置形像的佛塔

　　一般的佛塔多有供奉的佛像，不過此如來塔是有座無佛，呈現的不是某尊佛的人格崇高，而是以無相攝一切相的特殊意象。此塔空有栴檀座，並未供奉任何形像，有座而無佛，象徵不以相見如來即見真理，所謂「若以色見我，以音聲求我，是人行邪道，不能見如來。」（《金剛經》）真理無形無相，若執著真理有相則越求越遠，也因為真理無形無相，所以無所不在。不置形像的栴檀座也象徵鞞瑟胝羅居士修持般若波羅蜜通達無相法，座上無佛雖是無相之意，不過就華嚴精神而言，真空出妙有，因為無相，所以容攝一切，塔中不置任何形像，反能「普供無盡佛。」[269]此塔亦如居士之名，具包攝一切的意象，包攝一切佛。所以，當鞞瑟胝羅居士開啟塔門時，如來塔以塔內無佛，破除佛塔是供奉佛像的執著，使鞞瑟胝羅居士頓悟

此圖為崇善寺壁畫，善財童子參鞞瑟胝羅居士局部。此圖將塔中未置佛像的特色以蓮花座上空無一物表徵，塔的後方以無數光圈象徵此塔非棄置荒廢之塔，而是具有以無相遍攝一切相的深層意涵。

[268] Christian Norberg-schulz 著，施植明譯，1986，《場所精神——邁向建築現象學》頁 67，臺北：尚林。

[269] 澄觀《疏》，大正三五，頁 939 下。

無相反能攝一切相，因而證入的佛種無盡三昧不是空寂的境界，而是念念入此三昧大定時，念念得知一切無量殊勝之事，如：見到過去、現在、未來十方一切世界諸佛菩薩聲聞等眾，從初發心至成佛的境界。這座如來塔的境界不僅是產生向上拉伸和向下穩定的力，而且打開了觀塔者無盡的視野，躍入無窮無盡的世界觀。

4. 小結

鞞瑟胝羅居士開啟塔門之時，這座如來塔的場所精神改變了他的意識，是心靈意識的飛躍，由平凡的心靈躍入華藏世界的無窮境界中，是質的變化，新的境地，全體的統一。

(六) 樓閣

善財參訪彌勒菩薩之前，已參訪了十處證等覺位的善知識，這十處善知識代表「會緣入實相」，而同是寄位等覺的彌勒菩薩則以一生補處之位極彰顯殊勝，代表「攝德成因相」，以別於前十處善知識。[270]

1. 序曲

當善財在樓觀前恭敬圍繞時，只見彌勒菩薩從別處來，表示彌勒常至各處度化眾生，不會耽逸於莊嚴的依報；[271]若從佛法實義來講，彌勒從別處來是代表法無所住，大悲度眾而攝用歸於智體。[272]無量眷屬及百千眾生前後圍繞彌勒菩薩，皆共來到此樓閣所，善財以文殊師利心念力，眾華瓔珞種種妙寶忽然自盈其手，善財即以奉散彌勒。善財是因文殊指導才展開五十三參的旅程，文殊就此而言是寄位十信，善財以文殊心念力也就表示是以信智為心念力；而眾華象徵德行的開敷，瓔珞則象徵菩薩行圓滿成就，善財以此散彌

---

[270] 詳見第一章。

[271] 李通玄《新華嚴經論》：「明菩薩常以不居自報隨俗攝生。」大正三六，頁 1006 中。

[272] 楊政河，1987，《華嚴哲學研究》，頁 240，臺北：慧炬。

勒，意指彌勒德立行成、信智圓滿，攝德成因。[273]

2. 場所之名的象徵意義

　　彌勒菩薩住在海岸國，意指「入佛智海、臨生死海故」[274]，象徵此國能入佛智海而不離於眾生苦海。彌勒的居所名為大莊嚴園林，「生死為園，萬行為林。莊嚴自己智悲，佛果已皆滿足，名大莊嚴。」[275]園林之名與國土之名相扣合，都具有上契佛智與大悲度眾的意味。大莊嚴園林中有一座毘盧遮那莊嚴藏樓閣，「毘盧云種種光明，遮那云遍照。以差別智為種種光明，以根本智為遍照，此二智約用成名，其體用一也。」[276]此樓閣以根本智、差別智等總體報生而立其名。

3. 門的象徵

　　善財問菩薩道的修法，彌勒菩薩不是說一番道理，也不是以身示教，而是彈指開樓閣之門，讓樓閣的建物語言為善財說法。若無彌勒的彈指開門，善財則被摒斥在門外，無法一窺樓閣堂奧，門在這裡是作為區分兩種空間的中介，並指出兩種存在模式——世俗和宗教——的距離。門是限制，是區分及對立兩個世界的邊界，這矛盾的地點同時卻使兩個世界的溝通成為可能。門顯示了空間連續性的終止，整個神聖空間以門為象徵，是一個開口，開口使不同領域的世界得以溝通，上可通於天、下可入於地，轉化了兩種空間的存在。彌勒打開通往神聖空間的開口，使善財從凡塵俗世進入華嚴世界。彌勒彈指開門，「聲是震動啟發之義，彈指是去塵之意，塵亡執去法門自開。」[277]彌勒以無言之教啟發善財，猶如佛在靈山會上拈花，大弟子迦葉悟入而微笑，

---

[273] 澄觀《疏》：「文殊心念力表由信智故。華因德立，瓔珞行成。盈手，信智滿故。散彌勒者，攝成因故。」（大正三五，頁 956 下。）

[274] 李通玄，《新華嚴經論》，大正三六，頁 1005 中。

[275] 同上。

[276] 同上。

[277] 李通玄，《新華嚴經論》，大正三六，頁 1006 中。

善財領會而能所頓亡，樓閣門即開，象徵佛法門開；善財既已悟入佛道，法門更無入處，樓閣門復而還閉。[278]

4. 閣中境界

彌勒樓閣的形象是「廣博嚴麗」[279]，就整體來說，它是建築的空間藝術，閣中並具有音樂、繪畫、雕塑等等的視覺和聽覺的藝術，在建築中，是人被建築包圍。以下從整體的樓閣建築至閣中的音樂、繪畫、雕塑等的藝術類型的運用作一分析：

（1）結構的運用

彌勒樓閣就整體建築結構而言，包括宮殿、門闥、窗牖、階陛、欄楯、樑柱、道路，皆無以數計：

> 阿僧祇宮殿、阿僧祇門闥、阿僧祇窗牖、阿僧祇階陛、阿僧祇欄楯、
>
> 阿僧祇樑柱、阿僧祇道路。[280]

北京的紫禁城內含有巍峨的宮殿、寬廣的道路、美麗的窗牖門闥，乃至於雕樑畫棟等等，莊嚴富麗，為我國宮殿建築的極致，借此可假想彌勒樓閣的整體結構。其中在樑柱部份，無以數計的樑柱構成彌勒樓閣，在建築學上，這種結構會形成崇高而神秘的氣氛。早期文明的柱廳式神廟（hypostyle hall）經常以「柱林」（forest of columns）為表現，這種環境與其說是人對神的理解，不如說是人以自己的社會經驗和心理特徵所創造的空間效應。從形式原理的心理感受上來看，柱廊既非室內又非室外的結構，人既得到生活活動的空間上的物質保證，又感到在這個空間裡活動十分自在，無拘無束。且柱廊為建

---

[278] 澄觀《疏》：「亡言會旨則佛法門開，……開理智門示令其悟入。……證已契合，能所兩亡；即妄而真，更無入處，故云還閉。」（大正三五，頁 958 上。）

[279] 大正十，頁 435 上。

[280] 大正十，頁 435 上。

築形式造成陰影，形成建築形象的虛實對比，產生層次，以及由柱列顯示出來的節奏和韻律感使建築更富有音樂性，產生形式美。由於柱廊的過渡，建築與外界自然環境的關係顯得十分協調。[281]彌勒樓閣中樑柱所反設出來的形式語言，也是它表述場所精神的基礎。

（２）珍寶的運用

樓閣以阿僧祇寶為地，七寶等材質建築宮殿、門闥、窗牖、階陛、欄楯、樑柱、道路，使樓閣特顯尊貴。除了眾寶為建材，亦以眾寶瓔珞等飾物處處垂下莊嚴樓閣。或有真珠瓔珞湧出具有功德的香水，或有琉璃瓔珞光明照耀。幢、旛、網蓋等飾物，也以眾寶莊嚴。

（３）彩飾的運用

樓閣周圍羅列旛、幢、蓋等飾物，並以半月、繒帶、寶網、懸鬘帶、嚴香鑪、散細末金屑、布寶衣、列寶帳、設寶座、懸寶鏡等彩飾嚴麗樓閣。

（４）華樹的運用

樓閣並運用自然之美裝飾，使樓閣充滿各種花草樹木，尤其是各式各樣的蓮華，為阿僧祇寶所成，於自然美中添富貴氣象；或散阿僧祇天諸雜華莊嚴樓閣。另有「華中生華」的特殊境相：

> 優缽羅華、波頭摩華、拘物頭華、芬陀利華，各各生於無量諸華，
> 或大一手，或長一肘，或復縱廣猶如車輪。[282]

（５）聲音的運用

聲音是另一種營造空間氣氛的媒材，彌勒樓閣不僅運用形色使空間富貴嚴麗，也運用聲音進入時空交錯的美感境界。如以寶網鈴鐸，風動成音；眾

---

[281] 事實上埃及神廟的柱子係源於植物的造型，如棕櫚、紙草(頁 a 頁 yrus)和蓮。埃及的柱林代表「源自肥沃土壤中的土地和神聖的植物，帶給土地和其子民保護性、恆久性和生計。」（參考 Christian Norberg-schulz 著，施植明譯，1986，《場所精神──邁向建築現象學》頁 52，臺北：尚林）

[282] 大正十，頁 436 下。

鳥鳴唱，和悅雅音；各種樂器，暢演法音……。

（6）圖像的運用

樓閣也利用雕像等藝術品美化空間，其中有諸寶所成姿態橫生的童女像、菩薩像，或持種種塗香末香、或持上妙摩尼寶網。或有透過寶鏡而呈現空間圖像，諸如道場、世界、菩薩大眾，及菩薩大眾修行的連環圖像。早期的宗教建築或宮殿、官邸等大型的建築物上，常利用圖像的雕刻以傳達特定的觀念，而與一般建築區別開來，如：希臘神廟以神的形象、神話故事刻於牆面上，或直接立在神廟內，以表達他們的宗教意識。[283]彌勒樓閣中，無論是雕刻或由寶鏡映現的圖像，除了作為道場莊嚴之用，也傳達特定的觀念，諸如：法界的無盡、菩薩的大悲、眾生的虔敬等等。

（7）光線的運用

樓閣也運用光線使空間美化，如：燃阿僧祇寶燈。或運用珍寶放光明，如：阿僧祇摩尼寶放大光明、琉璃瓔珞光明照耀，尤其特殊的是在柱上放光明網，或青、或黃……、或作一切諸光明色。

（8）故事的運用

建築空間的文學性是無法全部譯出，只能在實地環境中以詩情去意會。彌勒樓閣藉著彌勒菩薩或諸佛菩薩的本生故事在戲劇性的場景中產生審美情趣，故事和建築共同形成了意境之美。

（9）綜合的運用

可分為：

①地面上圖像的運用

在一般空間設計上，地板的處理通常較為單純，或以大理石、木板等較好的材質處理，就可展現出空間應有的質感。彌勒樓閣的莊嚴不僅運用琉璃為地以顯出清淨莊嚴的質感，並於一步設一色像增添富麗之象。

②造型中光線的運用

---

[283] 余東升，1995，《中西建築美學比較研究》頁 266-頁 267，臺北：洪葉。

　　建築元素中窗戶是最神奇的，透明玻璃可以創造出空間「亦內亦外」的感受。當窗戶被簡約成標準的設計，陽光和空氣的通過成為可以量度的量。當陽光還未照射在建築物的外表時，太陽無法彰顯他的奇妙。羅馬萬神廟的頂部是一近似蒼穹的圓形大穹頂，並以天窗的設計，將神廟的內部空間與外部的天空聯接起來。[284]彌勒樓閣也善加設計了屋頂，以半月的造型，框出大自然的日月星辰之美。

③四壁、珍寶與境像結合的運用

　　樓閣於四壁有規劃地以眾寶妝點，並於一一珍寶上現彌勒曩劫修行菩薩道時，或施頭目、或施手足等等。

④華樹、圖像與光線結合的運用

　　華果樹木所展現的是天然的韻致，彌勒樓閣於天然的景緻上化現各種姿態的人物造型，使自然與人為合為一體：

> 一一華中皆悉示現種種色像以為嚴飾，所謂男色像、女色像……一切眾生色像，皆悉合掌曲躬禮敬，亦見如來結跏趺坐，三十二相莊嚴其身。[285]

　　甚至華樹枝葉中的人物或執華鬘、或執瓔珞，或有曲躬合掌禮敬、或入三昧大定，放大光明。華枝果樹不只有著靜態的圖像之美，並有五彩光明湧現，燦爛奪目。

　　建築的形式美是通過材質、色調、光線、形體、空間布局等體現出來，彌勒樓閣充分運用建築的物、秩序、特性、光線和時間來描述「廣博嚴麗」的美感，形色、聲音、香味使樓閣空間藝術化。

---

[284] 同上註，頁117-頁119。

[285] 大正十，頁436下。

5. 悲智莊嚴的樓閣意象

廣博嚴麗的彌勒樓閣，閣中含藏無量樓閣，廣博無量同於虛空。此樓閣並具有於一處中見一切處的神妙境界，善財於一切樓閣一一物中悉見無量不可思議自在境界諸莊嚴事，乃至自見其身遍在一切諸樓閣中，具見種種不可思議自在境界。[286]樓閣就法意而言，「樓」以其高拔表徵智，「閣」以其藏物表徵悲，所以樓閣表悲智[287]，而樓閣的廣博嚴麗和神妙境界，象徵悲智雙運所成就的依報[288]，也就是彌勒菩薩具備了大智大悲，並具有一即一切的神通境界，因而能成就毘盧遮那莊嚴藏樓閣如此富貴莊嚴而又神妙無比的建築。

6. 小結

以光明遍照的毘盧遮那莊嚴藏樓閣為居所者，是具有根本智、差別智等圓滿報生的彌勒菩薩，也是樓閣的變現者，「以佛智海，大悲念物，萬行利生，大願所持，共成樓閣之體。」[289]幻現出莊嚴富麗而又神幻莫測的大莊嚴樓閣，廣大量等虛空，含攝所有空間和眾生。

(七) 小結

建築是具體的場所，場所是存在的空間現象，在建築之場中善友之名、地名、建物，以及建物中的事物構成情境的網絡，網絡集體意義互動的深化過程，形成各參特殊的場所精神。以下從幾個角度總論建築之場的意義：

1. 封閉性的空間

相對於自然之場，建築之場是封閉性的、集結的空間。1)城市雖然較其

---

[286] 包括五：一見彌勒初發心時；二見其修行得法時；三見彌勒隨類攝生時；四顯所說之法；五總見行用。（澄觀《疏》，大正三五，頁 958 中。）

[287] 澄觀《鈔》，大正三六，頁 693 上。

[288] 《新華嚴經論》，大正三六，頁 1006 下。

[289] 李通玄：「於中莊嚴皆約智、約慈悲心所行諸行願報得。」《新華嚴經論》，大正三六，頁 1005 下。

他建物具有開放性，但它具有一定的限定範圍，它是一個符號，傳統的城市象徵超越性和人造的次序，城市的存在代表理想的人類社區，是一個優越的形象。在古代，城市和大自然都是神聖的，大自然有自然界的精靈；城市則是地方神和英雄的住宅。[290]2)園林集結了入世度眾的方便與出世山林的清淨，成為世出世間中介的神聖空間。3)宮殿集結了權力與財富，形成美麗而具威嚴的場所。4)家象徵回歸，回歸自心、回歸本地風光。5)佛塔以其宗教上的意義，成為淨化人心的神聖空間。6)樓閣具有悲智的法義，成為淨化人心的神聖空間。

2. 就宗教建築來說

作為宗教建築的實體和空間形象，一般需要鮮明的宗教形象。在建築之場的善知識，其所在之場的外形雖不見得都是宗教建築，但都具有宗教境界，若稱之為宗教建築，不如說是神聖空間。塔是從外形至內在最符合宗教建築的定義，它最具有建物形象上的宗教價值。對宗教建築的感知，多半分配在象徵、隱喻的意義上，不會把識別目的放在實用性上。塔的線條和空間形象具有象徵和隱喻，城市、園林、家、樓閣也都具有象徵和隱喻，在建築之場中無論其空間設計得多麼精巧堂皇，識別目的不是在它的形式之美，而是去感知它的象徵和隱喻的意義，因為它們都是神聖的建築空間。

3. 就人與建築環境來說

人和空間環境是雙向交互作用的關係，人通過六識等的多種感覺設計並體驗藝術化的空間建物，人能創造環境，環境也會影響人，所以每位善友的場所空間所象徵和隱喻的意義，就是法義及淨化作用，善財全身投入每處場所，場所空間也以同等的法義回饋其身。就以代表轉化貪、瞋、癡三毒的三位善友來說，婆須蜜多女、無厭足王、勝熱婆羅門分別以愛欲之場、殘暴之場、刀山火海這三種負向空間教化眾生，善財若不縱身投入這三種難思難議

---

[290] Yi-Fu Tuan 著，潘桂成譯，1998，《經驗透視中的空間和地方》頁 152，臺北：國立編譯館。

的違逆空間,也就無法淨化三毒,獲證不可思議的法門境界。五十三參中的多位善友都充分運用感官、境相、意義,創造不平凡的場所教化參訪者。

4. 就鼓勵參與的建築來說

　　建築不是孤立的,而是藉由景觀的配置歡迎並邀請我們接近,向我們喚起活動興趣。最能展現參與邀請的莫過於入口、門口。這些地方能解放或誘導人們,一個引人注目的入口或門口,不會設立必須克服的障礙,或要確認的曖昧形狀,並避免人們因混亂而中止行動。[291]城市的相對開放,使它以範圍界定,不具有特定的入口,除了城市之外,善知識所在的建築之場都有門,屬於私有空間的家宅和宮殿是敞開大門歡迎參與,較具公共性的園林和樓閣反而有所設限。私有空間的入口鼓勵參與,是菩薩為度化眾生而敞開大門。公共空間不是不具邀請力,而是設下條件令符合資格者進入,進入者即能躍升其性靈境界,達到深層的淨化作用。

四、幻現奇妙的神變之場

　　善財參訪的五十三處場所參參都有幻現奇妙的神變之場,或是毛孔湧現無量國土眾生,或是一小器皿能隨意化現無量寶物……,只是第二、三節的善知識直接以整體空間表現其場所精神,而這一節的善知識僅運用特定的神變境界營造神聖空間的場所精神。這些神變境界都是善知識的主體境界,透過本質的直觀則能契入這些不思議境。以下分六個方面來談。

---

[291] 伯拉瑟(S.C.Bourassa)等著,黃士哲編譯,1993,《景觀・美學・設計》頁184,臺北:美鐘出版社。

（一）身體變化的空間

1. 身如明鏡──第五參

　　善財第五參在住林城參訪解脫長者，位於住林城的善知識象徵他在煩惱稠林中體悟性淨[292]，能將德行安住如城。長者名為解脫，意指他的德行很高，煩惱繫縛都已解脫，就如〈光明覺品〉中的偈語所言：「身心悉平等，內外皆解脫；永劫住正念，無著無所繫。」[293]解脫長者安住清淨平等法界、無所執著，所以無一物能束縛他。

　　（1）身如明鏡的神聖空間

　　解脫長者證得「入出如來無礙莊嚴解脫門」，當他進入菩薩三昧禪定時，身中顯現十方各十佛剎微塵數佛及國土眾會道場種種光明諸莊嚴事，亦現佛之神通變化。澄觀認為長者之所以名為解脫，是「其身內現無邊佛境，定用自在，故名解脫。」[294]因為深入禪定境界，使身體轉化得非常清淨，而能幻現佛國淨土等事事無礙的神變三昧境界，讓參學者領悟，身體空間就是神聖場所。就像〈十地品〉的說法者金剛藏菩薩，當他入一切佛國土體性三昧時，亦能於其身中現恆河沙世界微塵數佛剎及所有莊嚴之事。[295]對聖者而言，身體空間就是神聖場所。

　　（2）鏡中世界的來去幻化

　　解脫長者以身體空間為神聖場所開示參學者，然而身體所顯現的十方佛和佛國淨土，解脫長者和如來都不曾來去，因為這些神變空間都是幻現的，「知一切佛及與我心悉皆如夢，知一切佛猶如影像，知一切佛所有色相及與自心，

[292] 印順，1989，《華雨香雲》（妙雲集・下編之十）頁169-頁170，臺北：正聞出版社。

[293] 《華嚴經・光明覺品》，大正十，頁64下。

[294] 澄觀《疏》，大正三五，頁927下。

[295] 《華嚴經・十地品》，大正十，頁207下-頁208上。

皆悉如幻。」[296]幻是譬喻，說明所有色相皆如夢幻燄影，一切法似有而無實。「幻」的梵文是 māyā，動詞字根 mā 有「衡量、量出、形成、創造、建構、展出或展現」之意，既指創造出幻象的力量，同時也指由它展現出來現象的虛幻不實。魔術師的表演便是 māyā，他所創造出來的幻象也是 māyā。[297]解脫長者就是身體空間的魔術師，他將佛國淨土幻現、展出在他身上，因為長者的身體乾淨得有如一面鏡子，一切影象都在清淨光明的身體空間中映射出來：「有時要見十方佛，無事閒觀一片心，不去不來如燄影，緣生緣滅過光陰。」[298]十方佛等的一切莊嚴景像，如夢幻燄影，長者知其虛幻性空，不執於這些景象的來去幻現，因而更能不將不迎、應而不藏地清淨而自在映照一切。

（3）解脫不淨的脫胎換骨

解脫長者身體空間的乾淨，是心地空間清淨之故，所謂「心不住於身，身亦不住心。」[299]心的束縛以執著身體為最，當心地不再執著於身體，不再為身體所束縛，心得解脫，身體也得解脫。身心「內外皆解脫」是解脫長者深得的解脫之道。解脫是消極的形容束縛被解開、脫開，積極來說，束縛解開之後，知道身體並非我能擁有，乃至外在的一切也非我所有，解開內外一切執著而以唯心之智稱性總持，則能自在普攝一切佛剎在身體的空間，如體用旋轉無礙。[300]佛教常以不淨觀的方式消解心對身體的執著，但是有些行者卻因此厭惡身體，無法擺脫觀身不淨的執著，所以在九想觀[301]的最後一觀就

---

[296] 《華嚴經・入法界品》，大正十，頁 339 下-頁 340 上。

[297] Diane K.Osbon 著，朱侃如譯，1997，《坎伯生活美學》頁 332，臺北：立緒文化。

[298] 《佛國禪師文殊指南圖讚》，大正四五，頁 794 中。

[299] 《華嚴經・夜摩天宮偈讚品》，大正十，頁 102 上。

[300] 澄觀：「普攝諸剎在於身中，由唯心之智稱性總持，令如體用旋轉無礙。」（《大方廣佛華嚴經疏》，大正三五，頁 927 下）

[301] 九想觀是使貪著五欲起美好耽戀的迷想者，覺知人的身體的不淨，除其貪欲的觀想：一、脹想，身體之膨脹。二、青瘀想，風吹日曝而身體之色變。三、壞想，身體之破壞。四、血塗想，破壞已，而血肉塗地。五、膿爛想，膿爛腐敗。六、噉想，鳥獸來噉身體。七、散想，鳥獸噉後而筋骨頭手分裂破散。八、骨想，血肉既盡，祇有白骨狼藉。九、燒想，白骨又火燒歸於灰土。（《釋禪波羅蜜次第法門》大正四六，頁 535 下）

是觀不淨的身體經大火燒歸塵土，藉由觀空而超越身體不淨的執著。修不淨觀者見身體的空間皆是不淨，華嚴精神則是超越不淨，以莊嚴來點化身體的空間，在其中顯現純淨大美的境界，「譬如比丘觀察內身住不淨觀，審見其身皆是不淨。菩薩摩訶薩亦復如是，住此三昧，觀察法身，見諸世間普入其身……。」[302]解脫長者作為華嚴法界中的菩薩，也是在三昧中普攝一切佛剎以點化、提昇自己。

　　解脫長者在三昧中見佛與般舟三昧相近。般舟三昧的意義是現在佛悉立在前的三昧，現在佛是十方現在的一切佛，三昧修習成就能在定中見現在的一切佛，自己沒有到淨土去，只是從定心中見佛，因而理解到三界都是心所造的，是以心見心，沒有見到心外的佛，這樣心就是佛。解脫長者除見一切佛在前，也見佛色身相好，更見佛從發心、成佛、說法、涅槃，至居莊嚴佛土。華嚴法門所展現的事事無礙的神變境界，是基於唯心所現的理論，「幻」所具有的創造義，即是從唯心所造的角度立論，「知一切佛及與我心悉皆如夢，知一切佛猶如影像，自心如水，知一切佛所有色相及以自心悉皆如幻。……我如是知，如是憶念，所見諸佛，皆由自心。」[303]幻化神變的空間猶如夢中境界，造夢者隨意創造各種夢境，心地清淨則起清淨的夢境，萬法既然不離自心，所以只要淨修自心，令心瑩徹，一切佛境界的大美景象皆能如如現起。

　　（4）小結

　　解脫長者自心清淨使身體空間也瑩徹透亮，身心內外皆得解脫，故而照見十方佛等一切大美的境界，雖然身體空間變現出事事無礙的佛境界，但是十方佛和長者都不曾去來，因為一切境界皆如夢幻焰影，是性空夢幻的空間，長者只是如鏡鑒物，如實現起。

2. 身現眾生——第六參

　　第六參善友海幢比丘寄位正心住，第六正心住意指「成就般若，了法性

---

[302]　《華嚴經·十定品》，大正十，頁213下。

[303]　《華嚴經·入法界品》，大正十，頁340上。

空，無住無依，無邪無正，故聞讚毀，真正其心，念不動故。」[304]

（1）即動而寂

善財見海幢比丘在經行地側結跏趺坐，入於三昧，離出入息，無別思覺。經行地側是人們行走的路旁，海幢比丘在路旁盤腿而坐，不僅不受來往行人的干擾，而且深入三昧禪定，無出入息，也無覺觀，這是定於四禪之中，內心清淨喜樂而定心不動，雖在熙攘的「動之所」[305]，也能即動而寂，是寄位第六正心住無所住依、真正其心的念不動。

（2）即寂而動

海幢比丘雖是身安不動，但從其身十四處卻出現神變境界：1)足出長者、居士、婆羅門眾。2)兩膝出剎帝利、婆羅門。3)腰出仙人。4)兩脅出龍。5)胸間卍字出阿修羅。6)背出二乘。7)肩出夜叉、羅剎王。8)腹出緊那羅王。9)面門出輪王。10)兩目出日輪。11)眉間白毫出帝釋。12)額出梵天。13)頭出菩薩。14)頂出佛。[306]海幢比丘身體空間的十四處所出現的神變境界都是不思議的數量和廣大的境界，例如：從其足下出無數百千億眾寶莊嚴的長者、居士、婆羅門眾，到十方世界以一切資生之具救攝貧窮眾生。從其頂上出無數百千億如來身，威光赫奕，普照十方，出妙音聲，充滿法界，示現無量大神通力……，如是所作，充滿法界。海幢比丘是以身出眾生的身體空間景象，展

---

[304] 澄觀《鈔》，大正三六，頁 672 中。

[305] 澄觀《疏》：「經行地側是動之所，滅思覺表即動而寂，側者不住行故。」（大正三五，頁 928 下）

[306] 海幢比丘身十四處出不同的眾生有其對應的象徵法意：1)足有二義：一、最初故，多顯施行萬行首故。二、行住義，長者行之長故，居士得安處故，婆羅門淨行故，成就菩提是利行故。2)膝者屈伸自在故，行由於膝，故出淨行。3)腰謂臍輪之下，是吐故納新，出仙之所。4)脅出龍者，是旁生故。5)胸是能生能滅憍慢幻術之所，故出修羅；又明德相能降魔故。6)背出二乘者，背大乘故。7)肩是可畏勇力之所，故出夜叉等；又是荷負之所，故為守護業。8)腹腹絃歌，音樂之所，故出緊那羅。9)布十善令向佛法，故面出輪王。10)目等日照，故出日輪。11)帝釋者於地居天中最尊勝，故眉間出帝釋；又中道般若化眾生故，令離五欲得淨法故。12)梵王超欲，故由額出；額又是稽顙請法之所，故出梵王。13)頭出菩薩，最上首故。14)頂出佛者，尊極無上故。（澄觀《疏》，大正三五，頁 929 下）

現寂靜大定而有無量大用的神變境界。

（3）高低層次的能量展現

　　海幢比丘身上十四處出眾生和佛等，個個作用不同，從下至上漸漸增勝，這與瑜伽行者認為，人身上有七處脈輪，愈高處的能量層次愈高的觀點[307]不謀而合。海幢比丘身中十四處現神變境界，腰部以上出天界眾神，頭頂以上出佛菩薩，背部出緣覺、聲聞乘眾，腋下左右兩側出龍，即是以身體空間的高低、前後、左右位置象徵神變境界的層次與種類。在空間意象上，卓越或優秀皆列為「高」的範疇，包括對自然高度的感覺，「卓越的」（superior）這個字是源於拉丁文較高的意義，「優秀的」（excel or celsus）也是表示高。「等級」的文字學原義是在空間中上上、下下的階級，社會地位也是以高低來形容，而不是以大小。Edwyn Bevan 說：「把至高無上的天比喻超越的存在，乃全世界人類的同義詞，也是任何宗教信仰所能依賴的意識。」[308]高和低是垂直軸的兩極，高處總是象徵優等，大部份語言體系都有相同的意義，身體空間也不例外，身體所現的神變境界也是如此。此外，前方象徵尊嚴，人的臉散發尊敬甚或敬畏的風采，低位的人晉見高位的人時，眼前向下望以避免可畏的面孔。後方是卑微的，小人物常在大人物背後盤旋，和托庇在大人物

---

[307] 1)臍輪（Manipura）：腰間，意即「閃亮珠寶之城」，位在肚臍的部位，能量在此轉 變成暴力，目標是消耗、主控，把世界變成自我及自己所有。這是較低層次的明點，它們是外取的，這些層次是以自我為中心，行動也受制於社會律法。

　　2)心輪（Anahata）：胸前卍字。「沒有衝突」的意思，位於心的部位。他是宗教生活的開始，是覺醒後新生命的開始。它是由形成宇宙之能量所發的聲音，它是先於所有事物。心輪乃是精神層面的展開，其中的所有事物都是宇宙奧秘的隱喻表現。一旦知道所有事物都是宇宙奧秘的隱喻表現後，低層次的力量就被精神化了。

　　3)眉間輪（Ajna）：「控制」的蓮花，位於兩眉之間，稱為天堂的明點，就是肉身世界中最高的明點。埃及的法老像就有聖蛇自眉間此點爬出。瑜伽修行者至此便可見到神，但這也是瑜伽修行者在整個修練過程中的最大障礙，因為它是那麼的甜美而令人喜悅，極大的誘惑力容易使人墮落。終極是超越諸神的，因為神在超越的指涉中都只是個隱喻罷了。

　　4)頂輪（Sahasrara）：意即「千瓣蓮花」，位於頭頂。在此是無分別的意識狀態：如如不動。可說這是一種劇烈而徹底的擺平，完全回歸到純一無雜的狀態中。

[308] Yi-Fu Tuan 著，潘桂成譯，1998，《經驗透視中的空間和地方》頁 10、頁 34，臺北：國立編譯館。

陰影之下。相對於大乘而言，緣覺、聲聞二乘是背離大乘，是小乘道，所以海幢比丘背出二乘，也是暗合空間和文化上的含意。

（4）小結

第五參解脫長者是善友中首先明顯表現出心能轉物之人，他將身體空間轉化為清淨空間而能映照一切；此參則更進一步地開發身體的各種潛能，從一個身體變現出不同種類的無量身體。海幢比丘以身體十四處現各類尊者度眾的神變境界作為教化的方式，是結合高低多種的能量展現，將身體空間直接作為神變之場。

3. 肚大能容——第四十一參

善財第四十一參參訪的是佛母摩耶夫人，寄位等覺，象徵妙覺如佛者是由等覺而來。她是位住無所住，以如幻業而現化身，以如幻智而觀世間，以如幻願而持佛身的善知識，這樣一位無來去身的善知識，唯有普賢清淨的普眼能見，善財要如何而得親近？

（1）以幻見幻

善財無法參詣摩耶夫人而一心求法時，即有眾守護神以神變境界出現：1) 主城神及百萬眷屬虛空現身，手持無量寶華散善財，告訴善財守護心城，知心城如幻。這是由主城神顯教修心。2) 身眾神及妙華光明無量諸神以妙音聲稱歎摩耶夫人，並從耳璫放無量色相光明網，普照無邊諸佛世界，令善財見十方國土一切諸佛。光明網右繞世間一匝後入善財頂，遍入毛孔，善財即得淨光明眼，永離一切痴闇。這是由身眾神密加受法，令善財得十眼十不思議身，達十身無礙的佛平等身。3) 守護菩薩法堂羅剎鬼王與眷屬於虛空中以眾妙華散善財，令善財普禮十方，正念思惟一切境界，觀身觀心如夢如幻如影，求善知識。這是以三昧禪定止息雜亂心，定慧雙遊，無境不契，處處遇友。

摩耶夫人化身遍十方：1)非色，因為色相都如影像。2)非受，世間一切感受當體寂滅。3)非想，幻身是隨眾生心想而化現的。4)非行，依如幻業而成就。5)離識，菩薩願智是空無自性。摩耶夫人了悟萬法性空，所以能如幻

師無有障礙地自在變化影像，普於十方現身，欲參見他，諸神及鬼王啟示善財，要觀一切法如夢如幻，當智與境合，即能以幻見幻。

（2）蓮華為居所

善財清淨心城、觀身心如夢如影，當入智幻生門之時，眾寶莊嚴的大蓮華[309]從地湧出，光明寶王以為蓮台，蓮台上有嚴飾綺麗的樓觀，樓觀中有如意寶蓮華座，摩耶夫人在蓮座上，由無量眾座圍繞。奇妙莊嚴的大蓮華是摩耶夫人幻化現身的神變之場，以蓮華為摩耶夫人出現的場所，象徵他自性無染，既不斷絕無明的雜染，也不出離世間的穢濁，以清淨法身成就一切雜染穢濁，相應於蓮華的出汙泥而不染，因而現蓮華從地湧出的神變境界。[310]摩耶夫人於一切眾生前現淨色身，善財見之亦現爾許身，這表示善財道行加深，能於一切處摩耶夫人前恭敬禮拜，因而證得無量無數諸三昧門。

（3）佛母孕淨土

摩耶夫人是為佛母，故其神變之場以示現誕生自在神變為主要特色。常人由產道的血污中出生，摩耶夫人則由右脅生出娑婆世界的佛教教主悉達多太子，這種不思議境在許多宗教經籍中都有類似的故事[311]，宗教常以純淨無染的降生啟示，象徵教主潔淨無染的神聖形象。《華嚴經》描述佛和菩薩的降生過程不僅純淨無染，並具有廣大的神通變化，〈離世間品〉談到菩薩入母胎時，先入「離垢藏三昧」，也就是說，菩薩在進入不潔的空間之前，必先入名為「離垢藏」的大定，滌除一切垢染，並以神通力將不潔的空間轉化為莊嚴

---

[309] 蓮華是印度的國花，印度古來視蓮華為聖潔的象徵，據印度史詩摩訶婆羅多（Mahabharata）所述，天地開闢之始，毗濕奴（Visnu）之臍中生出蓮華，華中有梵天結迦趺坐，創造萬物；又毗濕奴及其配偶神皆以蓮華為表徵，或以蓮華為多聞天（Kubera）的七寶之一。佛教亦珍視之，如佛及菩薩大多以蓮華為座。

[310] 澄觀：「蓮華，所證法界，自性無染，故曰蓮華。無明既開，不離心內，如從地湧，亦表性淨萬行之因，從法性地而出現故。」（《疏》，大正三五，頁951下。）李通玄：「蓮華從地湧出，以自性清淨法身為地體，一切萬行蓮華從此生故。」（《新華嚴經論》，大正三六，頁1002中。）

[311] 基督教教主耶穌基督是聖母馬利亞以處女身受孕，這是以無染的處子象徵耶穌基督的聖潔和神聖性。

妙好的神聖空間。[312]摩耶夫人亦是如此,其腹部儼然是座小世界,能廣納一切三千大千世界百億四天下閻浮提中將降生的毘盧遮那如來,佛子們於佛母腹中遊行自在,並各見自處清淨嚴飾的眾會道場,而佛母身不廣大、亦不窄迫,量同虛空,悉能容受十方佛子和一切莊嚴的宮殿。這是佛母通達性相妙境如影隨形,本來無二,所謂「般若亦名佛母」[313],佛母深證般若性空之理,故入菩薩大願智幻莊嚴解脫門,以自性清淨法身為體而含容一切莊嚴境界[314]。

當佛子將降生時,佛子的每一處毛孔咸放光明,現不可說佛剎微塵數佛子受生莊嚴,一一光明照一切世界,滅諸黑暗。遍照世界後,光入佛母頂及毛孔中,光中普現佛子神變。佛的空間屬於絕對無限、光明、聖潔,而眾生的空間是有限、有暗、不潔的相對性空間,雖然原屬相互隔絕的兩種空間,但卻有一條剛健的通路將兩重世界聯接。佛之降神入胎,而以聖潔之光遍照娑婆世界,促使閻浮提也轉化為聖潔,佛母即是娑婆世界轉化為淨土的出發點,她是最初承接佛光,是存在空間的聚焦所在。若借用《周易》的思維觀點,佛光入照,乾也,須依母德以應佛光之運化,故佛母,坤也,象徵娑婆大地原本如慈母般可以充盡地孕生佛道的慈悲、智慧而終能從敗壞的空間升轉歸返於聖潔淨土。[315]

(4)小結

摩耶佛母以自性清淨身為體而自在幻化一切身,是在腹中同時孕育無量佛子和莊嚴宮殿並能自在遊走的神變之場,較解脫長者只是在身中如鏡幻現一切佛國淨土,更能凸顯「幻」所具有的主動積極義,以及廣大自在的特色。

---

[312] 《華嚴經‧離世間品》:「菩薩摩訶薩示現處胎有十種事:……在母胎時入離垢藏三昧,以三昧力於母胎中現大宮殿、種種嚴飾悉皆妙好。……是為第九事。」(大正十,頁311上)

[313] 澄觀《疏》,大正三五,頁952中。

[314] 「本來無二者,稱一性故;非一處住者,體周遍故。」(澄觀《疏》,大正三五,頁952中)

[315] 潘朝陽著,2001,《出離與歸返:淨土空間論》頁75、頁76,臺北:師大地理學系。

4. 毛孔現境——第五十三參

　　毛孔現境在五十三參中是六位善知識示現的境界：第六參海幢比丘、第三十五參寂靜音海主夜神，毛孔能放光。第三十一參婆珊婆演底主夜神、第三十三參喜目觀察眾生主夜神，毛孔顯現化度眾生的種種神變境界。第四十一參佛母摩耶夫人除了每處毛孔皆能放光，並現如來成道因緣。不過將毛孔現境表現至極的當屬普賢菩薩，其他參不能出其右，故他參不一一詳述。

　　（1）以普見普

　　普賢菩薩的登場不同於其他善知識，第五十二參文殊菩薩並無指示普賢在何處，只令善財入普賢行道場即還攝不現。文殊通指，意指善財要以普觀方能見普賢[316]，普觀既是與普賢菩薩相應的方式，於是善財心不著於任何一境，與法界一切相融，從本身所信的自心佛果菩提體中，起一切因陀羅網的普賢境界，以此而見普賢淨土：佛剎清淨、一切世界所有微塵出一切世界微塵數佛光明……，等的十種瑞相、十種光明相。善財見普賢成就的十方佛國淨土幾乎等同於諸佛境界，因而悲心堅固猶如金剛，以法界為身，悲智橫廣，願行豎窮，入如來境，住普賢地。這時，善財即見自己和普賢菩薩坐在佛前，表示善財已相應於普賢境界。

　　（2）普的無限展現

　　普賢毛孔所現之境，除了淨土的莊嚴殊勝，並具有雜染的地獄、餓鬼、畜生的境界，三千大千世界過去、現在、未來十方所有一切淨或穢的世界，各各差別，不相雜亂，在普賢身中一切毛孔一一顯現。[317]普賢在菩提道場顯現的神通，十方世界如來場所亦現如是神通力。十方一切佛剎一一塵中皆有法界諸佛眾會，一一普賢身中皆現三世一切境界、一切佛剎、一切眾生、一

---

[316] 澄觀：「普觀方見普賢故。」（《疏》，大正三五，頁960下）

[317] 普賢毛孔現遍法界的境界，經中列舉二十種，澄觀：「實則重重無盡，略顯二十重。」（《疏》，大正三五，頁961中。）《華嚴經》以「十」表示無盡，「二十」表重重無盡，意指普賢在毛孔上現重重無盡之境。

切如來遊戲神通……。從無限的時間和空間中有普賢菩薩，至普賢一一毛孔所現境界無論淨或穢，在在都彰顯了普賢的普，普就是一切都能顯現，包括時間和空間的超越，和一切清淨莊嚴與雜染醜陋的具足。若只顯現清淨的一面，雖高明但不完整普遍，「普」是普遍而沒有遺漏，是總賅萬行，隨一一行皆能稱法界性[318]，遍周於行布圓融法門，澄觀在《華嚴疏鈔》以十義發揮「普」義，以顯無盡；「賢」是隨緣成德、至順調善，是對德行的形容。而「普賢」二字之意也就是德遍法界：「身中包含法界，廣無邊故，顯其普義。全此含法界身，潛入塵中，調柔無礙，明其賢義。內外周遍，限量斯盡，故名普賢。」[319]

最能表現普賢的廣大之意如〈普賢行願品〉的偈語：

> 普賢行願威神力，普現一切如來前；
> 一身復現剎塵身，一一遍禮剎塵佛。
> 於一塵中塵數佛，各處菩薩眾會中；
> 無盡法界塵亦然，深信諸佛皆充滿。[320]

這是普賢大願行中生出的威神之力，所謂全體起用，全用歸體，因賅果海，果徹因源的大悲願行。

（3）毛孔空間的普

普賢菩薩的毛孔空間極為廣大，在其一毛孔中行走，盡未來劫猶不能知其毛孔空間的大小，因為普賢是稱具法界性的緣故，能示現廣大而沒有邊際的法界。善財童子見自己在普賢身內，從初發心至得見普賢菩薩的一切過程

---

[318] 普賢菩薩因徹果海，故為顯因廣大相；彌勒菩薩未說一一稱法界，故為攝德成因。（澄觀《鈔》，大正三六，頁 696 下。）

[319] 澄觀，《大方廣佛華嚴經疏》，大正三五，頁 961 中。此外，法藏也說：「德周法界曰普，至順調善曰賢。」（《探玄記》，大正三五，頁 133 中）

[320] 大正十，頁 847 上。

皆顯現於普賢菩薩一一毛孔中，並見自己在普賢一一毛孔化身無量，教化一切眾生，善財童子因此次第獲得普賢菩薩諸行願海。

　　善財童子既得智度，以彰地滿，普賢即伸右手摩善財頂，十方世界及世界中一一塵中一切世界，普賢同時皆摩善財頂，一切善財即得一切佛剎微塵數三昧門，這時善財證入普賢境界，具有等同於普賢普周一切的神通變化[321]，於一切境現身的神通變化，充分彰顯出身體的空間無礙。普賢代表「所」證法界，若能入於普賢身，便可窮究毘盧遮那佛的境界，因為毗盧遮那佛的法身非身，以普賢的法界為身，令普賢在金剛智的菩提妙理中，生起法界佛果，證入普賢菩薩圓周法界的妙行。若不是普賢身的彰顯，又將於何處見果海？因此善財一入普賢身便證三世平等身。普賢表示行和願，願是內發的動力，行是意志的表現，善財願學普賢行，到面見普賢就代表理想與實行合一的大行。善財因位既滿，更無所修，一生頓成，行布亦足。

（4）小結

　　普，是普賢學的核心，也是《華嚴經》的心要。普，不是假定一至大者高高在上，也不是分析出至小者深深在內，是在任何一點觀察它向外的延擴，延擴到無限的無限，達到無限大。也向內觀察它的含容，含容到無限的無限，達到無限小。並達到外延與內涵的一致，無限大與無限小的一致，構成佛與眾生、依報與正報、大與小、內與外的相攝相入，成為一即一切、一切即一的華嚴玄境。這普門境界有無限的哲學、無限的精神、無限的人生理想、無限的真善美和無限圓滿的境界。[322]

　　《華嚴經》在身體空間上有相當豐富的大用變化，〈離世間品〉對身體變化的空間略說有十種：一、以一切眾生身入己身無礙用。二、以己身入一切眾生身無礙用。三、一切佛身入一佛身無礙用。四、一佛身入一切佛身無礙用。五、一切剎入己身無礙用。六、以一身充遍一切三世法示現眾生無礙用。

---

[321] 「善財等普賢。」（澄觀《疏》，大正三五，頁 961 中）

[322] 印順，1989，《華雨香雲》頁 170-頁 171，《妙雲集・下編之十》，臺北：正聞。

七、於一身示現無邊身入三昧無礙用。八、於一身示現眾生數等身成正覺無礙用。九、於一切眾生身現一眾生身,於一眾生身現一切眾生身無礙用。十、於一切眾生身示現法身,於法身示現一切眾生身無礙用。[323] 就偏重言,其中第一種與佛母摩耶夫人的身體空間大用相似,解脫長者與第五種,普賢菩薩與第六、七、八種,海幢比丘與第九種,在身體空間上有類似的大用變化。五十三參具體的以四參表現身體空間的無礙大用變化,其實身體空間的變化可以表現得更多元、更豐富,〈離世間品〉略舉十種,「十」就是表現無盡,也就是說,以身體作為神變變化的空間是大用無礙、變化無方的。

(二) 遠近無礙的空間

善財童子在文殊菩薩的指點之下展開參訪之旅,至第五十二參在蘇摩那城再參文殊師利菩薩。蘇摩那是悅意花,象徵居此城的善知識智照本心,因而悅意,就像佛陀與迦葉心心相印而拈花微笑。蘇摩那城是個充滿禪意的國度。

1. 充滿禪機的摩頂授記

第一參的文殊為信心之始;此參的文殊為智滿之終,表智照無二相。善財必須達到障盡惑除,毫無動念,才能返觀察照,也就是般若照極,返照初心,修行達佛果位時如同因位發心一樣,即信智無二。是時文殊遙申右手,過一百一十由旬、一百一十餘城,按善財頂。文殊按善財頂,是指其證位極於無上頂法,如同灌頂、授記、印證的意思,是聖者對修行者超越性的心靈活動的一種肯定回應,是生命品質的最高肯定,使被授記者產生莫大的鼓舞力量。文殊超越廣袤的空間距離摩善財頂,這是表示始信該於極果。一百一十表示由十地所修十波羅蜜一一具十,故成一百,而等覺一位具含十地,成一百一十,即十地加等覺位,善財圓攝諸德,圓滿十一地,徹過前位。

文殊一伸手就穿越了一百一十由旬,彷彿一剎那間已完成善財漫長的參

---

[323] 《華嚴經・離世間品》,大正十,頁 294 上。

訪修道之旅。這伸手之間善財獲得了菩薩階位，像禪宗比喻開悟就如同鬆開了握緊的手般的灑灑、簡單。修行的歷程似乎漫長而遙遠，但開悟的人再回頭看這過程則是剎那間事，就如人的一生似乎漫漫而長遠，但長者看這過往之事則似場夢。因而聖者能以灑脫的心境遊戲人間，文殊過一百一十由旬的伸手摩善財頂，即是場充滿禪機的空間意象。

2. 文殊普賢能所雙妙

文殊宣說教法，令善財成就阿僧祇法門，並置善財自所住處，入普賢行道場，文殊還攝不現。文殊始終不現身，文殊表般若智慧，不現身表般若無相，所以《金剛經》：「凡所有相皆是虛妄。若見諸相非相則見如來。」妙相非相，以寂照無二，心境兩亡，信解雙絕，所以經中善財未如參其他善知識般禮敬詢問如何修學菩薩道，而是始終不見文殊。但當善財不往外求，反照未移信心，了悟自心般若性空，不見乃為真見，文殊即伸手摩頂。果海離言，要達到亡言妙契才能自悟，方堪具足成佛的廣大因。

本會所集之眾有一百四十二菩薩，除文殊普賢外，餘一百四十位皆以文殊為法身、菩賢為差別智之大用。[324]善財願見全法界的善知識，願與他們心印道同，這個心願當善財證入文殊菩薩所象徵的般若智即完成，因為文殊般若是攝相歸體，佛理都是從文殊的智慧大海流出，文殊代表「能」信之心、「能」起之解、「能」證大智，以這「能」證之智，入普賢代表的「所」證之圓妙果境、「所」起之萬行，即能證入法界全體，彌勒因而對善財說：「汝先得見諸善知識，聞菩薩行，皆是文殊威力。」[325]見到文殊後才能見普賢，表示有了如量真智後，才能證悟圓妙果境，由真智而起解佛理。[326]

---

[324] 李通玄，《新華嚴經論》，大正三六，頁 944 中、下。

[325] 《華嚴經‧入法界品》，大正十，頁 439 上。

[326] 賢度，1998，《華嚴學專題研究》頁 290-頁 329，臺北：華嚴蓮社。

3. 小結

　　文殊法門的獨到風格，在言語表達上是促使對方反觀、反詰、否定、超越常情的語句，每使人震驚。文殊法門不只是語句突出，行動上也是突出的，經中文殊常以神通化導眾生。[327]此參文殊也以異於他參的「略無敬問」[328]，以及遙伸右手摩頂授記，展現充滿禪意的空間意象。

(三) 遊步移動的空間

1. 疾趣十方——第二十八參

(1) 悲智齊滿

　　善財參訪觀自在菩薩時，正趣菩薩從空中來到觀自在菩薩的巖谷林泉。善財不是辭退了觀自在菩薩再去尋找第二十八參的善知識，而是在觀自在菩薩道場直接見到正趣菩薩，這是以同一處場所參訪兩位善知識象徵「悲智二位在此位齊滿，表悲終即無明之智自成，明悲智無二體故不辭去。」[329]正趣菩薩和會了智與悲，以生死俗智遍至各處度化眾生，以其正智和大悲趣向眾生，是故名為正趣。[330]

(2) 無窮計的空間距離

　　正趣菩薩是從東方[331]另一個世界經過不可說佛剎微塵數劫，舉不可說微塵數步，過不可說微塵數佛剎，而至娑婆世界。華嚴的空間感常以視覺上逐漸遼闊的鋪陳、距離的倍增和比較，來表現無限遙遠的意境，譬如《初發心功德品》：「假使有人於一念頃，能過東方阿僧祇世界，念念如是，盡阿僧祇

[327] 印順，1994，《初期大乘佛教之起源與開展》頁 932-941，臺北：正聞出版社。

[328] 澄觀《疏》，大正三五，頁 960 上。

[329] 李通玄，《新華嚴經論》，大正三六，頁 982 中。

[330] 澄觀《疏》：「正趣者，正法遍趣，化眾生故。以智正趣真如相故。」（大正三五，頁 940 中。）

[331] 「東方為智，明照萬邪故，……照一切惡生一切善，故東方表智，西方表悲，以此二位明悲智齊故。」（李通玄，《新華嚴經論》，大正三六，頁 982 下。）

劫,此諸世界無有能得知其邊際。又第二人於一念頃,能過前人阿僧祇劫所過世界,如是亦盡阿僧祇劫。次第展轉,乃至第十,南西北方,四維上下,亦復如是。」[332]這是藉由一人於一念間過多少距離遠,再以另一人的一念間又超過此人的距離,如此輾轉不斷地比較之下,空間的距離感逐漸拉向無限的遙遠,這種逐漸擴張距離的陳述法,是華嚴表現空間無限廣大、距離無邊無際的方式。正趣菩薩到觀自在菩薩道場是經過無以窮計的時間和空間,這是就現象的角度而言;若就理體的立場來看,他從空中而來是空性依緣而起幻身,一剎那遍至十方,其實性體並無往來。[333]

(3) 速疾度眾的宗教解脫

正趣菩薩證得普門速疾菩薩解脫,普門就是普遍十方沒有限際,速疾是一念之間已遍至十方,因為正趣菩薩證知萬法不離心性,[334]所以雖說是從東方來,南西北方四維上下任何一方,菩薩都是於一念間以幻身速至十方。當他經過不可說微塵數佛剎時,皆一一遍入一切佛所,於一切諸佛國土普雨一切華香瓔珞衣服幢蓋,以妙供具供養於佛,並知一切世界眾生的心和根性,隨機說法,或放光明、或施財寶,隨眾生心之所樂普於一切宮殿現身,令見者歡喜而來觀自在菩薩的場所,教化調伏眾生無有休息,十方世界都是如此速疾地普至一切佛所,教化一切眾生。因為悲心深切,所以菩薩非常迅捷的到處度眾,以救護眾生的迅速無礙和廣至一切處的普遍性,展現出菩薩神足通的宗教解脫的場所精神。

(4) 小結

正趣菩薩因知萬法不離一心,因而能隨眾生心之所樂、時空無礙地一念

---

[332] 《華嚴經・初發心功德品》,大正十,頁 89 中。

[333] 「自體真空起如幻身,應緣利物,一剎那際響應十方,性無往來,以虛空而現幻像,故云從空而來。」(李通玄,《新華嚴經論》,大正三六,頁 982 中)澄觀《疏》:「從空來者,智體無依,方契如故。」(大正三五,頁 940 中)

[334] 澄觀《疏》:「十方無際故名普門;一念超多故云速疾。……從自本智如來藏界,普生萬善本覺而來,故行能速遍。知一切法不離心性,萬行頓成。」(大正三五,頁 940 中)

之間遍至十方救護眾生，迅捷地空間移動展現出悲智雙運的宗教解脫的場所精神。

2. 樂普遊步——第三十二參

善財第三十二參詣普德淨光主夜神，此夜神普見三世一切諸佛及清淨國土眾會道場而無取著，因為他知諸佛非去非來、非生非滅、非實非妄、非遷非壞、一相無相，所以不起一切妄想分別而如如不動地修習四禪，以大悲心救護一切眾生，而能幻現一切三昧海，遊戲神通，成就變化，證得菩薩寂靜禪定樂普遊步解脫法門。

夜神具有止觀雙運的禪定工夫，因此能幻現各種三昧境界，就像解脫長者從三昧定境中能現十方佛土於其身體空間，他們對幻現的各種勝境都不取著，故能幻化不斷，所不同的是解脫長者是在一己的身體空間展現神通變化，夜神則從身體空間拓展至一切空間普遊步，在夢幻的空境與遊步結合中就有了遊戲的心情和意境。普德淨光主夜神在如夢幻現的境界中神通遊步，展現出「大用自在」[335]的神通變化。

正趣菩薩和普德淨光主夜神的神通變化表現在空間上的自在移動，不過正趣菩薩是為了救度眾生而迅捷的到處度眾，展現出菩薩神足通的度眾嚴肅性；普德淨光主夜神則在幻化空間與遊步的結合中，以遊戲神通的心情和意境，化解救度眾生的急迫感。

(四) 財寶湧現的空間

善財第三十參到摩竭提國菩提場內安住神所，參安住地神。

1. 菩提場中的地神

「地神者，地為萬法所依，即所入法界。安住即入義。菩提場者，所入

---

[335] 澄觀《疏》：「契理無著為寂靜，止觀雙運為禪定，正法樂住為樂，大用自在為普遊步。」（大正三五，頁 942 上）

法界，即得菩提之處故。今攝末歸本之法界，……迴向終，故攝歸此。」[336]大地荷負萬有，長養眾生，以地神表示慈悲處下，生諸法門，載育荷負眾生，令離生死苦。[337]菩提是修道之本，菩提場即是萬法歸本之處。地神在菩提場，這是善知識身分與所在場所相互印證的空間意象。善財參訪了二十九位善友，第三十一參起參十地菩薩，此參以「地」神表之，即是進入十地前的預告。十地是菩薩圓熟的覺悟階段，象徵善財修行至此，將打開本具的菩提寶藏，邁入圓熟的覺悟階段，所以返回菩提道場，參安住地神。

2. 大地震吼普莊嚴

安住地神之場並有百萬地神，百萬地神見善財童子已生法王種，讚為佛藏，為一切眾生所依處，當開智慧大珍寶藏。時百萬地神放大光明，遍照三千大千世界，普令大地同時震吼，種種寶物處處莊嚴，影潔光流遞相鑒徹，葉茂華開果樹成熟，河流灌注，池沼盈滿，雨細香雨，風來吹華，無數音樂一時俱奏，天莊嚴具咸出美音，百獸哮吼，百千伏藏自然涌現。大地之神讚善財童子的智慧寶藏，展現出相應的神妙空間景象。

3. 以足按地涌寶藏

安住地神以足按地，百千億阿僧祇寶藏自然涌出，安住地神告善財言：「此寶藏隨逐於汝，是汝往昔善根果報，是汝福力所攝受，汝應隨意自在受用。」[338]善財所種的善根寶藏隱於大地之中，經地神加持而具象地顯現出來，表示善財已圓滿三賢，可向十地進修，「入此位報境，便現所現寶藏。」[339]亦顯示寄位第十迴向的安住地神，其智慧與大力之不可思議，方能顯現參訪者的功

---

[336] 澄觀《疏》，大正三五，頁 940 下。

[337] 李通玄，《新華嚴經論》，大正三六，頁 984 中。

[338] 大正十，頁 368 下。

[339] 李通玄，《新華嚴經論》，大正三六，頁 984 中。

德法財。[340]安住地神之所以有如此神通智慧,是證得不可壞智慧藏菩薩解脫,是從燃燈佛以來,常隨菩薩恭敬守護,觀察菩薩所有心行智慧境界(從根本智起差別智),以一切誓願作為諸清淨行,成就三昧廣大神通。地神證得的智慧是心地寶藏,這種智慧寶藏不像世間寶藏會毀壞,它是如影隨形而成就的不可壞功德寶藏。以此智慧成就的廣大神通,能遍往一切諸佛國土,普受一切如來授記,乃至於示現成正覺。大悲行的深廣,總是菩薩行所收,而菩薩行是無始無終,所以能圓滿十方。安住地神以此法界般廣大的善根迴向法界,因而寄位第十「入法界無量迴向」[341],以智波羅蜜為主,對治出世智悲並迴向生死海中令得自在。

4. 小結

安住地神作為空間的守護者,將心與物的關係緊密的結合起來,主體心靈活動的內涵賦予物質能量,他能將隱藏於地中的福德寶藏,外顯為物質寶藏,使深度的心靈活動顯示出來。

(五) 追憶空間

十地菩薩的善知識除了第三十二參普德淨光主夜神未說過去生,其他九位善知識和第四十一、四十二參的善知識,都以本生因緣故事的過往空間為教化境界。因其空間場景的同質性太高,故不一一論述每一參的場所精神,不過其中第三十九參又以園林為教化空間,第四十一參特顯幻化的空間,故除第三十二、三十九、四十一參外,餘皆以綜合整理的方式,論述九位善知識的追憶空間。

---

[340] 澄觀《疏》:「由賢位既滿,總會三賢為入地之因,故顯善財之福常隨,地神之智不壞。」(大正三五,頁941上)三賢是十住(下賢位),十行(中賢位),十迴向(上賢位),賢位是菩薩階位中的基礎。

[341] 澄觀《鈔》:「等以法界善根,迴向法界故。」(大正三六,頁681上)

1. 女性夜神的慈悲

從第三十一到四十二參的善知識都是女性，十地菩薩除了第四十參是在家女子，第四十二參是天女，餘皆為女性夜神：(1)以女子表徵慈悲。(2)皆非出家眾，以俗眾表悲心深重，同入塵勞。(3)十地菩薩又稱「十聖位」，因為進入十地以上的善知識必能照破生死夜，圓滿智悲功德，所以十地菩薩皆為主夜神的女身。[342]

2. 略說九位善知識的過去生

(1)第三十一參婆珊婆演底夜神，古世過如須彌山微塵數劫，一切法雷音王佛夜中成道，夜神當時為城中王妃，發菩提心供養佛及菩薩、聲聞、僧眾。又過萬劫，夜神為長者的女兒，妙眼如來於夜中成道，長者女帶著家人見佛，並廣興供養，一見到佛即得三昧，聽聞法後則得破一切眾生暗法光明光明解脫。

(2)第三十三參喜目觀察眾生夜神，過去世過於剎塵劫，夜神為王妃，於夢中見佛神變及聞法，當時有一萬名夜神覺悟她，她醒時見大光明海而尋見德海佛顯神通力，王妃見之心喜而發願有如佛般的廣大神通力，並於二萬歲供養十億那由數尊佛，因而證得大勢力普喜幢菩薩解脫。

(3)第三十四參普救眾生妙德夜神，古世過佛剎微塵數劫，有須彌山微塵數佛出現，普賢菩薩欲教化大眾而現莊嚴身，時夜神為王女，見之發願，願如普賢能為眾生作智光明，並解身上諸莊嚴具供佛，莊嚴具於空中變成各種寶蓋、瓔珞、香海摩尼……[343]，王女見之心淨歡喜，如來即為說法，王女即得十千三昧門，證菩薩普現一切世間調伏眾生解脫門，成就普賢所有大願。夜神過去生為王女之前的十大劫，普賢菩薩勸其修補佛像，並彩畫、莊嚴，

---

[342] 李通玄：「俗流，無出家類，明以前出世間入於世間，如迴向法，長養大悲，以女表之。夜神者，以明入於世間無明大夜，以法照凡，令開數明解故。」（《新華嚴經論》，大正三六，頁985上。）澄觀疏：「地上證於同體慈悲，女之狀故。」（大正三五，頁941上。）

[343] 澄觀《疏》：「見佛現變，表因小果大。」（大正三五，頁944上）

乃至發菩提心，以此因緣而常見佛及親近普賢菩薩。爾後無量劫出現的一切佛，夜神皆承事恭敬供養，如來所說正法不忘失一文一句。

崇善寺壁畫，第三十四參善財參喜目觀察眾生主夜神。主夜神坐於蓮華藏師子之座，於其身上一一毛孔出無量種變化身雲，隨眾生所應而為說法，普攝一切而令歡喜。善財雙手合十，神情恭敬跪於主夜神面前請法，見夜神所現的一切境界。圖中人物各有不同形貌，或相互談話，或打躬作揖，馬兒也以行走的姿態入畫，無論人物、畜生、流雲或飄帶，都以動態呈現，使畫面生動有趣。

(4)第三十五參寂靜音海主夜神，夜神古世為菩提樹神時，不退轉法界音佛於樹下成道，示現神力，樹神見之發菩提心即獲三昧。後命終，還生為該道場主夜神，法樹威德山佛轉正法輪，夜神發心即得三昧。……如是經佛剎微塵數如來出興於世，夜神為各種身，悉以種種供養佛，聞佛說法，得種種三昧。而後值毘盧遮那佛於此道場成正等正覺，夜神見之，得念念出生廣大喜莊嚴解脫，能入十不可說不可說佛剎微塵數法界安立海，見一切佛剎所有微塵，一一塵中有十不可說佛剎微塵數佛國土，一一佛土皆有毘盧遮那佛坐於道場成等正覺，現諸神變……，夜神並能悟解一切法門。

(5)第三十六參守護一切城主夜神，古世過世界轉微塵數劫，夜神為王女，其父值法海雷音光明王佛出興於世，並於佛所受持一切法海旋經，佛滅後國王出家，說法令無量眾生除煩惱，發菩提心。王女隨父出家，聞父說法

及見神力，發菩提心永不退轉，得三昧，證甚深自在妙音解脫，現見法海雷音光明王佛一切神力，並令十萬比丘尼發菩提心得不退轉，得一切法門海般若波羅蜜。而後夜神於須彌山微塵數佛皆尊重親近供養，出家學道，教化無量眾生。

(6)第三十七參開敷一切樹華夜神，古世過世界海微塵數劫，有一國王因哀憫受苦眾生而發大悲心、尊重心、精進心……，以大慈心平等普施一切，夜神當時為童女，見國王一切皆捨，令眾生普得滿足，合掌頂禮，以偈讚王，國王也回讚童女，並贈無價寶衣與童女，及童女眷屬六十萬童女，童女們恭敬著衣，右繞於王，寶衣即現一切星宿光明，眾人見之而言：「童女們各各端正殊妙，如淨夜天星宿莊嚴。」當時國王即今毘盧遮那佛，被施予的眾生即今〈入法界品〉末會的一切菩薩。

(7)第三十八參大願精進力主夜神，古世過世界海微塵數劫，夜神為太子，國王為調伏造惡眾生，造立枷鎖禁閉，無量眾生於中受苦，太子不忍，決定捨身以免罪人種種苦刑，國王大怒，令誅太子及諸罪人，王后求赦免太子，王言：只要太子不救罪人即赦免。太子則言：若能寬恕罪人，死而無憾。王后請國王讓太子半月修福，然後再治罪。半個月後，法輪音虛空燈王佛知眾生調伏時至，現大神通，講經說法，令眾生隨類各解，太子證得菩薩教化眾生令生善根解脫門，國王及王后隨佛出家，得百萬般若波羅蜜門。而後數劫無量諸佛出興，夜神皆親近供養，聽聞說法，得無量解脫方便。

(8)第四十參瞿波釋種女，往世過佛剎微塵數劫，瞿波當時為容顏端正，聰明柔和的妙德女，見莊嚴的太子而心生愛染，後夢見佛摩頂而有勇氣向太子表白，太子言：我已發心上求佛道，下化眾生，若眾生需要，我將捨一切內外所有，包括妻妾及自身，屆時妳將心痛悔恨。妙德則言：若太子能眷納我，一切痛苦我甘心承受，我也發菩提心，願捨一切所有與眾生；我曾夢見勝日身佛出興於世，我們俱詣供養佛。太子聞佛名，心生歡喜，以種種寶物散妙德，並同詣佛所，佛為其說法，太子及妙德皆證甚深三昧，於阿耨多羅三藐三菩提永不退轉。而後無數劫出興無量佛，瞿波皆承事供養，其中有一

世，瞿波為王妃，供佛聞法而證觀察一切菩薩三昧海境界解脫，於菩薩身一一毛孔見無邊眾生、無邊佛海、種種神變……，一切法界中事。

(9)第四十二參天主光王女，過去無量劫中供養恆河沙數佛，從佛剛出家，成正覺，教化眾生……，天女世世皆守護供養，因而證得無礙念清淨莊嚴菩薩解脫。

親近供養諸善知識是具足一切智最初因緣[344]，所以這些善知識過去生都以親近供養諸佛為最初因緣，一切智是菩提心無所得，名根本智，以無所得為體，照現萬法為用。

3. 剎那即永恆

十地菩薩特顯過去生以教化善財童子，是說明現在所顯現的各種神通境界是過去生發菩提心並經累劫不斷修持所證得，過去之因成為現在之果，現在之果又是未來之因。過去、現在、未來這「暫時性」的三個向度與真正的存在息息相關，梅博士（R.May）：說「當一個人追求變化即決定他對過去的回憶。在此意義下，可以說未來決定過去。」發願於未來做什麼，過去會在「現在」中表現並影響個人的現在處境，未來是包含於我現在的判斷，存在主義所說的暫時，是真正的現在，也是過去與未來的交會點。作為人的存在，我仍存在於我的過去，我的過去屬於我，是我的一部份，在我的現在之中。然而從我的現在到未來，期待——等待、希望、計畫著，以致使我的過去、我的現在、我的未來合一，不是時間的合一，而是剎那的。[345]佛教將過去、現在、未來的時間觀，開展為無量劫，人不是只有一期生命，而是有無量劫的生命，我的過去是無量劫以來的過去，現在的存在是基於過去無量劫以來的我而存在的，未來的我也在現在中逐步成形，過去、現在、未來雖似無限

---

[344] 李通玄，《新華嚴經論》，大正三六，952下。

[345] 存在心理治療家把「過去」當作「生物場」的領域，「現在」為「社會場」所統轄，「自我場」
—— 自我與個人對自我之關係的世界屬於「未來場」。（雷登・貝克等著，葉玄譯，1983，《存在主義與心理分析》頁33、頁55，臺北：巨流圖書公司。）

的時間長河，實則決定於每一個當下的發願，願心化無限為剎那。十地菩薩因為過去生有發大悲心的入法之因，使現在的他們擁有奇妙難思的神變境界。

4. 過去空間的體驗

當過去的空間不再被感知，過去生成了故事，菩薩的本生故事則是神話，本生故事在人們對長久時空的簡約過程中成了斷層，變成一則則片斷和平面的空間體驗。十地菩薩對過去空間則是如鏡鑒物般的完全享受體驗，對十地菩薩而言，過去生是「正向」空間，因為覺悟包含從過去的經歷中去洞悉而覺醒自己的一切，再不斷超越現在的自己。所以證到十地憶及過去累劫所生發的事情，這也象徵他們是成就者，成就者說過去生才有說服力。過去生也可能是十分隱晦而「負面」的空間，像是眾生輪迴三惡道的黑暗受苦空間，相較於被賦予正向的過去空間，可稱之為「負空間」，這類負空間只有在成為悟到苦、空、無常的契機時，才能負負得正的轉化為「正空間」。

5. 小結

十地菩薩都在閻浮提摩竭提國的菩提場內，是佛成道的地方，象徵十地的善知識是由體起用。由體起用，所以過去、現在，乃至未來的時空都一起打開，開顯超越時空的神妙境界。

(六) 象徵性的空間元素

善知識除了以整體性的場所空間教化參訪者，也通過空間元素的並列交織，形塑一個具有延伸性和綜合性的整體，強化了場所精神，也強化其中的教化作用。宗教上的空間元素都有象徵性，《華嚴經》中的空間元素也具有象徵意義的「表法」[346]功能，所謂「事即理」，即是藉各種表法以明其理。在指涉與意義的範圍上愈多面或愈濃縮的象徵，就有愈多的神秘或形上的意義。

---

[346] 象徵法意的事物。如幢，為竿柱高出，以種種的絲帛而莊嚴之。藉表麾群生，制魔眾，而於佛前建之。也可象徵意識的泉源攤展開的諸形狀。

象徵符號所能表達的意義愈多，它就變得愈有彈性和定義含糊，所能喚起的感情也就愈強，所能發揮的功效也就愈多。[347]五十三位善知識的場所及其中的空間元素都具有豐富的象徵意義，對參訪者而言，能喚起的心靈感召也就愈強，所能發揮的功效也就愈多。《華嚴經》中的空間元素相當豐富，如幢、旛、蓋、網、華、師子座……等等的大量運用，以呈現出華嚴富貴莊嚴的場所精神，不過這些空間元素不勝枚舉，也是其他經典的通用形象，故不一一論及，以下僅就特顯華嚴場所精神的放光和動地為例。

1. 放光

方東美先生認為，《華嚴經》透過了放光這種象徵性符號、隱喻的語言來啟示真理，《華嚴經》七處九會中佛就藉著不同部位放光以象徵不同的意含[348]。西方《神曲》天堂中的一個主要意象也是光，但丁筆下的神都會放射出甚至令人目炫的強光。

光是形成空間結構的具體元素，具有「特性」與「意義」。從羅馬時代開始，光的角色顯示了歐洲建築物的內在空間不斷地擴大，Hadrian 的眾神廟以圓鼓形殿堂加上半球形的穹窿頂為基本架構，其內部達到壯觀而單純，柔和的太陽光從中央天眼流入，軟化了建築物內幽閉的黑洞，建築物的圖畫和聖徒遺物都展示了內部空間充滿了透光的孔穴。歌德式大教堂的光線和空間結合，產生神秘美的效果，充滿了光線的巴洛克式教堂和廳堂更進一步發揮了廣大和持久的空間概念。[349]

光所形成場所的體驗過程，可使物質空間顯得柔和、廣大、明亮、光潔，

---

[347] Abner Cohen 著，宋光宇譯，1983，《人心深處──從人類學的觀點談現代社會中的權力結構與符號象徵》頁 35-49，臺北：業強。

[348] 第一會放齒光和眉間光表「果地覺為因地心」；第二會兩足放輪光表「倒果為因」腳踏實地去做；第三會兩足指放光表向前昇進；第四會兩足趺放光表成就行動功德圓滿；第五會膝蓋放光表向上、下迴向自在無礙；第六會放眉間光表解行願普周；第七會放眉間、口光表歷練成金剛不壞身；第八會不放光表行依解發，只發解光；第九會放眉間白毫相光表光光相攝、主伴圓明。（參考方東美，1986，《華嚴宗哲學》上頁 261-頁 280，臺北：黎明。）

[349] Yi-Fu Tuan 著，潘桂成譯，1998，《經驗透視中的空間和地方》頁 104，臺北：國立編譯館。

引申在宗教空間中的運用則有聖潔的象徵，代表了光明、遠離恐懼、予人溫暖、愉悅舒服，是精神性的文字。佛教認為光表智慧，放光照射眾生則表慈悲，放光的瑞相是在表現甚深的智慧光明能照破一切眾生的無明長夜，一切存在體在光明的顯耀下都變光明，凡是具有慧眼的人，因為接受光明的照射而引發精神的領悟，彰顯智慧，這個精神光明並不是外在的，而是深透我們內心深處，雖然它是不可言喻、神奇奧妙的，只要能深入到光的核心裡面，便能與它相互印證，它是文字般若。[350]

〈入法界品〉中對五十三參眾善知識多有與光有關的描述，例如第一參德雲比丘因為信眼清淨，智光照耀，所以能普觀一切境界；第二參海雲比丘觀至海中湧現蓮華時，蓮華上則有百萬摩尼寶光明普照，並領受陀羅尼光明。……幾乎參參都有光明境界，不過以放光增強空間教化作用者：1)第四參彌伽居士面門放光，感召眾生至其處所聽法；2)第十九參不動優婆夷藉建築物一堂宇一放光，令遇此光者身意清涼；3)第二十八參正趣菩薩放身光明，其光映蔽一切日月星電、天龍八部等的所有光明，普照一切地獄餓鬼閻王處，令惡趣眾生離憂苦；4)第三十參安住地神放光，從地湧出善財隱而未現的福德寶藏；5)從第三十一參十地菩薩開始，微細至身上一一毛孔皆能放光；6)第四十一參摩耶夫人則是腹中佛子將降生時大放光明，這時空是包括過去、現在十方世界無量諸佛將成佛時，皆於臍中放大光明。[351]總括來說，其中的象徵意義：1)光具有召感力，能召喚共感者。2)日月與天的光是明暗晝夜相間，而修行者的光是恆久而無限量的。3)修行者的光具有清淨身心的慈悲和智慧力，當光明入照受苦的眾生，原本黑暗如膠漆的地獄也可轉成佛國聖潔淨土。4)修行境界愈高的聖者散放的光幅度也就愈廣，神妙境界也愈豐富，實現了純粹光潔性質的淨土空間。

神聖的光沒有物質性的窒礙，空間中的一切物質內容都不能阻塞光的滲

---

[350] 方東美，1986，《華嚴宗哲學》上冊，頁20、330，臺北：黎明出版。

[351] 澄觀《疏》：「（佛）成道時母，即是智母（般若）矣。臍中放光者，生長同氣之所表，佛佛皆從無二理生故。」（大正三五，頁952下。）

透，時間上更是穿透無窮，光能超越時空而感召一切，滲透到宇宙的一切角落，科學也證明物質世界無法超越光速，唯有光才能互相映照、相即相入、互攝重重地「交光相網」。總之，放光是超越時空、最圓滿的象徵符號。

2. 大地震動

大地震動也是《華嚴經》中一項常見的空間場景，佛、菩薩何故震動大地？《大智度論》：「欲令眾生知一切皆空無常故。復次如人欲染衣先去塵土，佛亦如是。先令三千世界眾生見佛神力，敬心柔軟，然後說法，是故六種動地。」[352]執著大地是堅實的人，見到大地震動而解悟無常之理，是大地震動此一空間形象所隱藏的象徵意義。五十三參有部份善知識運用此一象徵符號啟悟眾生，具列如下：

1. 第三參善住比丘震動一切大地。
2. 第六參海幢比丘從胸前卍字出無數阿修羅王能令百世界大震動。
3. 第九參勝熱婆羅門五熱炙身時，阿修羅所有宮殿、大海、大地悉皆震動，天神見婆羅門時，須彌山頂六種震動，因而發菩提心。
4. 第十八參大光王入定而其城內外六種震動，牆、堂、殿、戶牖，皆出妙音，而向王曲躬敬禮；所有人民、鳥獸、草木，也都向王曲躬敬禮，……。
5. 第十九參不動優婆夷入三昧時，十方各有不可說佛剎微塵數世界六種震動，皆悉清淨，如來放光，開悟群生。
6. 第二十五參婆須蜜多女過去生值高行佛出世，佛一入城門，其城一切悉皆震動，忽然廣博，眾寶莊嚴，光明映徹，寶華散布，天樂俱奏。
7. 第二十八參正趣菩薩在輪圍山頂以足按地，娑婆世界六種震動，一切以眾寶莊嚴。
8. 第三十一參之後，多有大地震動的神通瑞相。

這幾位善知識運用大地震動、乃至營造了整體空間感而強化了空間的教

---

[352] 《大智度論》卷八，大正二五，頁 116 下。

化作用，使大地震動的空間意象更為豐富，其所隱含的象徵意義：1)震動大地象徵勇猛摧破煩惱魔軍，如同《大智度論》所言，欲染衣服，必先震去塵土。2)菩薩震動無量剎顯示具有大神通，第十八參大光王的神通力乃至使情與無情向他朝拜。佛震動大地所現的神通則更精彩，城鎮空間忽然廣博而嚴麗，並充滿音樂、花朵、光明……等的美好境界，戲劇化的場景使這些善知識的場所空間更顯神妙不思議境。3)佛將說法而現地動有七因：一為使諸魔怖畏。二為使眾生心不散亂。三為使放逸者生覺知。四為使眾生警悟，覺了微妙法相。五為使眾生觀佛之說法遍一切智。六為使根熟之眾生得解脫。七為使隨順而問正義。[353]4)正趣菩薩以足按地，象徵以定慧足除雜惡。[354]大地是妄業所成的報境，智現妄亡，正趣菩薩即是以定慧足震去妄惑所成的大地境界。[355]

　　總之，震動大地就空間意義而言，善知識與眾生的空間淨穢本是相隔離的，但眾生濁惡的空間於善知識的神力加持下，一切妄惑散盡，轉化為潔淨的神聖空間，並成為空間的中心，穢土之於善知識不是穢土，而是也具有神聖潔淨的本質。在善知識慈悲、智慧和願力的光明普照下，娑婆世界必轉化為淨土，故為之震動。

(七) 小結

　　第四十二參未說法，第四十三參到四十九參的善知識只向善財解說自己所證的法門，雖然可以說他們是以說法構成神聖空間，但這八參並無境界的展現，而且五十三位善知識每一參也都以其各自證得的法門說法，其他參並

---

[353]　《華嚴經探玄記》，大正三五，頁 146 上。

[354]　澄觀《疏》：「足動界者，以定慧足除雜惡故。輪圍上者，如依妄惑顯。」（大正三五，頁 940中）李通玄：「足指按地，智之所行也，表以法空起智現前，眾執皆散。輪圍山是亡所執之報境。」（大正三六，頁 983 上）

[355]　李通玄：「表智能破闇、眾生惑滅、境亡散也。智現妄亡，妄業所報得大地之境界亦亡散故地動。動者散也，如定現前妄亡智應報境盡亡。」（大正三六，頁 983 上）

結合場所的獨特性構成神聖空間，所以若就說法而言，這八參無法展現不同形式特色的場所精神，因此這八參的場所精神略而不論。五十三參幾乎都有神妙難測的神變境界，此節是針對以神變營造場所精神的空間而論，以下從幾方面總論神變之場：

1. 數量和體量上的巨大

神變境界中，善知識常以數量上的巨大和體量上的龐大來表現神奇的神通力，譬如：善知識一出場就有無量眷屬圍繞，百千萬億的珍寶從天而降，一入三昧則有無量境界顯現在善財面前，時間和空間是無法計算的單位……。這種類似超人的尺度其實是在弘揚主體精神，象徵主體擁有強大的力量，就如古羅馬藉由建造雄偉的建築物來象徵人的非凡力量和征服一切並獲取勝利的榮耀，因為雄偉的建築能激動人心，使人感到驕傲和自豪，在尺度表現上，一方面是與數量上的巨大和體量上的龐大緊密相聯，另一方面是在這些建築物中，作為比較的元素尺寸被加大了，使建築空間顯得更大，沒有藏匿的眺望式景觀，具有尺度上無法抵抗的支配力。[356]數量和體量上的巨大予參與者的空間體驗，雖然會因非凡的超人尺度而興發敬畏、崇拜之心，但時常是令人興奮的、戲劇性的及動力性的，能激動人心而挺立起人的主體力量，所以五十三參的善知識常以無法思議的數量和體量來顯現廣大的神通力，並藉此廣大的神變境界激勵參訪者主體精神的宏大本懷。

2. 無限的場所

善財參訪的每位善知識都能化現事事無礙的神變之場，神變境界是人世經驗無法呈現的幻化情節與空間。現實世界中的「有」會產生互相妨礙的關係，小不能容大，方不能融圓，但在華嚴境界中的神變之場則將空間變幻的錯綜複雜表現至極，因為「神變之場」不屬於物理性的空間，物理的場所是

---

[356] 伯拉瑟（S.C.Bourassa）、伯林特（A.Berleant）等著，黃士哲編譯，1993，《景觀‧美學‧設計》頁 68-69，臺北：美鐘出版社。

有限的、有對礙性，而「神變之場」是無限的場所。

3. 鏡像的空間

就經驗世界而言，神變境界是不存在的，不存在的神變境界在佛經中與經驗世界交織為同一時空的存在，這混合存在與不存在的空間，可視為一面鏡子。鏡子裡的空間是超越時空的地方，可照現一切境界。我們透過鏡子看到了打開不真實、表層的自我空間，因之回到自我本身，鏡子使人成為絕對真實，這是鏡子提供的鏡像空間，鏡像空間因而被視為是種投射真實的呈現方式。我們也可能透過鏡子創造出想像的自己，想像的自己與真實的自我同時並存卻又不真實，揭露過程相互建構成鏡像空間。鏡子溝通了真實與想像、知覺與夢想的空間意識互動狀態。[357]善知識隨緣幻現的神變空間與經驗世界就彷彿是同時並存卻又似乎是不真實的鏡像空間，在鏡像空間的永恆性超越了生命的限制之後，反而揭露了所有經驗世界與經驗生命是虛幻的，猶如鏡花水月，非本來面目。

4. 心的境界

鏡像空間的根源依據其實是自己的心，真實的心照朗出一切真實的鏡像空間，不真實的心造成的是想像的我的鏡像空間，心是作為存在根處的場所、自我主體的場所。五十三參善知識的心境各各不同，創造出來的鏡像空間呈現出多樣貌的神秘國度，所有的國度在純粹的「意向」中才能完整的展現，透過善財的純粹的意之所向，完整的展現了這些奇妙魔幻的神變之場。這些神變之場只有經由「還原」才能被理解，還原至本來無所有的狀態，原來一切都是善知識心地變現出來的鏡像空間，因此《華嚴經》偈云：

心如工畫師，能畫諸世間；五蘊悉從生，無法而不造。
如心佛亦爾，如佛眾生然；應知佛與心，體性皆無盡。……

---

[357] 顏忠賢，1996，《影像地誌學──邁向電影空間理論的建構》，頁193，臺北：萬象圖書。

　　　　若人欲了知,三世一切佛;應觀法界性,一切唯心造。[358]

5. 以意識作用驗證

　　面對神變境界我們會以意識作用加以驗證,當人們以意識作用思惟時,則會干擾神變境界的存在與否,這成為佛經結構上的疑慮。其實就如梅洛龐蒂所揭示的:不是尋找「經驗是什麼?」而是要尋找「是什麼使經驗成為可能?」藉由尋找線索的過程而「通向真相」,是最重要的假設。[359]

[358] 《華嚴經・夜摩天宮偈讚品》大正十,頁 102 上

[359] [法]莫里斯・梅洛龐蒂著,姜志輝譯,2001,《知覺現象學》頁 201,北京:商務印書館。

第六章　結論

　　佛教思想體系之中，不但吸收許多外教學說，並將它們都肯認為「佛說」，這種令人驚訝的寬容正顯示了佛教的廣大圓融。換句話說，佛教虛心的把一切善的學說吸收進來，在豐饒的教義內涵上反而更能增加我們了解複雜人生世間相的智慧。[1]《華嚴經‧入法界品》善財童子參訪各種不同類型的善知識，不侷限在佛教的出家人或在家人，而是廣泛的參訪各類型的善知識，或是一般以為的惡知識，就是因為佛教具有廣大圓融的寬容性，以及對人生哲學虛心受容的態度，也因此才能造就出像《華嚴經》這樣廣大無礙的思想的經典。

　　本書依《華嚴經》廣大圓融的精神，廣泛地運用東、西方的思想，以掘發《華嚴經》意蘊豐富的內涵，並以美學的視角切入《華嚴經‧入法界品》的空間型態，探討「善財童子五十三參」的空間特色，研究成果總結如下：

一、《華嚴經》的空間型態是圓滿神聖、具有高度藝術性的存在空間

　　《華嚴經》所暢談的佛境界是毘盧遮那佛於海印三昧的大定之中一體呈現和諧、圓滿、完美的萬有境相，法界萬有在最高的神聖領域都點化成絕對的圓滿境地，這個圓滿的境地是精神性的空間，是超越主客二元關係的絕對境界，它不是孤絕高懸的境界，而是萬法本具的完美境界，一切的存在體在此境界之中是以最完滿的姿態呈現，這種姿態就是自己原本的真正面目，是

---

[1] 參考賴傳鑑編著，1994，《佛像藝術：東方思想與造型》頁206，臺北：藝術家。

「本質」的呈現,而不是以「對象」或「現象」的姿態呈現,存在主體如其所如的呈現,在道德上是圓滿無缺、在藝術上是美滿和諧、在宗教上是莊嚴神聖,是一圓滿神聖、具有高度藝術性的存在空間。

當存在主體剝落了對象性的認識方式,以本質直觀的方式體悟萬法,神聖空間當下即現。〈入法界品〉托善財童子遊歷人間參訪善知識,即是說明神聖空間不在遙不可及的佛國淨土,而是就在眾生以為的穢土俗世中。善知識以去蔽、妄盡還源的修養工夫,使主體意向性純粹而乾淨,對對象的認識方式是本質直觀的「智的直覺」,透過「智的直覺」存在空間展顯其深層的場所精神,存在空間不再是互相吞噬的事法界,而是不即不離、相互涵攝的華嚴境界。每位善知識以其存在空間的場所精神感悟參訪者,將華嚴境界展現於各種層面,形塑出不同的空間內蘊和美學情調。若就空間形式原理來看,五十三參各參皆是不可思議的華嚴十玄門境界,之所以開展出五十三參的場所,就是說明世間各處都是不可思議的華嚴境界,只是略舉五十三參說明,只要空間存在者體會不同處所的場所精神,契入這不思議境,處處都是華嚴境界。本文歸納善財童子參訪的場所有三大類,並探討各參的場所精神:

(一) 自然之場

五十三參中有十一位善知識是以自然環境作為存在空間,他們體悟「山水是道」的場所精神。分別是以山、水、虛空、樹林為場所:

以「山」為場所的是第一、九、二十、二十七參。山之場具有「上升」的特性,透過攀登高山而昇華性靈,山的巍然不動能使心性凝定。第一參不在主峰而要下至別峰才能見到善友,第九和二十參則以登刀山和黑夜上山增加了到達目的地的困難,這些困難的發生其實是根源於內心的傲慢和無明的恐懼,當戰勝這內外的障礙之時,「重障山」[2]也就轉化為自性的功德大山。

以「水」為場所的是第二、十二、二十二參,這三參在水的流淌不息中

---

[2] 《華嚴經‧世主妙嚴品》,大正十,頁 5 中。

體悟到，智慧大海的體性是澄靜無波，卻也可以是波濤洶湧般的大用無方，只要轉「生死海」[3] 為「智慧海」[4]，智慧就如海水般神妙難測。在水之場的善知識都是修行十波羅蜜中第二「戒」波羅蜜，象徵活脫的思緒要以「戒」為準則；也象徵守戒要如流水般靈活。山的靜相與水的動相，又分別對應為「定」與「慧」的場所精神。

以「虛空」為場所的是第三參，以心善住於空為場所精神。

以「樹林」為場所的是第八、十一、二十三參，象徵不迷失在歧路而能直往真理的場所精神，此時的林之場不是充滿荊棘、危險、恐怖的森林，而已轉化為像天堂花園般的安全、清淨和快樂。

以自然之場作為存在空間的善知識，大自然的語言開啟了他們的悟性；從另一個角度來說，是善知識以「智的直覺」召喚出大自然被隱蔽的場所精神。

(二) 建築之場

建築之場的善知識有十三位，他們結集建築元素的意義構築出各自的場所精神，分別是以城市、園林、王宮、家宅、塔、樓閣為存在空間。

以「城市」為場所的是第四、十四、十六、十八參。城市是集體棲居的場所，具有高度的世俗性，以城市為存在空間的善知識象徵處俗自在和悲心入世的精神。

以「園林」為場所的是第七、二十四、三十九參。園林是所有人為建築中最接近自然的，既在世間又具有出世的意味，象徵世出世間可以融合為一體。

以「王宮」為場所的是第十、十七參。王宮是權力所在之處，象徵入俗度眾應善用權力為方便法。

---

[3] 《華嚴經・入法界品》，大正十，頁 375 中。

[4] 《華嚴經・入法界品》，大正十，頁 335 中。

以「家宅」為場所的是第十三、十五、十九、二十五參。家是安居之所，具有安全、庇佑、起點等的象徵意義，有家才能消弭「無家可歸」的內在困境。以家宅為存在空間的善知識象徵具有安全庇佑眾生的內在動力，因為他們擁有安居身心的家。

以「塔」為展現場所精神的是第二十六參，塔原是供奉舍利、佛像等代表佛的存在之用，而此參的佛塔並無安置任何佛相等物，是以無相而廣大地含攝一切相作為佛塔的究竟意義。

以「樓閣」為場所的是第五十參，「樓」以其高拔表徵「智」，「閣」以其藏物表徵「悲」，所以樓閣表悲智。慈氏彌勒的樓閣，閣中又有無數樓閣，是以重重無盡又不相障礙的樓閣境相，展現華嚴廣大圓融、事事無礙的境界。

建築之場是人為高度參與的空間，存在主體的內在特性對於建築之場的意義和精神因而有著建構、貞定的主導作用，場所精神因為善知識的主體境界而被強化、彰顯出來。

(三) 神變之場

五十三參多數都有表現神妙難測的神變境界，而被本書歸納為「神變之場」的部份，則是針對善知識以神變營造場所精神的空間來說，這些都是藉由不同的神通變化來展現華嚴神妙不可思議的事事無礙之境。

展現神變的場所許多是以善知識的身體為變化空間，如：身體各部位出現不同層次的十道眾生；或是身懷法界一切將成道的佛子；或是一一毛孔幻現各種不同的境界；或是一剎那間手已伸至百由旬外；或是一念之中身體已過無量距離遠……。此外，或是從大地湧現無量財寶；或是打開過去的時空，展現累劫所發的境相；或是綻放各種色彩的光芒；或是大地震動……。

神變之場雖然幻現各種神變境界，但終究都是幻現的，是如鏡花水月般的鏡相空間，這些如鏡子般映照出來的空間境相是映射善知識的心性所變現出來的境界。所以，無論是自然之場、建築之場，或神變之場，就主體面而言，都是善知識以「心」作為存在根處的場所，心境的不同因而創造出多樣

貌的鏡相空間。就客體面來說，這種種如鏡花水月般的鏡相空間，透過「還原」至本來的狀態，統攝來說可以總稱為「空的場所」，在「空的場所」中萬法以其自己的本來面目呈現出完滿的境界，這種境界就是華嚴圓滿無礙的莊嚴境界。

(四) 五十三參的空間特色

善財童子參訪的五十三處場所，以不同的形象營造出五十三種空間情境，烘托出各參特有的場所精神。總的來說，五十三參空間顯現的特色：

1. 莊嚴之美

《華嚴經》中不論是山林、園苑、樓閣、城邑，甚至虛空，所記的人不論童子、童女、長者、優婆夷……，都非常莊嚴。而聲聞佛教中有清涼、質樸、寬大、堅實，卻少有微妙莊嚴，「莊嚴」是大乘精神的特徵。本經說的莊嚴像音樂、光明、珍寶、香、華、影像、寶玉像、網、帳、拂、蓋、幢、旛……，處處可見，把一切的一切都莊嚴了。這藝術的美要用藝術的眼光去品鑑它，不過佛經中的各種形象都有其承載的意義，這種象徵性往往具有形上意義。本經說的莊嚴是在眾生界與無情的自然界、心與物、幻現與空實、智見與德行上都表達了和諧、平等、清淨與尊貴。它不像中國的重自然美，西洋的重人物美，各留一端，而是自然與人物的合一。它描寫山、林、園、池，更描寫人類的相好；燦爛而熱鬧的莊嚴，在清淨的恬澹中。常人理想中神世界的壯美，《華嚴經》把它描寫為人間佛菩薩的世界。它具重重涉入的纖巧，卻又有廣大崇高的宏偉。它不是直望平面的，不是鳥瞰的，更不是著眼在一隅；而是自己站在宇宙中心，團團的看到一切，可說是立體的。從地面一直寫到雲空，從此地一直普遍到十方，使人覺得面面充實、事事平等。它用珍奇、偉大、高廣表現他的尊貴氣魄，尊貴不是少數人的專有物，是人類的健美、自然的瑰奇，意志的強毅、德業的光輝，厭世者的貧乏在這裡是自慚形穢。[5]

---

[5] 印順，1989，《華雨香雲》（妙雲集·下編之十）頁172-頁174，臺北：正聞出版社。

2. 六根、六境⁶的充分運用

《華嚴經》的空間境相,對於莊嚴之美的描述,充分運用了六根、六境:

視覺:眼所對的色塵在經中的運用最為豐富,因為色塵最能營造空間意象,空間的造型設計、飾物、色彩、圖案,種種眼所見的事物都能影響參與者的空間體驗,所以視覺空間往往是成就場所精神中最主要的結構。

聽覺:聲音使參與者感覺在可以看到的空間之外還有廣大的空間,聽覺空間傳達一種擴散意識。聲音本身能喚起空間的意象,即音樂家所謂的「音樂空間」,使參與者擁有冥想的空間經驗。經中對於聲音的運用也很注重,譬如自然之場的竹木林鳥之音、建築之場的寶網鈴鐸之音、乃至過於天樂的各種美妙音聲……,最特殊的當屬梵音所形成的音樂空間,透過善知識唱頌的梵音,使參與者進入冥想的神聖空間。

嗅覺:香是經中最常使用的香塵,其他如:樹、花、水……都有香氣氛氳,或香爐放香、或真珠瓔珞出香水、或善知識本身就香氣四溢。嗅覺空間是從鼻根進入身體空間,更全面的完成空間的莊嚴。

味覺:一般空間設計並不重視味覺的部份,不過,猶如天廚妙味的食物就特殊的場所精神而言,則有其必要性。譬如就「家」的場所精神而言,美味豐盛的食物等著家人的歸來,是家這個場所提供溫暖的、回歸的精神象徵。

觸覺:皮膚最容易認知的對象是粗糙和柔軟。經中的大地都是光面的金銀琉璃,或是柔軟的綠草如茵,沒有尖銳的石塊、或荊棘。這是從觸覺營造完滿的空間意象。

整體感:空間整體感的要素包括一切視、聽、嗅、味、觸覺的符號,一個符號系統雖然只含有限的符號,卻能表達無限意義,因為這些空間元素朝向無限的可能開放,參與者的意向將之整合為一整體的空間感,場所精神則從整個空間情境中呈現出來,六根、六塵的多元運用,融化成一大莊嚴,表

---

⁶ 六根是指眼、耳、鼻、舌、身、意。六境是指色、聲、香、味、觸、法。色之所依而能取境者,謂之根;根之所取謂之境。色聲香味觸法之六法,為眼耳鼻舌身意六根所對之境界,故名六境。

徵《華嚴經》莊嚴而富麗的特色。

3. 空間形象皆有象徵意義

　　五十三處場所中的空間形象都具有象徵法意的功能，這些空間元素就符號學而言，都是象徵符號。象徵符號是種信號、密碼，以密碼暗示超越界。象徵符號可以是物品、動作、關係、語句，象徵符號往往代表多重意義，可以喚起人們的感情衝動，進而驅使人們採取行動。象徵符號也具體表現了人們的角色地位。譬如家這個建築符號載體，愈後面參訪的家愈富麗堂皇，這是以家的不同空間形象來象徵善知識的修行高下。又如空間元素──光，寄位愈後面的善知識所放射出來的光，其色彩愈豐富、亮度也愈大、幅度也愈廣，這是以光散放的種種形象來象徵善知識的境界。所以象徵符號具體表現在善知識的關係與角色時，有助於區分彼此的差異。每一個象徵符號是顯其自身的開放境界，使參學者能在其中發生作用，因而象徵符號是場所精神的焦點與法意所在。五十三處場所都具有特性和力量，透過繁複的象徵符號緊繫相連，建立了空間的內在秩序，成為一參參神秘而有啟示性的場所，暗示豐富而深刻的精神和意涵。

4. 善知識的智慧和慈悲心行是場所空間中無限性的本質

　　由於慈悲實踐的永恆相續，智慧光明的不斷照耀，眾生無法開啟意義、體現精神的物理性空間，在善知識的點化下，終將轉化成為具有場所精神的神聖空間，華嚴在此鋪展了雙元卻辯證合一的淨穢不二空間觀。

二、華嚴境界是動態含攝一切的美感空間

　　華嚴境界中的萬法是如其所如的呈現，這是動態性的姿態而非靜止的狀態。萬法作為本質的存在是具有一種力的關係，這種力不是強力將事物聚合在一起，而是以存有的姿態含攝一切事物的全體，因為在「空的場所」中，

萬法都從物質性、實體性中解放出來，萬法之間由於沒有實體與實體的對礙，就能產生回互相入的含攝關係，萬法在運動中相互聯結、交流、滲透、轉化，形成一重、二重、三重，乃至無數重，重重無盡、珠光交網的廣大境界，而萬法始終保持自身的內在本質。這種破除對立、衝突、矛盾，將萬法在事法界的質礙性，透過本質的還原而展現其本具的、相互融合的無礙性質，是華嚴成就廣大和諧的空間美感的核心思想。而華嚴就事物的本質而言及萬法之間互攝互入、相即相容所形成的事事無礙、和諧大美境界，則將美學思想中的和諧之美發揮到了極致。

　　華嚴的和諧之美表現在空間境相上有空有無礙、虛實相生、動靜互存、小中現大、主伴圓明等等的藝術形式，這些藝術形式雖然展現出森然差別的空間境相，但都是如來心海的一時頓現，佛性之外別無一法，也就是說，從根本的「佛性」上來說萬法，任何一法當下即是圓滿具足萬法之性，是一即一切，一切即一，本自具足一切，一法起則一切法皆起，所以重重無盡、無礙緣起，其無礙互入的動態性關係，是萬法的存在本質就具有開放性的相互作用，而非行動上的吸納或強佔，萬法只要稱性而起，不被隱蔽，任何一法都是圓滿而不可分割的整體。從「性起」來說萬法，才能就事物的本身呈現其本自具足的圓美和整體性的美感；以佛性的圓滿具足而論及動態性含攝一切法，也才是華嚴的最高審美表徵。

三、善財童子五十三參是智遊的歷程

　　佛境界的不思議境並非高懸虛設，而是每個存在主體原來就已具備，只是隱而不顯，所以《華嚴經》托善財童子將不可思議的佛境作具體的示範。善財童子在福城東因受文殊菩薩的啟迪，隱蔽的佛性因而被打開、還原、召喚出來，當下證入十信位，體悟主體的存在本質原來就是具足一切的如來，

自信自己就是尊佛，所謂「初發心時便成正覺」[7]。既已體證存在的本質就是具足一切，因而也了悟萬法存在的本質亦復如是，主體與萬法的本質互照，主客合一、交相攝入、回互無礙。當萬法與主體不再互為障礙、一切脫落時，無所繫縛的空的智慧躍然而出，般若空智是契入「空的場所」的「智的直覺」，善財童子以般若空智展開的朝聖儀式，使出纏的佛性透過身體空間與五十三處神聖場所進行的存在性體驗而臻於圓滿，是遊的美感體驗，也是智遊的歷程。

「遊」可分為內遊和外遊，行萬里路的參學遊方是謂「外遊」；「內遊」則是內在精神的漫遊，精神愈是自由，愈能得到美的享受，這種擺脫世俗功利性、知識性，純粹心靈活動的審美觀照，是美學範疇上的「遊」。善財童子以般若空智為直覺觀照，透過身體的外遊、試煉而使內在的精神層面一一打開，這種以般若空智為軸心而展開的聖化歷程，最終得到精神的大自由、大解脫，我們稱為「智遊」。智遊能於直觀中契悟無上菩提，並於世間自在戲樂於一切境界，與一切境界無著無礙地互攝互入、交參滲透，是與萬物相通的藝術共感，物我合一的三昧定境，此一定境超越了時間序列，是「當下即存有」、「剎那即永恆」的美感空間體驗。善財童子以「智遊」體驗一切場所和空間，在存有的體驗中涵攝當下，呈現大乘佛教「遊戲三昧」的美學情調。

善財童子與眾善知識的智遊歷程，就像是毘盧遮那佛累劫以來與諸佛菩薩不斷進行精神生命和智慧光明的交流活動，在光光互照中，過去無量數佛的精神成就都凝結在毘盧遮那佛的清淨法身中，因此毘盧遮那佛所投射出來的光明，不僅是自己的智慧光明，而且含攝了過去一切諸佛的精神成就。[8]諸佛菩薩光光相照、互攝互入、圓滿一切的境界，就是華嚴全幅展開、圓善大美的佛境界，在佛教藝術上則化現為表徵光明遍照的毘盧遮那佛。

宗教的教義透過藝術作品的具體呈現，較之宗教教條更具有感動人心的

---

[7] 《華嚴經・初發心菩薩功德品》，大正九，頁 449 下。

[8] 方東美，1986，《華嚴宗哲學》上冊，頁 471-頁 473，臺北：黎明。

參考書目

一、華嚴經論

佛馱跋陀羅 譯（AD359-429），《大方廣佛華嚴經》六十卷，譯出年代 AD418-420，
　　大正藏第九冊，p395-p788

實叉難陀 譯（AD652-710），《大方廣佛華嚴經》八十卷，譯出年代 AD695-699，大
　　正藏第十冊，p1-p444

般若 譯（AD700-800），《大方廣佛華嚴經》四十卷，譯出年代 AD795-798，大正藏
　　第十冊，p661-p851

不空 譯 ，《大方廣佛華嚴經入法界品四十二字陀羅尼觀門》，大正藏第十九冊，
　　p707-p709

不空 譯，《大方廣佛花嚴經入法界品頓證毗盧遮那法身字輪瑜伽儀軌》，大正藏第十九冊，
　　p709-p709

杜順（AD557-640），《法界觀門》（保存於澄觀《華嚴經法界玄鏡》），大正藏第四十五
　　冊，p684-p692

杜順，《華嚴五教止觀》，大正藏第四十五冊，p509-p514

智儼（AD602-668），《華嚴經搜玄記》（大方廣佛華嚴經搜玄分齊通智方軌），大正藏
　　第三十五冊，p13-p87

智儼，《華嚴一乘十玄門》，大正藏第四十五冊，p514-p519

智儼，《華嚴五十要問答》，大正藏第四十五冊，p519-p536

智儼，《華嚴經孔目章》（華嚴經內章門等雜孔目章），大正藏第四十五冊，p536-p589

法藏（AD643-712），《華嚴五教章》（華嚴一乘教義分齊章），大正藏第四十五冊，
　　p477-p509

法藏，《華嚴經探玄記》，大正藏第三十五冊，p107-p492

法藏，《華嚴經文義綱目》，大正藏第三十五冊，p429-p501

法藏，《華嚴經旨歸》，大正藏第四十五冊，p589-p597

法藏，《華嚴策林》，大正藏第四十五冊，p597-p598

法藏，《華嚴經問答》，大正藏第四十五冊，p598-p613

法藏，《華嚴經明法品內立三寶章》，大正藏第四十五冊，p613-p626

法藏，《華嚴經義海百門》，大正藏第四十五冊，p627-p637

法藏，《修華嚴奧旨妄盡還源觀》，大正藏第四十五冊，p630-p641

法藏，《華嚴遊心法界記》，大正藏第四十五冊，p641-p650

法藏，《華嚴發菩提心章》，大正藏第四十五冊，p650-p656

法藏，《華嚴經關脈義記》，大正藏第四十五冊，p656-p659

法藏，《華嚴經傳記》，大正藏第五十一冊，p153-p173

法藏撰・淨源述，《金師子章雲間類解》，大正藏第四十五冊，p663-p667

法藏撰・承遷註，《大方廣佛華嚴經金師子章註》，大正藏第四十五冊，p667-p671

法藏，《答順宗心要法門》，卍續藏第一○三冊，p607-p609

李通玄，《大方廣佛華嚴經中卷卷大意略敘》，大正藏第三十六冊，p1008-p1011

李通玄，《略釋新華嚴經修行次第決疑論》，大正藏第三十六冊，p1011-p1049

李通玄，《華嚴經合論》，卍續藏第五冊，p649-p962

澄觀（AD738-839），《大方廣佛華嚴經疏》，大正藏第三十五冊，p907-p963

澄觀，《大方廣佛華嚴經隨疏演義鈔》，大正藏第三十六冊，p1-p701

澄觀，《大華嚴經略策》，大正藏第三十六冊，p701-p709

澄觀，《新譯華嚴經七處九會頌釋章》，大正藏第三十六冊，p709-p721

澄觀，《三聖圓融觀門》，大正藏第四十五冊，p671-p672

澄觀，《華嚴法界玄鏡》，大正藏第四十五冊，p672-p683

澄觀，《入法界品十八問答》，卍續藏第四冊，p58-p68

澄觀著，宗密注，《答順宗心要法門》，卍續藏第一〇三冊，p606-p607

宗密（AD780-841），《註華嚴法界觀門》，大正藏第四十五冊，p683-p692

宗密，《原人論》，大正藏第四十五冊，p707-p710

宗密，《註華嚴法界觀門科文》，卍續藏第一〇三冊，p641-p659

宗密，《圓覺經大疏鈔》，卍續藏第十四冊，p204-p462

吉藏，《華嚴遊意》，大正藏第三十五冊，p1-p13

湛然，《大方廣佛華嚴經願行觀門骨目》，大正藏第三十六冊，p1049-p1064

靜居，《皇帝降誕日於麟德殿講大方廣佛華嚴經玄義一部》，大正藏第三十六冊，
　　p1064-p1066

佛國惟白禪師，《文殊指南圖讚》，大正藏第四十五冊，p793-p803

二、其它經論

失譯，《雜阿含經》，大正藏第二冊，p493-p499

西晉・竺法護譯，《普曜經》，大正藏第三冊，p483-p539

龍樹造，後秦・鳩摩羅什譯，《中論》，大正藏第三十冊，p1-p44

龍樹造，後秦・鳩摩羅什譯，《大智度論》，大正藏第二十五冊，p57-p756

隋・吉藏，《法華義疏》，大正藏第三十四冊，p466-p633

唐・圓照，《貞元新定釋教目錄》，大正藏第五十五冊，p771-p1048

唐・道世，《法苑珠林》，大正藏第五十三冊，p269-p1030

宋・智顗說，灌頂記，《觀音玄義》，大正藏第三十四冊，p877-p892

宋・道原纂，《景德傳燈錄》，大正藏第五十一冊，p196-p469

宋・贊寧等撰，《宋高僧傳》，大正藏第五十冊，p709-p901

清・聶先編輯，《續指月錄》，卍續藏第一四三，p372-p526

三、古典文獻

宋・朱熹集註，蔣伯潛廣解，《四書讀本》，臺北：啟明書局。

宋・蘇軾，1964，《蘇東坡全集》，臺北：世界書局。

宋・黃庭堅，1965，《豫章黃先生文集》三十卷，四部叢刊・初編集部，臺北：臺灣
　　商務印書館。

唐・張彥遠，1966，《歷代名畫記》（二），臺北：臺灣商務印書館。

清聖祖御製，1971，《全唐詩》，共十二冊，臺北：明倫。

梁・蕭統編著，李善注，1975，《昭明文選》，臺北：河洛圖書出版。

晉宋・劉義慶，梁・劉孝標註，1979，《世說新語》，臺北：廣文。

宋・嚴羽撰，郭紹虞校釋，1980，《滄浪詩話校釋》，臺北：東昇。

清・王先謙，1988，《莊子集解》，臺北：文津。

四、現代專著

(一) 佛學

1. 華嚴類

〔日〕高峰了州著，釋慧嶽譯，1979，《華嚴思想史》，臺北：中華佛教文獻編撰社。

釋成一，1980，《華嚴文選》，臺北：華嚴蓮社。

褚柏思，1981，《善財求道記》（佛林叢書17），臺北：新文豐出版。

張曼濤主編

　　1981，《華嚴學概論》，臺北：大乘文化出版社，二版。

　　1981，《華嚴典籍研究》，臺北：大乘文化出版社，二版。

　　1981，《華嚴思想論集》，臺北：大乘文化出版社，二版。

釋繼夢

　　1983，《慈悲圓滿修持法要──善財童子的第七參》，臺北：圓明出版社。

　　1993，《華嚴宗哲學概要》，臺北：圓明出版社。

方東美，1986，《華嚴宗哲學》上、下，臺北：黎明出版，三版。

楊政河，1987，《華嚴哲學研究》，臺北：慧炬。

〔日〕龜川教信著，釋印海譯，1988，《華嚴學》，新竹：無量壽出版社。

眾人合著，1988，《禪宗論集・華嚴學論集》（世界佛學名著譯叢 61），臺北：華宇出版社。

〔日〕川田熊太郎等著，李世傑譯，1989，《華嚴思想》，臺北：法爾出版社。

佛國禪師等著，1990，《參學旨要》〈佛國禪師文殊指南圖讚〉，臺北：老古出版社。

李世傑，1990，《華嚴哲學要義》，臺北：佛教出版社。

方立天，1991，《法藏》，臺北：東大圖書公司。

釋宣化講述，1992，《大方廣佛華嚴經淺釋》，臺北：法界佛教贈經會。

〔日〕鎌田茂雄著，慈怡法師譯，1993，《華嚴經講話》，臺北：佛光出版社。

〔日〕木村清孝，李惠英譯，1996，《中國華嚴思想史》，臺北：東大。

陳英善，1996，《華嚴無盡法界緣起論》，臺北：華嚴蓮社。

鄧克銘，1997，《華嚴思想之心與法界》，臺北：文津。

釋賢度，1998，《華嚴學專題研究》，臺北：華嚴蓮社。

魏道儒，1998，《中國華嚴宗通史》，江蘇：古籍出版社。

釋夢參，1999，《華嚴經疏論導讀》，臺北：方廣文化。

聞妙編寫，1999，《善財童子五十三參的故事》，普陀山佛教文化研究所主編，上海佛學局。

2. 其他

〔日〕木村泰賢著，歐陽瀚存譯，1968，《原始佛教思想論》，臺北：臺灣商務印書館。

釋印順，1978，《青年的佛教、我之宗教觀選集》，美國佛教會。

　　　　1984，《般若經講記》，臺北：正聞，五版。

　　　　1988，《佛教史地考論》，臺北：正聞，七版。張曼濤主編。

　　　　1979，《現代佛教學術叢刊》第 100 冊《佛教文史雜考》，臺北：大乘出版社。

　　　　1989，《華雨香雲》（妙雲集·下編之十），臺北：正聞。

　　　　1989，《中觀今論》（妙雲集中編之一），臺北：正聞。

　　　　1989，《佛法概論》（妙雲集中編之一），臺北：正聞。

　　　　1989，《佛在人間》（妙雲集·下編之一），臺北：正聞。

　　　　1989，《印度佛教思想史》，臺北：正聞。

　　　　1989，《如來藏之研究》，臺北：正聞。

　　　　1994，《初期大乘佛教之起源與開展》，臺北：正聞。

李杏村，1980，《一元多重世界觀》，臺北：慧炬出版。

傅偉勳，1980，《從創造的詮釋學到大乘佛學》，臺北：東大。

黃懺華，1980，《中國佛教教理詮釋》，臺北：文津出版社。

賴永海，1980，《中國佛性論》，臺北：佛光出版。

褚柏思，1981，《禪宗學與禪學》，臺北：新文豐出版社。

吳汝均，1982，《佛學研究方法論》，臺北：學生書局。

　　　　1998，《京都學派哲學七講》，臺北：文津。

呂澂等著，1987，《中國佛教人物與制度》，臺北：彙文堂出版社。

楊惠南，1988，《龍樹與中觀哲學》，臺北：東大。

釋圓瑛，1988，《大佛頂首楞嚴經講記》，臺北：世樺出版社。

葛兆光，1989，《禪宗與中國文化》，臺北：東華出版社。

〔日〕武邑尚邦等著、余萬居譯，1989，《無我的研究》，臺北：法爾出版。

牟宗三，1989，《佛性與般若》，臺北：學生書局，五版。

釋聖嚴，1993，《日韓佛教史略》（法鼓全集‧第二輯第三冊），臺北：東初。

韓廷傑，1993，《唯識學概論》，臺北：文津。

釋演培，1995，《佛教的緣起觀》，諦觀全集雜說一，臺北：天華。

姜安，1996，《雪域中的珍寶──藏傳佛教》，臺北：圓明出版社。

馬書田，1998，《華夏諸神──佛教卷》，臺北：雲龍。

林鎮國，1999，《空性與現代性》，臺北：立緒。

刑莉，1999，《華夏諸神‧觀音卷》，臺北：雲龍。

潘朝陽，2001，《出離與歸返：淨土空間論》，臺北：國立臺灣師範大學地理系。

(二) 文學、美學

徐復觀，1976，《中國文學論集》，臺北：學生書局，三版。

　　　　　1988，《中國藝術精神》，臺北：學生書局。

葉維廉，1980，《飲之太和：葉威廉文學論文二集》，臺北：時報書系。

黑格爾著、朱光潛譯，1981，《美學》，臺北：里仁。

鈴木大拙著、劉大悲譯，1982，《禪與藝術》，臺北：天華。

田曼詩，1982，《美學》，臺北：三民書局。

史作檉，1982，《形上美學導言》，臺北：仰哲出版。

成復旺，1982，《神與物遊》，臺北：商鼎出版。

柯慶明，1983，《文學美綜論》，臺北：長安出版社。

錢鍾書，1984，《談藝錄》，北京：中華書局。

顏崑陽，1985，《莊子藝術精神析論》，臺北：華正。

朱光潛，1985，《詩論》，臺北：正中。

　　　　　1987，《文藝心理學》，臺北：建宏。

　　　　　1988，《談美》，臺北：建宏。

朱光潛編譯，2000，《西方美學家論美與美感》，天山出版。

周來祥主編，1986，《東方審美文化研究》，廣西：廣西師範大學出版。

劉昌元，1986，《西方美學導論》，臺北：聯經出版。

馬凱照，1986，《美學原理》，臺北：自費印刷。

托馬斯・門羅著，安宗昇譯，1986，《走向科學的美學》，臺北：五洲。

葉朗，1986，《中國美學史大綱》，臺北：滄浪出版社。

中國文化新論・文學篇一，1987，《抒情的境界》，臺北：聯經出版。

伍蠡甫編，1987《山水審美》，臺北：丹青。

宗白華，1987，《美從何處尋》，臺北：駱駝。

李澤厚，1987，《美學論集》，臺北：駱駝。

王濟昌，1987，《美學散記》，臺北：業強出版。

馬克思主義文藝理論研究編輯部編選，1987，《美學文藝學方法論》，北京：文化藝術
　　　出版社。

輔仁大學外語學院編，1987，《文學與宗教—— 第一屆國際文學與宗教會議論文集》，
　　　臺北：時報文化。

金健人，1988，《小說結構美學》，臺北：木鐸。

孫昌武，1988，《佛教與中國文學》，上海：上海人民出版社。

　　　　1996，《詩與禪》，臺北：東大。

趙士林，1988，《當代中國美學研究概況》，臺北：谷風。

K.E. Gilbert,H.Kuhn 著，夏乾豐譯，1989，《美學史》，上海：譯文出版社。

敏澤，1989，《中國美學思想史》，山東：齊魯書社。

劉岠渭、張清治、賴德和編著，1989，《音樂與人生》，臺北：國立空中大學。

王志敏、方珊，1989，《佛教與美學》，遼寧：人民出版社。

張清治，1990，《道之美——中國的美感世界》，臺北：允晨文化。

蔣勳，1990，《美的沉思》，臺北：雄獅圖書股份有限公司出版，四版。

〔日〕加地哲定著、劉星譯，1990，《中國佛教文學》，北京：今日中國出版社。

張錫坤主編，1991，《佛教與東方藝術》，吉林：教育出版社。

曾祖蔭，1991，《中國佛教與美學》，武漢：華中師範大學出版社。

〔日〕渡邊昈，1991，《藝術學》，臺北：駱駝。

淡江大學主辦論文發表會輯，1991，《文學與美學》（第二集），臺北：淡江大學。

姜一涵等編著，1992，《中國美學》，臺北：國立空中大學印行，二版。

謝凝高，1992，《山水審美》，臺北：淑馨。

胡經之，1992，《文藝美學》，北京大學出版社。

王海林，1992，《佛教美學》，安徽文藝出版社。

王志遠，1992，《宗教藝術論》，北京：今日中國出版社。

童慶炳，1992，《中國古代心理詩學與美學》，北京：中華書局。

劉思量，1992，《藝術心理學——藝術與創造》，臺北：藝術家。

黎活仁，1993，《現代中國文學的時間觀與空間觀》，臺北：業強。

陳允吉，1993，《唐詩中的佛教思想》，臺北：商鼎。

楊辛、甘霖，1993，《美學原理》，北京大學出版社。

葉朗主編，1993，《現代美學體系》，臺北：書林出版。

王朝聞主編，1994，《美學概論》，北京人民出版社。

張育英，1994，《禪與藝術》，臺北：揚智出版社。

皮朝綱，1995，《禪宗的美學》，臺北：麗文文化公司。

張伯偉，1995，《禪與詩學》，臺北：揚智。

劉康，1995，《對話的喧聲——巴赫汀的文化理論述評》，臺北：麥田出版。

普穎華，1996，《禪宗美學》，臺北：昭文社。

祈志祥，1997，《佛教美學》，上海：上海人民出版社。

黃河濤，1997，《禪與中國藝術精神的嬗變》，臺北：正中。

張法，1998，《中西美學與文化精神》，臺北：淑馨出版社。

鄭志明主編，2001，《宗教藝術、傳播與媒介》，嘉義：南華大學。

任仲倫，《遊山玩水──中國山水審美文化》，地景。

(三) 藝術

敦煌文物研究所編、「中國石窟‧敦煌莫高窟」編輯委員會監修，1982，《中國石窟‧敦煌莫高窟》（五冊），北京：文物出版社。

蘇瑩輝，1984，《敦煌繪畫》，臺北：行政院文化建設委員會。

胡長久等編著，1985，《大足石刻研究》，四川：社會科學院出版社。

蘇立文（Michael Sullivan）著，曾堉、王寶連編譯，1985，《中國藝術史》，臺北：南天。

莊申編著，1988，《根源之美》，臺北：東大。

李濤，1989，《佛像與佛教藝術》，西安：交通大學出版社。

曉雲法師，1991，《佛教藝術論集》，臺北：原泉出版社。

1991，《佛教藝術講話》，臺北：原泉出版社。

1991，《印度藝術》，臺北：水牛。

林保堯，1991，《敦煌藝術圖典》，臺北：藝術家。

1997，《佛教美術講座》，臺北：藝術家。

1997，《佛像大觀》，臺北：藝術家。

克萊夫‧貝爾著，周金環等譯，1991，《藝術》，臺北：商鼎。

段文傑主編，1992，《敦煌石窟鑑賞叢書》，甘肅：人民美術出版社。

馬元浩攝影，1994，《中國雕塑觀音》，上海：上海古籍出版社。

賴傳鑑編著，1994，《佛像藝術：東方思想與造型》，臺北：藝術家。

王慶瑜、曾建偉、陳灼、郭相穎編，1995，《中國大足石刻》，重慶大足石刻藝術博物館，重慶出版社、香港萬里書局聯合出版。

鄭鴻祺等著，1996，《密教藝術：國際學術研討會論文集（二）》，臺北：金色蓮花。

范瑞華，1996，《中國佛教美術源流》，北京：國際文化出版。

陳清香，1997，《佛經變相美術創作之研究》，臺北：中華叢書編審委員會。

吳進生，1997，《世界佛教藝術源流》，高雄：諦聽文化事業出版社。

蔡志忠，1997，《中國金銅佛像》，臺北：藝術家。

馬元浩攝影，1997，《雙林寺彩塑佛像》，臺北：藝術家。

金申，1998，《佛像鑑定與收藏》，臺北：藝術家。

張乃翥，1998，《龍門佛教造像》，臺北：藝術家。

曹厚德、楊古城編著，1998，《中國佛像藝術》，北京：中國世界語出版社。

馬吉祥・仁青加布編著，1998，《中國藏密聖像解說》，臺北：書華出版社。

胡文和，1999，《安岳大足佛雕》，臺北：藝術家。

楊新、班宗華、聶崇正、高居翰、郎紹君、巫鴻等著，1999，《中國繪畫三千年》，臺
　　北：聯經。

陳明華，1999，《韓國佛教美術》，臺北：藝術家。

李淞著，1999，《陝西佛教藝術》，臺北：藝術家。

蔡向陽等撰文，1999，《中國佛教之旅》（八），臺北：錦繡。

(四) 哲學

北京大學哲學系／外國哲學史教研室編譯，1961，《古希臘羅馬哲學》，北京：商務印
　　書館。

Herbert Spiegelberg 著，李貴良譯，1971，《現象學史》（上、下），臺北：正中書局。

牟宗三，1971，《智的直覺與中國哲學》，臺北：臺灣商務印書館。

　　　　　1976，《現象與物自身》，臺北：學生書局。

牟宗三譯註，1992，《康德判斷力之批判》上冊，臺北：學生書局。

牟宗三主講，盧雪崑整理，1997，《四因說演講錄》，臺北：鵝湖。

羅光，1981，《士林哲學——理論篇》，臺北：學生書局。

雷登・貝克等著，葉玄譯，1983，《存在主義與心理分析》，臺北：巨流。

鄭樹森編，1984，《現象學與文學批評》，臺北：東大圖書。

曾仰如，1987，《形上學》，臺北：臺灣商務印書館，二版。

陳江風，1988，《天文與人文》，臺北：國際文化出版。

馬丁・海德格著，陳嘉映、王慶節譯，1989，《存在與時間》，臺北：唐山。

馬丁・海德格著，孫周興譯，1994，《林中路》，臺北：時報文化。

馬格廖拉著，周正泰審譯，1989，《現象學與文學批評》，臺北：結構群。

李震，1990，《哲學的宇宙觀》，臺北：學生書局。

史提華、米庫納合著，范庭育譯，1990，《現象學入門》，臺北：康德人工智能科技公司。

蔡美麗，1990，《胡塞爾》，臺北：東大。

李壽福主編，1991，《西方現代文藝理論研究》，杭州大學出版。

〔日〕中村元著，林太、馬小鶴譯，1991，《東方民族的思維方法》，臺北：淑馨。

鄧啟耀，1992，《中國神話的思維結構》，四川：重慶出版社。

王建元，1992，《現象學與中西雄渾觀》，臺北：東大。

榮格著，楊儒賓譯，1995，《東洋冥想的心理學》，臺北：商鼎。

張燦輝，1996，《海德格與胡塞爾現象學》，臺北：東大圖書。

〔法〕米・杜夫海納著，韓樹站譯，1996，《審美經驗現象學》，北京文化藝術出版社。

冷成金，1997，《隱士與解脫》，北京：新華書店。

蔡瑞霖，1999，《宗教哲學與生死學》，嘉義：南華管理學院。

王岳川，1999，《現象學與解釋學文論》，山東教育出版社。

〔法〕莫里斯・梅洛龐帝著，姜志輝譯，2001，《知覺現象學》，北京：商務印書館。

倪梁康，《現象學及其效應——胡塞爾與當代德國哲學》，北京：三聯書局。

(五) 社會學、人類學

Abner Cohen 著，宋光宇譯，1983，《人心深處——從人類學的觀點談現代社會中的權力結構與符號象徵》，臺北：業強。

Louis Dupré 著，傅佩榮譯，1988，《人的宗教向度》，臺北：幼獅。

李亦園，1992，《文化的圖像》（上、下），臺北：允晨文化。

1996，《文化與修養》，臺北：幼獅文化

韋伯著，康樂、簡惠美譯，1993，《宗教社會學》，臺北：遠流。

呂大吉主編，1993，《宗教學通論》，臺北：博遠。

劉其偉編譯，1994，《文化人類學》，臺北：藝術家。

Evan Imber-Black、Janine Roberts 著，林淑貞譯，1995，《生命中的戒指與蠟燭——創造豐富的生活儀式》，臺北：張老師。

Brian Morris 著，張慧端譯，1996，《宗教人類學導讀》，臺北：國立編譯館。

Diane K.Osbon 著，朱侃如譯，1997，《坎伯生活美學》，臺北：立緒文化。

約瑟夫坎伯（J.Campbell）著，李子寧譯，1997，《神話的智慧》，臺北：立緒文化。

王銘銘，2000，《社會人類學》，臺北：五南。

(六) 建築、空間、地理學

程兆熊，1977，《中國庭園建築》，臺北：德華出版社。

諾伯舒茲（Christian Norberg-Schulz）著，王淳隆譯，1977，《實存‧空間‧建築》，臺北：台隆書店。

諾伯舒茲（Christian Norberg-schulz）著，施植明譯，1986，《場所精神——邁向建築現象學》，臺北：尚林。

Venturi,Robert 著，葉庭芬譯，1980，《建築中的複雜與矛盾》，臺北：尚林。

汪正章，1983，《建築美學》，臺北：五南。

王振復，1983，《建築美學》，臺北：地景。

閻長城、曉鵬，1987，《中國傳統建築入門》，臺北：丹青。

王洪文，1988，《地理思想》，臺北：明文。

黃長美，1988，《中國庭園與文人思想》，臺北：明文，三版。

（未署名），1988，《中國園林建築研究》，臺北：丹青。

盧惠敏，1989，《中國建築時空論》，臺南：詹氏書局。

夏鑄九編譯，1990，《空間的文化形式與社會理論讀本》，臺北：明文，三版。

漢寶德，1990，《物象與心境——中國的園林》，臺北：幼獅。

侯迺慧，1991，《詩情與幽境——唐代文人的園林生活》，臺北：東大。

〔英〕G‧勃羅德彭特等著，樂民成等譯，1991，《符號‧象徵與建築》，北京：中國建築工業出版社。

戴儉，1991，《禪宗寺院建築布局初探》，臺北：明文。

葉威廉，1992，《解讀現代‧後現代——生活空間與文化空間的思索》，臺北：東大。

季鐵男編，1992，《建築現象學導論》，臺北：桂冠。

　　　　1993，《思考的建築》，臺北：時報文化。

伯拉瑟（S.C.Bourassa）等著，黃士哲編譯，1993，《景觀‧美學‧設計》，臺北：美鐘出版社。

韋伯著，康樂、簡惠美譯，1993，《非正當性的支配——城市的類型學》，臺北：遠流。

Christopher Alexander 著，趙冰譯，1994，The Timeless Way of Building《建築的永恆之道》，臺北：六合。

王志弘編譯，1995，《空間與社會理論譯文選》，臺北：自印。

王志弘，1998，《流動、空間與社會》，臺北：田園城市。

余東升，1995，《中西建築美學比較研究》，臺北：洪葉。

艾定增、金笠銘、王安民主編，1995，《景觀園林新論》，北京：中國建築工業。

雷從雲、陳紹棣、林秀貞，1995，《中國宮殿史》，臺北：文津。

林芳怡，1995，《空間啄木鳥——都市另類空間文化解讀》，臺北：創新出版社。

Francis T.McAndrew 著、危正芬譯，1995，《環境心理學》，臺北：五南。

常懷生編譯，1995，《建築環境心理學》，臺北：田園城市。

拉普普（Rapoport,Amos）著，施植明譯，1996，《建築環境的意義》，臺北：田園城市。

大衛‧哈維（Harvey,David）著，高泳源、劉立華、蔡運龍譯，1996，《地理學中的解釋》，北京：商務印書館。

顏忠賢，1996，《影像地誌學——邁向電影空間理論的建構》，臺北：萬象圖書。

1998,《不在場──顏忠賢空間學論文集》，臺北：萬象圖書。

陳伯沖，1997,《建築形式論──邁向圖像思維》，臺北：田園城市。

王貴祥，1998,《文化・空間圖式與東西方建築空間》，臺北：田園城市。

吳治平，《超空間──混沌現象中的空間機會》，1998，臺北：創興出版社。

Yi-Fu Tuan 著，潘桂成譯，1998,《經驗透視中的空間和地方》，臺北：國立編譯館。

Margaret Wertheim 著，薛麗譯，1999,《空間地圖》，臺北：臺灣商務印書館。

加斯東・巴舍拉（Gaston Achelard）著，龔卓軍、王靜慧譯，2003,《空間詩學》，臺北：張老師。

五、期刊

杜納（Victor Turner & Edith Turner）著，劉肖洵譯，1983.2,〈朝聖：一個「類中介性」的儀式現象〉，《大陸雜誌》。

王典宏，1987,〈近年來佛家美學研究概述〉，《華中師範大學學報》（哲社版），第 4 期。

余國藩著、李奭學譯，1988,7,〈朝聖行：論「神曲」與「西遊記」〉，《中外文學》，17 卷 2 期。

楊英風，1989.4,〈華嚴境界--談佛教藝術與中國造型美學〉，《海潮音》四期七十卷。

林保堯，1989.6,〈佛教美術圖說（26）：遍歷旅遊求法的善財童子〉，《藝術家》，29 卷 1 期。

林保堯，1996.10,〈東大寺藏十五世紀華嚴海會善知識曼荼羅圖〉，《藝術家》，43 卷 4 期。

蔣述卓，1990,〈試論佛教美學思想〉，《雲南社會科學》第二期。

施添福，1990.3,〈地理學中的空間觀點〉，《師大地理研究報告》第十六期。

葉明媚，1990.07,〈古琴音樂與佛教音樂──美學思想研究（上、下）〉收錄於《獅子吼》29:7。

潘朝陽，1991.7，〈現象學地理學──存在空間的一個詮釋〉，《中國地理學會會刊》第十九期。

顏娟英，1991，〈河北南響堂山石窟寺初探〉，《考古與歷史文化》下，臺北：中正。

吳汝均，1992，〈游戲三昧：禪的美學情調〉，《國際佛學研究》第二期。

李玉珉，1993.4，〈法界人中像〉刊載於《故宮文物月刊》121 期，臺北：故宮。

釋聖嚴，1993，〈時空與生命的超越〉，《禪與悟──法鼓全集》（四），臺北：東初。

皮朝綱，1994.1，〈溈仰宗風、圓相意蘊與禪宗美學〉，《西北師大學報》（社會科學版）第 31 卷第 1 期。

李志夫，1994.7，〈玄奘大師在印度境內遊學與善財童子參學：有關地理、路線、及其意義之探討〉，《中華佛學學報》第七期。

張晶，1994，〈現量說：從佛學到美學〉，《學術月刊》第 8 期。

梁尉英，1996.3，〈莫高窟第 464 窟善財童子五十三參變〉，《敦煌研究》。

黎方銀，1996.3，〈大足北山多寶塔內善財童子五十三參石刻圖像〉，《敦煌研究》p51-63。

劉方，1996.8，〈宏智正覺關於「游」的美學思想初探〉載於《學術月刊》。

池永歆，1996，〈王維田園山水詩中「禪道式」的空間觀〉，〈鵝湖月刊〉第 22 卷第 2 期。

諾斯若圃著、季鐵生譯，1997.7，〈佛教美學連續體與辯證方法〉，《藝術家》，45 卷 1 期。

游祥洲，1998，〈五十三參與人間佛教〉，《法音》，第 4 期(總第 164 期)；第 6 期(總第 166 期) 。

賴鵬舉，1998，〈四～六世紀中亞天山南麓的華嚴義學與盧舍那造像〉，《中華佛學學報》第十一期，臺北：中華佛學研究所。

陸艷冰，1998，〈童子拜觀音──華嚴經入法界品的藝術表現〉收錄於《大專學生佛學論文集（八）》，臺北：華嚴蓮社。

游淑惠，1999.4，〈善財的善知識〉，《人生雜誌》第一八八期。

〈專輯──多面觀音：中國的觀音信仰〉，1999.9，《香光莊嚴》季刊第 59 期。

于君方，2000.3，〈現身南海度化善財、龍女〉刊載於《香光莊嚴》第六十一期。

釋星雲，2000.5，〈佛教的參訪事業〉刊於《普門》二四八。

李偉穎，2000.6，〈略探「善財五十三參圖讚」〉，《書目季刊》第三十四卷第一期。

劉國英，2001，〈肉身、空間性與基礎存在論：海德格爾《存在與時間》中肉身主體
　　的地位問題及其引起的困難〉《中國現象學與哲學評論》第四輯，上海：譯文出
　　版社。

六、博、碩士論文

吳傑超，1978，《佛家之時空理論之研究》，香港大學新亞研究所哲學組碩士論文。

石朝穎，1981.02，《從奧古斯丁與六祖慧能探討東西方的哲學精神過程中的存在自覺
　　者》，文化大學哲研所碩士論文。

陳英善，1982，《華嚴清淨心之研究》，文化大學哲研所碩士論文。

陳慧霞，1993，《龍門石窟萬佛洞之研究》，臺灣大學藝術史研究所碩士論文。

陳琪瑛，1995，《華嚴經美學之研究》，臺灣師範大學國文研究所碩士論文。

李渝，1996，《諸神的宅居：神聖空間的現象學研究》，臺灣大學哲學研究所碩士論文。

陳嘉璟，1997，《維摩斗室空間美感之研究》，華梵大學東方人文研究所碩士論文。

溫美惠，2001，《華嚴經・入法界品之文學特質研究》，政治大學中文研究所碩士
　　論文。

七、外文資料

濱口惠璋，1908.9，〈華嚴經の文學觀〉，《六條學報》八三。

龜谷聖馨，1920.1，〈華嚴聖典と佛教藝術〉，《中央佛教》四一一～二。

泉芳璟，1935，〈華嚴經に於ける善財童子に就て〉，《日本佛教學協會年報》七。

高峰了州

1936，「一～二・入法界品の百三昧」、「一～三・善知識の種種なる三昧」，《般若と念佛》，京都：永田文昌堂。

1976，〈如來出現の思想と華嚴經結構の意圖〉，《佛教の根本問題》，奈良：東大寺教學部。

鈴木大拙，1955，「第三篇・菩薩の住處」，《華嚴の研究》，京都：法藏館。

松永大學，1958.5，〈華嚴經の善財童子──求道の旅〉，《相愛論集》五─一。

馬場昌平，1960，〈入法界品における幻智について〉，《印佛研》十二─二，〔15〕。

山田亮賢，1961.3，〈華嚴の善知識について〉，《印佛研》九─二、〔18〕。

木村清孝，1968，〈華嚴思想家と反道行〉，《印佛研》十七─二，〔34〕。

長谷岡一也，1969，〈晉譯・華嚴經入法界品の本文の轉換について──第 52 善知識・彌勒菩薩の條に關して──〉，《東方學》三七。

高崎直道，1974，〈入法界品、一序、二生如來家、三種姓論の特色と本經の位置〉，《如來藏思想の形成》，東京：春秋社。

河野法雲，1976，「第十六章・入法界品大旨」，《華嚴經講義》，東京：名著出版。

竹中信常，1978，《宗教學序論》，日本：山喜房佛書林。

板本幸男，1981，「八・佛妃と宿世」、「九・佛母と宿世」，〈華嚴經とその實踐〉，《板本幸男論文集》，東京：大東出版社。

山邊學習，昭和五十年（1975），《華嚴經の世界──人生修行の旅》，世界聖典刊行協會。

佐佐木月樵，〈華嚴經に於ける時空の表現と繪畫〉、〈華嚴經と其藝術的表現〉收錄於《佐佐木月樵全集第五卷》p447-p453、p559-p579，日本：合掌叢書。

鎌田茂雄，1983，《華嚴學研究資料集成》，東京：東京大學東洋文化研究所發行。

石井教道，1989，「第三節・入法界品論」，《華嚴教學成立史》，京都：平樂寺書店。

中村雄二郎，1989，《場所トポス》，日本東京都：弘文堂。

Edward Relph 著，高野岳彥、阿部隆、石山美也子譯，1991，《場所の現象學》，日本

東京都：筑摩書局。

尾山雄一監修，1994，《さとりの遍歷（上）》，東京：中央公論社。

石井公成，1996，《華嚴思想の研究》，東京：株式會社春秋社。

Francis H.Cook, *Hua-yen Buddhism: The Jewel Net of Indra*, The Pennsylvania State University Press,University Park and London.

八、工具書

望月信亨主編，1977，《望月大辭典》，臺北：地平線。

李亦園總審，1988，《觀念史大辭典‧自然歷史卷》，臺北：幼獅。

慈怡主編，1989，《佛光大辭典》，臺北：佛光。

李澤厚、汝信編，1990，《美學百科全書》，北京社會科學文獻出版社。

蔣孔陽，1991，《哲學大辭典‧美學卷》，上海辭書出版社。

馮契主編，1992，《哲學大辭典》，上海辭書出版社。

【附表】
五十三參寄位、善知識、地名、場所空間[1]

寄位	善知識	地點	場所空間
(1)發心住	德雲比丘	勝樂國妙峰山	山
(2)治地住	海雲比丘	海門國	海
(3)修行住	善住比丘	楞伽道邊海岸聚落	虛空
(4)生貴住	彌伽居士	自在城	市集
(5)具足方便住	解脫長者	住林城	身中現十方各十佛剎微塵數佛
(6)正心住	海幢比丘	閻浮提畔摩利聚落	身上各處現眾生、瑞相
(7)不退住	休捨優婆夷	海潮處普莊嚴園	園林
(8)童真住	毗目瞿沙仙人	那羅素國大林樹下	樹林
(9)王子住	勝熱婆羅門	伊沙那聚落	如大山之火聚，中有刀山
(10)灌頂住	慈行童女	師子奮迅城	家宅
(11)歡喜行	善見比丘	三眼國	樹林
(12)饒益行	自在主童子	名聞國	河旁沙渚
(13)無違逆行	具足優婆夷	海住城	家宅
(14)無屈撓行	明智居士	大興城	城市

---

[1] 內容整理自《大方廣佛華嚴經》（大正十，頁 876 中-頁 878 下）、澄觀《疏》（大正三五，頁 907 下-頁 963 上）

寄位	善知識	地點	場所空間
(15)無癡亂行	法寶髻長者	師子宮城	十層八門的家宅
(16)善現行	普眼長者	藤根國普門城	香
(17)無著行	無厭足王	多羅幢城	王宮
(18)難得行	大光王	妙光城	王宮
(19)善法行	不動優婆夷	安住城	家宅
(20)真實行	遍行外道	無量都薩羅城 善德山	山
(21)救護眾生 離眾生相迴向	鬻香長者	廣大國	香
(22)不壞迴向	婆施羅船師	樓閣城	城門外海岸，無量大眾圍繞
(23)等一切佛迴 向	無上勝長者	可樂城	城東大莊嚴幢無憂林，無數人圍 繞
(24)至一切處迴 向	師子頻申 比丘尼	輸那國迦陵迦林城	日光園
(25)無盡功德藏 迴向	婆須蜜多女	險難國寶莊嚴城	宅
(26)入一切 平等善根迴向	瑟胝羅居士	險難國善度城	開栴檀座如來塔門時得三昧，入 三昧，念念見世界一切諸佛
(27)等隨順 一切眾生迴向	觀自在菩薩	補怛洛迦山	巖谷
(28)真如相 迴向	正趣菩薩	娑婆世界輪圍山頂	虛空
(29)無縛無著 解脫迴向	大天神	墮羅缽底城	伸長四手，取四海水，並示現眾 寶聚
(30)等法界 無量迴向	安住地神	閻浮提摩竭提國 菩提場	眾神放光，大地復甦。地神按 地，眾寶涌出
(31)歡喜地	婆珊婆演底 主夜神	閻浮提摩竭提國 迦毗羅城	虛空中坐師子座、毛孔現眾生 、說過去生中事

寄位	善知識	地點	場所空間
(32)離垢地	普德淨光 主夜神	閻浮提摩竭提國 菩提場	普見三世一切諸佛及道場
(33)發光地	喜目觀察眾生夜 神	閻浮提摩竭提國菩提場 如來眾會道場	坐師子座,毛孔出種種雲、現種 種聲、說過去生中事
(34)燄慧地	普救眾生妙德夜 神	閻浮提摩竭提國 菩提場	眉間放光照一切,入善財頂,得 三昧,見各種境界
(35)難勝地	寂靜音海 主夜神	閻浮提摩竭提國 菩提場	觀察道場及如來毛孔,現不思議 境
(36)現前地	守護一切城 主夜神	閻浮提摩竭提國 菩提場	坐師子座,無數夜神圍繞。普現 色身、說過去生中事
(37)遠行地	開敷一切樹華夜 神	閻浮提摩竭提國 菩提場	坐師子座,菩薩於念念修行各種 境界、說過去生中事
(38)不動地	大願精進力 主夜神	閻浮提摩竭提國 菩提場	坐師子座,念念普現色身充滿十 方、說過去生中事
(39)善慧地	妙德圓滿神	閻浮提嵐毗尼園	園林
(40)法雲地	瞿波釋種女	迦毗羅城菩薩集會普現 法界光明講堂	說過去生事
(41)等覺位	摩耶佛母	迦毗羅城	大寶蓮華上之大樓觀坐寶座
(42)等覺位	天主光王女	三十三天宮	明憶過去,常現在前
(43)等覺位	遍友童子	迦毗羅城	不言
(44)等覺位	善知眾藝童子	迦毗羅城	無(華嚴四十二字母)
(45)等覺位	賢勝優婆夷	摩竭提國婆那城	無(出生一切六根智性)
(46)等覺位	堅固解脫長者	摩竭提國沃田城	無(無著念清淨莊嚴解脫)
(47)等覺位	妙月長者	摩竭提國沃田城	宅常有光明
(48)等覺位	無勝軍長者	摩竭提國出生城	無(見無量佛得無盡藏)
(49)等覺位	最寂靜婆羅門	摩竭提國為法聚落	無(以誠願語所作皆圓滿)
(50)等覺位	德生童子、	摩竭提國	一切皆幻住

寄位	善知識	地點	場所空間
	有德童女	妙意華門城	
(51)等覺位	彌勒菩薩	海岸國大莊嚴園	毗盧遮那莊嚴藏樓閣
(52)等覺位	文殊菩薩	普門國蘇摩那城	手過一百一十由旬按善財頂，還攝不現
(53)妙覺位	普賢菩薩	金剛藏菩提場	坐師子座，現普賢境界

國家圖書館出版品預行編目(CIP) 資料

《華嚴經》的空間美學：以〈入法界品〉為主 /
陳琪瑛著. -- 初版. -- 臺北市：元華文創，民
106.12
　　面；　　公分

　ISBN 978-986-393-937-5(平裝)

　1.華嚴部 2.佛教藝術 3.空間藝術

221.2　　　　　　　　　　　　　106021398

《華嚴經》的空間美學——以〈入法界品〉為主

陳琪瑛　著

發 行 人：陳文鋒
出 版 者：元華文創股份有限公司
聯絡地址：100 臺北市中正區重慶南路二段 51 號 5 樓
電　　話：(02) 2351-1607
傳　　真：(02) 2351-1549
網　　址：www.eculture.com.tw
E - m a i l：service@eculture.com.tw
出版年月：2017（民 106）年 12 月 初版
定　　價：新臺幣 450 元

ISBN：978-986-393-937-5(平裝)

總 經 銷：易可數位行銷股份有限公司
地　　址：231 新北市新店區寶橋路 235 巷 6 弄 3 號 5 樓
電　　話：(02) 8911-0825　　傳　　真：(02) 8911-0801